U0748445

主　编⊙蔡海生　杨福盛
副主编⊙刘国胜　张　蕾

高职院校“竞技育人”人才培养模式的探索与实践

——以江西旅游商贸职业学院为例

图书在版编目（CIP）数据

高职院校“竞技育人”人才培养模式的探索与实践：以江西旅游商贸职业学院为例 / 蔡海生，杨福盛主编.—南昌：江西人民出版社，2022.8

ISBN 978-7-210-14117-4

Ⅰ.①高… Ⅱ.①蔡… ②杨… Ⅲ.①高等职业教育—人才培养—培养模式—研究—中国 Ⅳ.①G718.5

中国版本图书馆CIP数据核字（2022）第165486号

高职院校“竞技育人”人才培养模式的探索与实践

——以江西旅游商贸职业学院为例

GAOZHI YUANXIAO “JINGJI YU REN” RENCAI PEIYANG MOSHI DE TANSUO YU SHIJIAN

——YI JIANGXI LÜYOU SHANGMAO ZHIYE XUEYUAN WEI LI

蔡海生 杨福盛 主编

责 任 编 辑：周伟平
装 帧 设 计：同异文化传媒

江西人民出版社
Jiangxi People's Publishing House
全国百佳出版社
出版发行

地　　址：江西省南昌市三经路 47 号附 1 号
网　　址：www.jxpph.com
电 子 信 箱：jxpph@tom.com
编辑部电话：0791-86898054
发行部电话：0791-86898801
承　印　厂：北京虎彩文化传播有限公司
经　　销：各地新华书店

开　　本：787 毫米 × 1092 毫米　1/16
印　　张：17.5
字　　数：300 千字
版　　次：2022 年 8 月第 1 版
印　　次：2022 年 8 月第 1 次印刷
书　　号：978-7-210-14117-4
定　　价：59.00 元
赣版权登字 -01-2022-404

主　编⊙蔡海生　杨福盛
副主编⊙刘国胜　张　蕾

高职院校"竞技育人"人才培养模式的探索与实践

——以江西旅游商贸职业学院为例

江西人民出版社
Jiangxi People's Publishing House
全国百佳出版社

图书在版编目（CIP）数据

高职院校"竞技育人"人才培养模式的探索与实践：以江西旅游商贸职业学院为例 / 蔡海生，杨福盛主编.—南昌：江西人民出版社，2022.8

ISBN 978-7-210-14117-4

Ⅰ. ①高… Ⅱ. ①蔡… ②杨… Ⅲ. ①高等职业教育—人才培养—培养模式—研究—中国 Ⅳ. ①G718.5

中国版本图书馆CIP数据核字（2022）第165486号

高职院校"竞技育人"人才培养模式的探索与实践

——以江西旅游商贸职业学院为例

GAOZHI YUANXIAO "JINGJI YU REN" RENCAI PEIYANG MOSHI DE TANSUO YU SHIJIAN

——YI JIANGXI LÜYOU SHANGMAO ZHIYE XUEYUAN WEI LI

蔡海生 杨福盛 主编

责任编辑：周伟平

装帧设计：同异文化传媒

出版发行

地　　址：江西省南昌市三经路 47 号附 1 号

网　　址：www.jxpph.com

电子信箱：jxpph@tom.com

编辑部电话：0791-86898054

发行部电话：0791-86898801

承 印 厂：北京虎彩文化传播有限公司

经　　销：各地新华书店

开　　本：787 毫米 ×1092 毫米　1/16

印　　张：17.5

字　　数：300 千字

版　　次：2022 年 8 月第 1 版

印　　次：2022 年 8 月第 1 次印刷

书　　号：978-7-210-14117-4

定　　价：59.00 元

赣版权登字 -01-2022-404

代序

2020 年，我国第一届职业技能大赛举办，习近平总书记在贺信中强调："职业技能竞赛为广大技能人才提供了展示精湛技能、相互切磋技艺的平台，对壮大技术工人队伍、推动经济社会发展具有积极作用。"中共中央办公厅、国务院办公厅印发的《关于推动现代职业教育高质量发展的意见》指出，职业教育要"坚持党的领导，坚持正确办学方向，坚持立德树人，优化类型定位，深入推进育人方式、办学模式、管理体制、保障机制改革，切实增强职业教育适应性，加快构建现代职业教育体系，建设技能型社会，弘扬工匠精神，培养更多高素质技术技能人才、能工巧匠、大国工匠，为全面建设社会主义现代化国家提供有力人才和技能支撑"。从 2014 年起，国家出台一系列文件，为开展职业技能竞赛，推进人才培养模式创新，培养高端技能人才指明了方向。江西旅游商贸职业学院提出以"竞技强能、匠心筑梦、立德树人"为指导思想，建竞技校园、树竞技文化、扬工匠精神、育技能精英，是对习近平总书记关于职业教育重要论述的实践，是提升技能人才培养质量的有力探索，具有重要的意义。

竞技育人对职业教育改革创新具有重要意义，是促进职业院校办学质量提升和学生能力发展的重要途径。目前，职业教育竞技文化发展过程中还存在一些瓶颈，如学生参与度不高、专业覆盖面不全、竞赛体系不健全等，特别是"产、赛、教"融合不深，赛事组织与常规教学、实践实训等内容关联不密切，影响了普惠式竞技育人效果。以全国职业教育大赛为引领，将竞技文化在职教过程中全面铺开，达到层层有赛事、专业全覆盖、人人能参与，最大限度发挥竞技文化对职业教育

的鼓励和激励作用，实现普惠式竞技育人，是职业教育改革提质创优迫切需要解决的问题。

《高职院校“竞技育人”人才培养模式的探索与实践——以江西旅游商贸职业学院为例》一书是江西旅游商贸职业学院为解决“竞技育人”职业教育人才培养模式下“教赛两张皮”“课赛少贯通”“产赛多疏离”“师生难并进”等问题的一次重要实践与成功探索，形成的基于“四相四促、竞技强能”旅游类技能人才培养模式和质量保障体系成果，为职业教育创新人才培养模式提供了重要参考。

职教改革是当前国内最关心的教育改革问题之一，其影响范围之大、程度之深，令社会、学校、家长和学生高度重视。开展职教改革是探索提升职业教育质量的重要途径。为持续提升职业教育教学质量，还需要相关教育工作者付出更多努力，在已取得成效的基础上，持续创新，推出更多更优的研究成果。

代序

2020 年，我国第一届职业技能大赛举办，习近平总书记在贺信中强调："职业技能竞赛为广大技能人才提供了展示精湛技能、相互切磋技艺的平台，对壮大技术工人队伍、推动经济社会发展具有积极作用。"中共中央办公厅、国务院办公厅印发的《关于推动现代职业教育高质量发展的意见》指出，职业教育要"坚持党的领导，坚持正确办学方向，坚持立德树人，优化类型定位，深入推进育人方式、办学模式、管理体制、保障机制改革，切实增强职业教育适应性，加快构建现代职业教育体系，建设技能型社会，弘扬工匠精神，培养更多高素质技术技能人才、能工巧匠、大国工匠，为全面建设社会主义现代化国家提供有力人才和技能支撑"。从 2014 年起，国家出台一系列文件，为开展职业技能竞赛，推进人才培养模式创新，培养高端技能人才指明了方向。江西旅游商贸职业学院提出以"竞技强能、匠心筑梦、立德树人"为指导思想，建竞技校园、树竞技文化、扬工匠精神、育技能精英，是对习近平总书记关于职业教育重要论述的实践，是提升技能人才培养质量的有力探索，具有重要的意义。

竞技育人对职业教育改革创新具有重要意义，是促进职业院校办学质量提升和学生能力发展的重要途径。目前，职业教育竞技文化发展过程中还存在一些瓶颈，如学生参与度不高、专业覆盖面不全、竞赛体系不健全等，特别是"产、赛、教"融合不深，赛事组织与常规教学、实践实训等内容关联不密切，影响了普惠式竞技育人效果。以全国职业教育大赛为引领，将竞技文化在职教过程中全面铺开，达到层层有赛事、专业全覆盖、人人能参与，最大限度发挥竞技文化对职业教育

的鼓励和激励作用，实现普惠式竞技育人，是职业教育改革提质创优迫切需要解决的问题。

《高职院校“竞技育人”人才培养模式的探索与实践——以江西旅游商贸职业学院为例》一书是江西旅游商贸职业学院为解决“竞技育人”职业教育人才培养模式下“教赛两张皮”“课赛少贯通”“产赛多疏离”“师生难并进”等问题的一次重要实践与成功探索，形成的基于“四相四促、竞技强能”旅游类技能人才培养模式和质量保障体系成果，为职业教育创新人才培养模式提供了重要参考。

职教改革是当前国内最关心的教育改革问题之一，其影响范围之大、程度之深，令社会、学校、家长和学生高度重视。开展职教改革是探索提升职业教育质量的重要途径。为持续提升职业教育教学质量，还需要相关教育工作者付出更多努力，在已取得成效的基础上，持续创新，推出更多更优的研究成果。

前言

《国家职业教育改革实施方案》提到，职业教育与普通教育是两种不同类型，具有同等重要地位。改革开放以来，职业教育为我国经济建设和社会发展提供了有力的人才和智力支撑，职业教育服务社会发展的能力不断加强。随着我国进入新发展阶段，职业教育的重要地位越来越凸显，产业升级和经济转型对高技能人才的需求越来越迫切。十八大以来，党和国家高度重视职业教育。习近平总书记在全国职业教育大会上的重要指示对职业教育改革发展具有里程碑意义。国家密集出台了一系列政策，职业教育面貌发生了格局性的变化。

但是，目前我国职教体系与发达国家相比，与建设现代化经济体系、社会需求、构建教育强国的要求相比，还存在一定的矛盾。重点体现在体系建设不够完善、制度标准不够健全、人才培养质量参差不齐等，亟待加快提质培优和增值赋能速度，加快构建现代职教体系。“十四五”期间，要加快构建高质量职业教育体系，建设技能型社会，推动职业教育高质量发展，为教学质量整体提升提供制度保障。

江西旅游商贸职业学院深入贯彻习近平总书记关于职业教育的重要指示精神，全面落实全国职业教育大会精神，坚持立德树人、德技并修，优化职业教育类型定位，把握教育质量生命线，突出教师素质、教材改革、教法创新重点，聚焦人才培养、办学体制、考核评价、保障机制，打造纵向贯通、横向融通的现代职业教育体系，为促进经济社会发展和提高国家竞争力提供有力人才和技能支撑。江西旅游商贸职业学院以“竞技强能、匠心筑梦、立德树人”为指导思想，建竞技校园、树竞技文化、扬工匠精神、育技能精英。竞技育人对职业教育改革创新具有重要意义，是促进职业院校办学质量提升和学生能力发展的重要途径。目前，职业教育竞技文化发

展过程中还存在一些瓶颈，如学生参与度不高、专业覆盖面不全、竞赛体系不健全等，特别是“产、赛、教”融合不深，赛事组织与常规教学、实践实训等内容关联不密切，影响了普惠式竞技育人效果。以全国职业教育大赛为引领，将竞技文化在职教过程中全面铺开，达到层层有赛事、专业全覆盖、人人能参与，最大限度发挥竞技文化对职业教育的鼓励和激励作用，实现普惠式竞技育人，是职业教育改革提质创优迫切需要解决的问题。

本书是江西旅游商贸职业学院为解决竞技育人职业教育人才培养模式下“教赛两张皮”“课赛少贯通”“产赛多疏离”“师生难并进”等问题的实践与探索经验的归纳和总结，主要内容为：

第一章概述，阐述了成果形成的背景，目前竞技育人模式在职业院校中存在的教学难题，进而提出了解决问题的基本理念和探索实践，形成成果主体框架，总结了实施情况与成效，凝练了主要创新点和应用推广成果，并展望了未来发展。

第二章竞技育人体制机制，从“四相四促、竞技强能”教育培养模式、制度平台建设和质量运行体系等 3 个角度阐述了竞技育人机制如何构建；从组织保障、管理保障和资金保障等 3 个角度阐述了竞技育人制度如何建设；从工作体系、职责分工和运行规范等 3 个角度阐述了竞技育人如何保障组织运行；从创新实践与质量评价和教学诊断与改进工作等 2 个角度阐述了竞技育人质量如何保障。

第三章竞技育人平台搭建，分析了竞技育人平台的现状，即竞技平台育人体系不健全、教学实践性不强、竞技活动覆盖面不广、竞技育人平台赛事参与度不高，并以江西旅游商贸职业学院为例，阐述了学校竞技育人平台搭建路径。

第四章竞技育人实践探索，分析了竞技育人导向的教学实践现状，即人才培养方式方法滞后、教学模式缺乏创新、竞技导向不突出、评价体系不健全，并提出标准对接、任务驱动、技能导向、多元评价 4 个方面的应对思路。

第五章竞技育人协同模式，从部门协同、校内外协同和师生协同的角度进行探索总结，对“竞技强能”协同育人模式成效进行总结。

第六章竞技育人生态建设，分析了竞技育人生态建设现状和存在问题，提出了解决思路，从竞技教风、竞技学风、竞技校风和竞技文化等角度提出竞技育人生态建设途径。

第七章竞技育人成绩成效，总结了竞技育人模式下的主要成效、主要经验和推广应用以及反响评价。

第八章竞技育人发展愿景，回顾总结了项目理念与目标、探索实践与体会、经验总结与启示，展望未来使命。

第一章由蔡海生负责编写，第二章由杨福盛、夏淑芳负责编写，第三章由张小斌负责编写，第四章由张小斌、孟雅雯负责编写，第五章由严霞负责编写，第六章由刘国胜、邱晨涵负责编写，第七章由蔡海生、张蕾、罗晨、张小斌、孟雅雯、刘国胜、邱晨涵、查东平负责编写，第八章由蔡海生负责编写。本书在编写过程中，参阅并借鉴了学校相关部门和领导的工作总结和工作报告，参阅并借鉴了大量校内外相关领域的专家和同行们的研究成果和学术思想，在此对他们的工作与贡献表示诚挚的谢意！

由于学术能力有限，书中难免出现疏漏与不足之处，敬请各位专家和读者批评指正。

编者

2021 年 10 月 1 日

目录

第一章 概述

建竞技校园、树竞技文化、扬工匠精神、育技能精英，是高职院校提升技能人才培养质量的重要抓手，是技能社会、技能中国建设的重要支撑。自 2011 年以来，江西旅游商贸职业学院以“竞技强能、匠心筑梦、立德树人”为指导思想，不断完善人才培养理念、寻找有效方法、积极创新实践，形成了基于“竞技强能”导向的旅游类技能人才“四相四促”培养模式和质量保障体系。该模式秉承“劳动光荣、技能宝贵、创造伟大”的培养理念，坚持教赛相融、课赛相通、产赛相连、教学相长“四相合一”，建设竞技教风、竞技课堂、竞技文化、竞技校园，构建了以赛促教、以赛促学、以赛促训、以赛促建“四促一体”的技术技能人才培养体制机制，形成了基于“四相四促、竞技强能”的技能人才培养模式和质量保障机制，并通过多年的不断创新实践和应用推广，使技能人才培养体系进一步完善、师资力量进一步提升、管理工作进一步规范、培养质量进一步提高、就业能力进一步增强。“四相四促”模式帮助在校学生全面学习、锻炼和提升专业知识和职业素养，使之成为“强根基、懂创新、高素能”高层次复合型专业技能人才，形成了具有“旅商特质”的人才培养特色和优势。

一、成果背景及破解难题

在经济由高速度增长转向高质量发展的背景下，加快建设一支规模宏大、结构合理、素质优良、技艺精湛的高技能人才大军，从而推进中国制造向中国创造转变，中国速度向中国质量转变，制造大国向制造强国转变，已经成为教育强国战略的重要课题。2014 年，《关于加快发展现代职业教育的决定》（国发〔2014〕19 号）明确

指出“开展职业技能竞赛，推进人才培养模式创新，提高人才培养质量”；2017 年，党的十九大报告指出，要“建设知识型、技能型、创新型劳动者大军，弘扬劳模精神和工匠精神”，“努力形成人人渴望成才、人人努力成才、人人皆可成才、人人尽展其才的良好局面”；2019 年，国务院印发的《国家职业教育深化改革实施方案》明确提出“把职业教育摆在教育改革创新和经济社会发展中更加突出的位置”，“制定中国技能大赛、全国职业院校技能大赛、世界技能大赛获奖选手等免试入学政策，探索长学制培养高端技术技能人才”。2020 年 12 月，我国第一届职业技能大赛在广州举行，习近平总书记发来贺信强调：“职业技能竞赛为广大技能人才提供了展示精湛技能、相互切磋技艺的平台，对壮大技术工人队伍、推动经济社会发展具有积极作用。”

（一）成果形成背景

作为国家职业教育重大制度的创新设计，2008 年 6 月 27 日至 30 日，首届全国职业院校技能大赛在天津成功举办，全面开启了职业教育大赛之门。2010 年 10 月，我国正式加入世界技能大赛组织，成为该组织的第 53 个成员国。2011 年 10 月，我国首次派代表参加了在英国伦敦举办的第 41 届世界技能大赛。2017 年 10 月第 44 届世界技能大赛中，我国代表团获得 15 枚金牌，跃居金牌榜的首位。2019 年 8 月第 45 届世界技能大赛中，我国代表团荣登金牌榜、奖牌榜、团体总分第一，同年上海成功取得了第 46 届世赛的举办资格。2020 年 12 月 10 日至 13 日，我国第一届职业技能大赛在广州成功举办。职业技能大赛作为技能展示、比拼的大舞台，是职业院校培养质量的“试金石”，是职业教育教学改革的“指挥棒”；职业技能大赛赛项设置紧密联系生产实际和产业热点，是产教融合的“连通器”，是产业转型的“风向标”。目前，我国职业技能竞赛体系已基本建立，学校、省级、国家和世界等不同层面的技能大赛有序开展。但竞赛不是目的，更不能只是少数人的盛宴。如何进一步发挥技能竞赛体系的作用，坚持普惠和开放的发展方向，引领和带动职业教育教学改革，促进产教融合、校企合作，实现生产、竞赛、教学“三位一体”，推进“竞技育人”成为职业教育内涵式发展关键举措？江西旅游商贸职业学院结合旅游类专业特色，针对“竞技育人”开展了多年的实践探索，围绕“产、赛、教”深度融合，构建了“四相四促、竞技强能”的人才培养模式，为推动普惠式“竞技育人”、促进职业教育高质量发展提供了新思路、新途径。

职业技能竞赛对职业院校来说不只是一项单纯的竞技性活动，而应是提升职业教育水平的一种手段。全国职业院校技能竞赛已经开展了 14 年，现已受到广泛的关注，成为我国参与度最广、影响力最大、公认度最高的职业技能赛事。校赛、省赛等各级技能竞赛很多情况下成了国赛的附属，目的是为国赛选拔、培养选手，努力获得国赛乃至世界技能大赛的奖项。这助长了竞赛的功利性，削弱了“产、赛、教”的融合程度，影响了职业技能竞赛的功能发挥。如何更好地组织职业技能竞赛和相关活动，既“顶天”又“立地”，实现世赛、国赛引领，从课程、专业群、二级学院、学校等更微观层面，层层有赛事、专业全覆盖、人人能参与，让技能竞赛对职业教育的导向和激励作用更好地发挥出来，实现普惠式竞技育人，是职业教育改革提质创优迫切需要解决的问题。

（二）破解教学难题

职业技能大赛对职业院校的重要性不言而喻，是促进职业院校办学质量提升和学生能力发展的重要途径。在国家和各地政府的高度重视下，各级各类职业技能竞赛得到了广泛开展，各行业拔尖技能人才也脱颖而出，对促进职业院校师生成长、产教深度融合和技能型社会构建，发挥着越来越重要的作用。但在日常组织和参与技能竞赛过程中，还存在一些发展瓶颈，如学生参与度不高、专业覆盖面不全、竞赛体系不健全等，特别是“产、赛、教”融合不深，赛事组织与常规教学、实践实训等内容关联不密切，影响了普惠式竞技育人效果。

一是“教赛两张皮”，技能竞赛与日常教学联系不紧密。教赛组织、教赛师资、教赛内容、教赛场地等存在一定冲突，与“三教”改革步调不一致，大赛开的是小灶、日常教学是大锅饭，更多优秀师资、教学资源投入赛事组织训练，项目竞赛标准与职业标准、职业技能标准、专业教学标准没有很好地融合。

二是“课赛少贯通”，赛事指导与课堂教学联系不紧密。教赛相关人才培养方案、课程标准、实训条件建设标准、双基地建设标准等整合不深，以竞赛拉动专业教学内容、专业课程考核、专业教学模式、专业教学体系改革的力度不够，大赛仅仅是部分精英学生的技能展示平台，没有普惠全体学生，在学中赛、在赛中学的氛围没有形成。

三是“产赛多疏离”，赛事训练与课程学习联系不紧密。紧贴产业需求的竞赛，对高职院校提升人才培养质量意义重大。产教融合、校企合作是职业院校基本的人才培养模式，技能竞赛可以在其中起到重要的催化作用。赛项设置、竞赛规程、竞技要求等，如何更好地体现当前产业发展的新技术、新装备、新工艺、新规范、新要求等，并纳入教学标准和教学内容中作为人才培养的依据和规范，值得再思考。

四是“师生难并进”，教师发展与学生成长联系不紧密。师资能力是职业教育的立教之本和兴教之源。教师不仅要帮助学生提高专业技能和职业素能，在竞技活动中取得好成绩，也要积极参加各项教学能力竞赛，夯实教学基本功，拓展职业上升空间，推进“三教改革”，达到“教学相长”。然而，师资结构优化、教师水平考评、参赛平台搭建、竞技成绩应用等还有许多短板，以竞技强能为导向的竞技文化和教学相长的氛围尚未形成。

二、基本理念及实践探索

针对竞技育人中存在的“教赛两张皮”“课赛少贯通”“产赛多疏离”“师生难并进”等问题，如何完善技能竞赛体系和人才培养模式，提高学生参与度、专业覆盖面和人才培养质量，是一个系统性的工程。从目前我国职业技能竞赛体系看，如果简单划分为学校、省级、国家、世界四个宏观层面，那么位于金字塔底层的校赛则是技能竞赛体系的基础。因此，解决普惠式竞技育人的关键点、立足点和着力点重点在学校层面，主要体现在课程、专业群、二级学院、学校等微观层面的竞技活动组织上。校赛具有两方面功能：一是为更高一级竞赛选拔人才；二是对学生技能水平进行检验。以校赛为提升人才培养质量的指挥棒，引导专业教育教学改革的全过程，不仅可以达到学生的全覆盖，更关键是通过教育教学改革让全体学生受益，最终实现专业全覆盖、学生都参与、技能有提升的普惠式竞技育人目标。

（一）基本理念

学校坚持以“竞技强能、匠心筑梦、立德树人”为指导思想，继承发扬“质量立校、特色兴校、技能强校”的办学理念和宝贵经验，认真实施竞技育人、技能成才的人才培养模式创新实践和应用推广，不断推进竞技教风、竞技课堂、竞技文化、竞技校园建设，形成了富有江西旅游商贸职业学院特色的“四相四促、竞技强能”人才培养模式和保障体系（见图 1-1）。

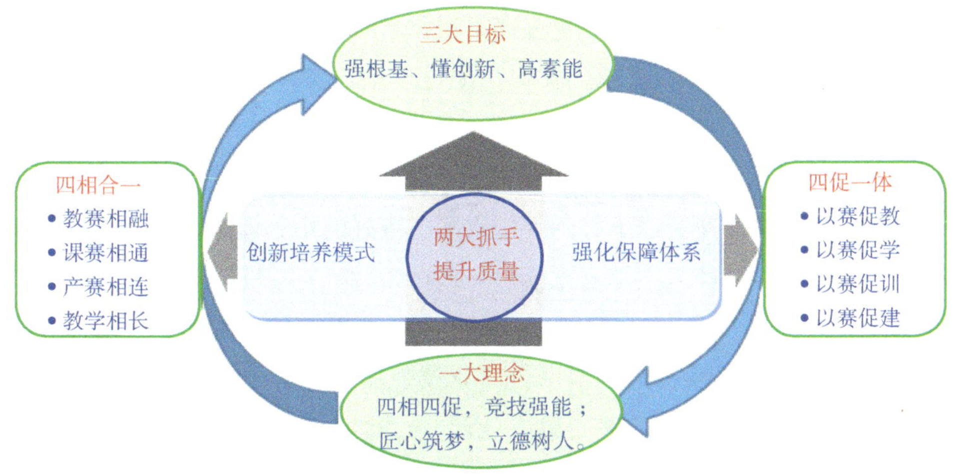

图 1-1 “四相四促、竞技强能”人才培养模式基本思路与框架

概括讲，“培养模式”，即“一大理念、两大主线、三大目标、四大举措”；“保障体系”，即“一大定位、两大主线、三大路径、四大举措、五大环节、六大保障”。具体概述如下：

1. 工作思路

一是坚持“一大理念”，立足“校内竞技”，强化“竞技育人”。以国赛、世赛为引领，构建校内竞技体系，促进“产、赛、教”深度融合，坚持教赛相融、课赛相通、产赛相连、教学相长“四相合一”，构建以赛促教、以赛促学、以赛促训、以赛促建“四促一体”的技能人才培养体系，落实“三教改革”“三全育人”，创造更好的基础条件、支撑平台和保障机制，不断推进竞技教风、竞技课堂、竞技校园、竞技文化建设，构建“竞技育人”的大环境，扬工匠精神、育技能精英，竞技强能、立德树人。

二是紧扣“两大抓手”，立足“四相四促”，强化“竞技强能”。紧扣“产、赛、教”深度融合、课内外广泛结合两条主线，强化培养模式创新和保障体系构建，落实“四相四促、竞技强能”培养理念，将职业标准、竞赛标准、教学标准、课程标准等融为一体，搭建更多的竞技平台，开展更丰富的竞技活动，将教学活动、竞技活动、生产活动完美结合，“教、学、赛、训”一体，提升师资水平和学生素质，帮助学生全面提升实践能力和创新能力、全面发展技能水平和职业素质，努力培养高层次复合型技能人才。

三是实现“三大目标”，立足德技并修，强化立德树人。强根基、懂创新、高素能，

加快构建现代职业教育体系，培养更多高素质技术技能人才、能工巧匠、大国工匠。以“课赛相通、以赛促学”为基础支撑，促进理论与实际相结合，强化专业基础，培养实践应用能力；以“产赛相连、以赛促训”为条件平台，促进生产与赛训相结合，强化自主思考，不断提高创新创业能力；以“教赛相融、教学相长”为关键保障，以赛促教、以赛促建，以更好的师资水平、更好的培养模式，构建“竞技育人”质量保障体系，提升技能人才综合素能。

四是突出“四大举措”，立足匠心筑梦，强化竞技文化。夯实“三基”，即师资队伍为基本保障、竞赛项目为基本平台、竞技强能为基本方式。做好“三进”，即竞技育人理念和模式进培养方案、进专业课堂、进实训基地。区分“三类”，即以职业技能大赛、创新创业大赛、技能风采展示作为竞技活动的主要类别。把握“三级”，即竞技文化深入专业班级、校级、校外三个级别，建设竞技校园，落实竞技育人。

教改路径“四相合一”：教赛相融、课赛相通、产赛相连、教学相长。

育人模式“四促一体”：以赛促教、以赛促学、以赛促训、以赛促建。

竞技生态“四位一体”：教风、学风、校风、文化（教学课堂就是竞技赛场，竞技校园就是生产前沿）。

2. 保障体系

（1）坚持“一大定位”，即坚持全员、全程、全方位、全要素育人作为提高培养质量的根本，落实“四相四促、竞技强能”培养理念，为技能人才培养创造更好的基础条件、支撑平台和保障机制，构建“竞技育人”的大环境，扬工匠精神、育技能精英。

（2）贯穿“两大主线”，即将创新能力培养和实践能力培养贯穿技能人才培养始终，以实践能力培养为基础，以创新能力培养为升华，帮助学生全面提升实践能力和创新能力，努力培养高层次复合型技能人才。

（3）围绕“三大路径”，即“教赛相融、课赛相通、产赛相连”，在培养过程中，强化师生互动交流、相互学习，强化竞技强能、教学相长，抓好“教、学、赛、产”，使学生“强根基、懂创新、高素能”。

（4）突出“四大举措”：一是夯实“三基”，即师资队伍为基本保障、竞赛项目为基本平台、竞技强能为基本方式。二是做好“三进”，即竞技育人理念和模式进培养方案、进专业课堂、进实训基地。三是区分“三类”，即以职业技能大赛、创新创业大赛、技能风采展示作为竞技活动的主要类别。四是把握“三级”，即竞技文化深入专业班级、校级、校外三个级别，建设竞技校园，落实竞技育人。

（5）把握“五大环节”：一是强调课程引领，根据培养目标设置竞技内容，进入活页教材和实训项目，建设竞技课题。二是强化项目搭台，根据不同级别、不同类型的竞赛项目，组织教师、学生积极参与，竞技强能、教学相长。三是建设“双师”队伍，综合校内外人才技术师资力量，训赛创协同、产学研结合，做到全员、全程、全方位、全要素育人。四是优化过程管理，建立从招生录取优先考虑技术专长的学生，到一年级强专业基础、二年级抓综合体验、三年级重创新实践，明确每个培养阶段的培养任务和竞技方案，实现全过程目标管理。五是突出质量监控，完善“竞技育人”的制度、条件、平台，保障人力、物力、财力，围绕培养任务和竞技方案进行科学监管，提高技能人才培养的目标达成度和满意度。

（6）强化“六大保障”：一是政策引领。不断提升和优化“竞技文化”，强化创新应用型人才培养。二是制度保障。加强“竞技育人”制度建设，鼓励师生围绕竞技项目和培养目标，大胆参与、大胆探索。三是队伍建设。以“双师型”队伍为基础，以行业领域精英为补充，推进“三教改革”、深化“三全育人”，匠心筑梦、立德树人。四是文化导向。建竞技校园、树竞技文化，鼓励师生积极参与“竞技强能”，在赛中学、在学中赛，提升师资水平和学生培养质量。五是平台依托。建设校内外实训基地、世赛项目培训基地、顶岗实习基地等，加强专业教学标准与行业职业标准的无缝对接，产教融合、校企合作。六是全程监管。明确入学前、第一学年、第二学年、第三学年的培养任务和竞技目标，进行全程跟踪管理，保证人才培养质量。

总之，江西旅游商贸职业学院在旅游类专业大学生培养过程中，坚持教赛相融、课赛相通、产赛相连、教学相长“四相合一”，强调从实践应用能力，到创新创业能力，到综合素养能力的培养；通过以赛促教、以赛促学、以赛促训、以赛促建“四促一体”，帮助大学生全面学习、全面锻炼、全面提升；培养适应行业产业和社会经济发展需要的“强根基、懂创新、高素能”的高层次复合型技术技能人才，不断形成“旅商特质”的技能人才培养特色和优势，服务旅游强省战略和乡村振兴战略。

（二）探索实践

自 2011 年开始，以我国首次参加世界技能大赛为契机，江西旅游商贸职业学院积极探索“竞技育人”工作。从职业教育发展的内在规律出发，充分发挥技能大赛引领示范作用，首先在旅游类专业先行先试，逐渐形成“四相四促、竞技强能”的人

才培养模式，建设竞技教风、竞技课堂、竞技校园、竞技文化，培养适应行业产业和社会经济发展需要的“强根基、懂创新、高素能”的高层次复合型技术技能人才。

1. 目标任务

以竞技文化为支撑、竞技强能为导向，“教、学、训、赛、产”深度融合，推进“四相合一”、“四促一体”。在课堂学习、基地实训、生产实践、顶岗实习、就业见习、竞技活动中，弘扬竞技强能、崇尚匠心筑梦，实现竞技育人、立德树人。人人学习技能、人人拥有技能、人人技能报国，培养更多德技并修、技能精湛的社会主义建设者和接班人。

一是实现“教赛相融”，强化竞技教风。强化“课程引领、项目带动、竞赛锤炼”，“产、赛、教”深度融合，做好教师技能实训和技能竞赛组织工作。以师资建设和“三教改革”作为推动新时代职业教育改革发展的关键引擎，深化产教融合、校企合作，将教师技能大赛作为反哺教学、推动教学改革的有效途径，作为提高专业教师队伍素质的直接方式。

二是实现“课赛相通”，强化竞技学风。竞技文化“进教案、进课堂、进基地”，在学中赛、在赛中学，“训、赛、创、服”一体。大赛不仅仅是培育“盆景”，不仅仅是展示技能，不仅仅是个别学生的“小灶”，而是要引导方向、促进学习。结合第二课堂强化竞技校园文化，让学生广泛参与，接受竞技文化熏陶，提高技术技能水平。

三是实现“产赛相连”，强化产教融合。弘扬劳模精神和工匠精神，营造劳动光荣的学习风尚和精益求精的敬业风气。构建“产、教、赛”深度融合的体制机制，校企共同研制“产、赛、教”融合共生的标准体系，组建专业教师、技工技师、带赛导师融合的师资团队，将创新创业教育与培养人才第一资源、增强创新第一动力结合起来，促进“产、赛、教”的价值追求共融、人才培养共振、资源配置共用、发展效益共享，让学生在知识、技能、素质方面获得长足进步。

四是实现“教学相长”，强化质量保障。以“竞技强能、匠心筑梦”为根本，以“竞技文化、竞技校园”为依托，鼓励师生积极参与竞技活动和竞技赛事，共同学习新技术、新工艺、新规范，提升技术技能和工匠精神，加强问题梳理和教学诊改，营造更好的发展和成长环境，帮助师生在成长过程中相得益彰、相互促进，促进师生共同进步。

2. 运作模式

坚持以“匠心筑梦、立德树人”为指导思想，坚持以“四相四促、竞技强能”

为育人模式，着力从“建机制”“搭平台”“强融合”“抓协同”等方面，强化普惠式竞技育人体制机制建设，建竞技校园、树竞技文化、扬工匠精神、育技能精英。

一是建机制，以赛促教、教赛相融、匠心筑梦，着力提升竞技育人能力。加强竞技相关的制度、平台、项目等建设（见图 1–2），完善“国赛引领、省赛拉动、校赛规范、院赛普惠”的竞技强能机制，要求教师主动将各级大赛的功能作用与定位目标落实到教学任务中，有效落实大赛的普惠性、选拔性与激励性作用，解决了大赛辐射面窄、受益范围小等问题。以提高教学能力水平和教学质量为根本，将技能竞赛作为促进教学改革、改善师资队伍结构、打造优秀教学团队的重要抓手，建立健全与“竞技强能、匠心筑梦”相适应的教师激励和管理机制，大力弘扬工匠精神，提升学校竞技育人能力。

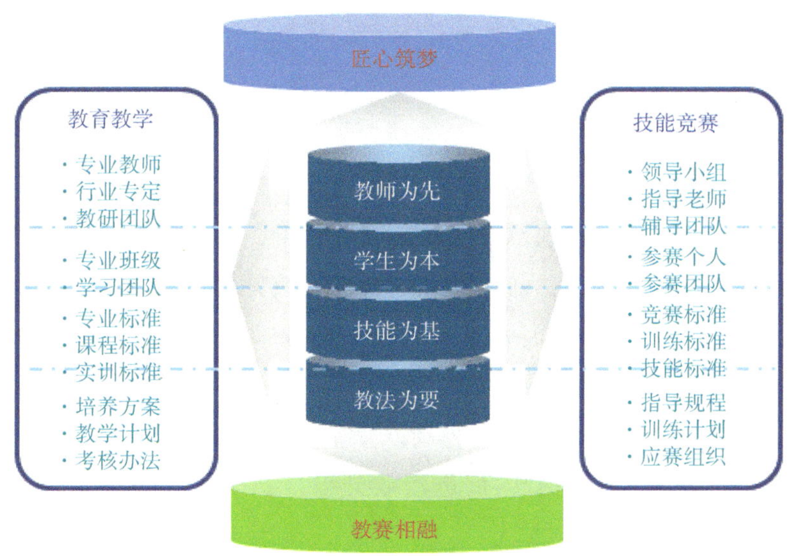

图 1–2 “教赛相融、匠心筑梦”制度平台建设

二是搭平台，以赛促学、课赛相通、竞技强能，着力提升实践应用能力（见图 1–3）。深化“竞技课堂、竞技文化”教学改革，搭建“标准对接、任务驱动、技能导向、多元评价”的竞技强能平台，将竞技理念和竞赛标准融入日常教学过程，有效解决了大赛与日常教学、生产实际脱节的问题。推动竞技育人理念进培养方案、进专业课堂、进实训基地，最大限度覆盖全体学生；推进竞技校园建设，以校内外技能大赛、创新创业大赛为抓手，利用第二课堂带动学生广泛参与；将行业和职业的新技

术、新标准、新规范引入竞技活动，推动技能人才培养和行业前沿人才需求相结合，着力提升实践创新能力。

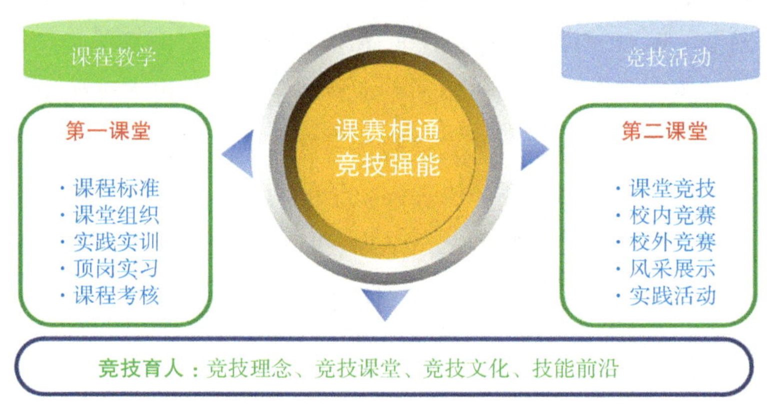

图 1–3 "课赛相通、竞技强能"教育培养模式

三是强融合，以赛促训、产赛相连、知行合一，着力提升创新实践能力（见图 1–4）。强化"产、赛、教"深度融合，校企共同制订专业人才培养方案，将产业、行业、企业的新技术、新工艺、新规范以及技能大赛标准，纳入教学标准和教学内容中，作为人才培养的依据和规范。强化育训结合、德技并修，将教学过程、生产过程、竞赛过程融为一体，专业教师、技工技师、带赛导师形成合力，通过学习—实训—竞技—实践的反复历练，促进教育链、人才链与产业链、创新链有机衔接，全面提升人才培养质量，适应行业企业创新发展需求。建立学校、教师、学生、企业四方激励机制，深化产教融合，促进产业升级，弘扬工匠精神，崇尚技术技能，实现可持续发展。

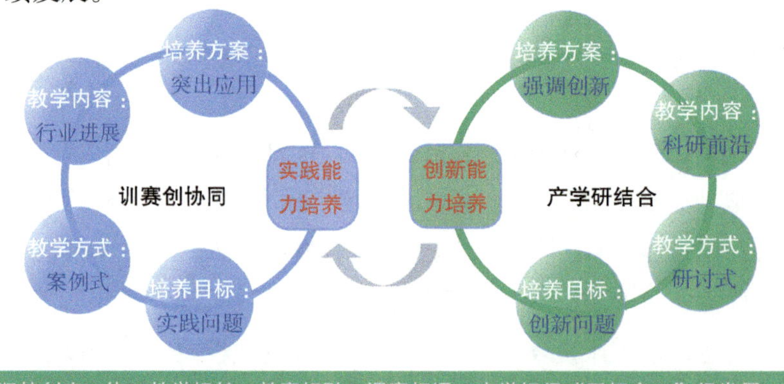

图 1–4 "以赛促训、产赛相连"技能人才创新创业能力培养模式

四是抓协同，以赛促建、教学相长、“三教”统筹，着力提升质量保障能力（见图 1-5）。聚焦“三教”改革，落实专业设置与产业需求对接、课程标准与职业标准对接、教学过程与生产过程对接的要求，形成“赛标引领、竞技联动、专业优势、职教品牌”的竞技强能效应，充分发掘大赛选拔培养技能拔尖人才的内在价值，不断提高技能人才培养质量，解决“为获奖比赛”的功利化趋向，以及人才培养规格不能满足企业需求的问题。以教学诊改为抓手，强化部门协作、校内外协同，加强教师团队、师生团队建设，师生同实践、同竞技、同进步，严把教学标准和学生毕业质量标准两个关口，提高技术技能人才培养质量。

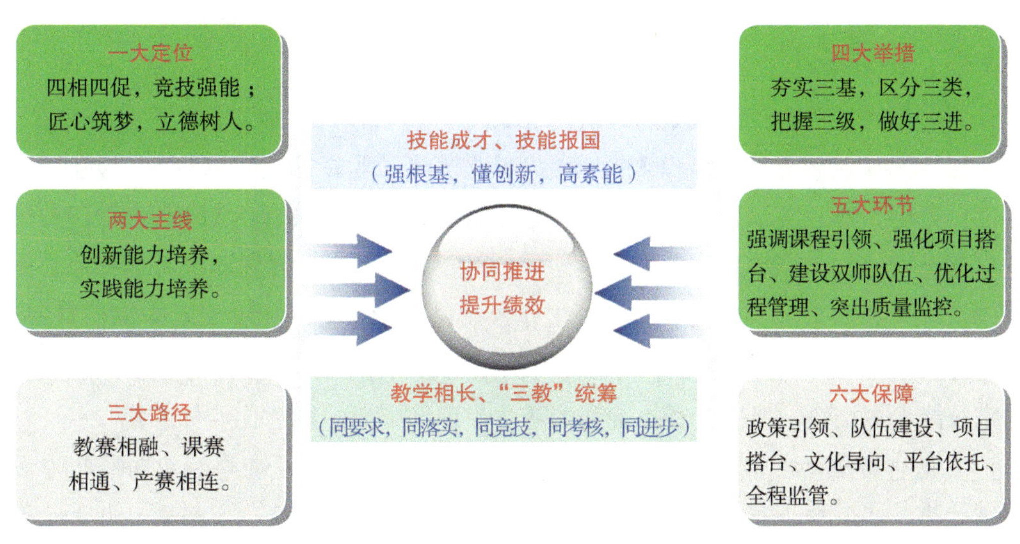

图 1-5 “教学相长、‘三教’统筹”质量保障体系

三、成果内容及主体框架

学校以“竞技强能、匠心筑梦、立德树人”为指导思想，秉承“人人学习技能，人人拥有技能”的培养理念，坚持教赛相融、课赛相通、产赛相连、教学相长“四相合一”，坚持以赛促教、以赛促学、以赛促训、以赛促建“四促一体”，坚持“三基、三进、三类、三级”“四大举措”，构建了基于“竞技强能、匠心筑梦”导向的旅游类技能人才“四相四促”培养体制机制，形成了“一大定位、两大主线、三大路径、四大举措、五大环节、六大保障”的人才培养质量保障体系，在实践能力强、创新能力足的新时代复合型技能人才培养上取得了良好成效。

（一）成果内容

1. 构建了“国赛引领、省赛拉动、校赛规范、院赛普惠”的竞技强能机制

一是院赛普惠，实现专业、学生全覆盖。将组织技能大赛纳入常规工作，成立技能大赛领导小组，负责技能大赛的组织、管理、协调等工作；夯实竞技育人“三基”、推进竞技文化“三进”工作，各专业结合各自特点开展内容丰富、形式多样的技能活动，形成课课有赛事、班班有赛项、人人能出彩的竞技氛围，凸显技能大赛的普惠性；建设竞技文化、竞技校园，完善技能学习第二课堂，促进学生养成尊重劳动、崇尚技能的意识，培育学生工匠精神。2017—2020年，举办旅游类专业院级比赛85场，获奖学生1000余人。

二是校赛规范，推动大赛标准化、信息化。出台《江西旅游商贸职业学院“四相四促”工作实施方案》《江西旅游商贸职业学院职业技能竞赛管理暂行办法》等文件，完善大赛的组织领导、经费投入、表彰奖励等相关制度；对标大赛规程，优化赛项设置，统筹各赛项的规划设计、组织筹备、承办、集训和技能提升训练等工作；开发竞赛大数据系统，为大赛的各项工作提供信息化服务；建立大赛专家信息资源库，开发13个标准化试题库；加强师资队伍建设赛事组织工作，与省级技能大赛、国家技能大赛接轨，保证竞赛执裁和参赛学生训练指导的规范化、标准化。

三是省赛拉动，推进专业建设质量提升。以省赛为依托统筹专业布局与建设，实施优势、特色专业专项支持，重磅打造优势专业和特色团队，大幅提升办学水平。近年来，旅游类专业在优特专业、技能大师、骨干教师、精品资源共享课程开发、现代学徒制试点、教学改革研究等全省现代职业教育质量提升项目建设中位居前列。2017—2020年，参加全省技能大赛的学生750余人次、教师110余人次，获得一等奖50余项、二等奖210余项，位居全省高职院校前列。旅游管理、酒店管理等专业成长为江西省优势特色专业。

四是国赛引领，彰显学校职教办学品牌。2017年以来，旅游类专业学生参加全国技能大赛，获奖牌30余枚，其中一等奖11枚。余佳倩、赵越、周盼、李崇玉、肖琪昳等同学先后入选世界技能大赛餐厅服务和酒店接待等赛项国家集训队。徐孙君老师入选第45届世界技能大赛中国技术指导专家组，参与国赛执裁和参赛学生训练指导工作。学校成为第46届世界技能大赛全国集训基地（酒店接待赛项）和第46届世界技能大赛全国选拔赛江西省集训基地（酒店接待、餐厅服务赛项），徐孙君、熊铭贵等8位教师担任江西省集训备战技术指导专家（教练）。彰显了竞技强能、竞技育人的职教品牌。

2. 搭建了“标准对接、任务驱动、技能导向、多元评价”的竞技强能平台

一是大赛标准与教学标准融合，优化人才培养方案。借鉴大赛先进理念，把赛项内容、评判标准等融入人才培养方案、课程标准和评价体系，构建以工作岗位为基础、以实践为中心、以能力为本位的工学结合教学体系。2017年以来，引入技能大赛的标准、课程资源，指导开发酒店管理、旅游管理、模拟导游等6个专业技能人才培养方案，引进50余门课程资源，开发30余本特色教材。

二是大赛任务与教学内容融合，推动课程教学改革。大赛任务书成为面向旅游类专业学生的项目教学模块，将大赛项目的内容、标准和要求融入专业课程教学中，开展“课堂教学＋技能训练＋技能竞赛”的教学活动，将技能大赛演化为学校教学的常态模式；依托大赛优秀教师的“夺冠秘笈”，开发以技能大赛项目为主题内容的精品课程10门、校本教材30余本，推进竞赛内容普及化。

三是赛项训练与实训教学融合，引导实践教学改革。按照大赛技术标准配置实训设备，打造实景操作训练环境，大赛成为推动专业建设与新技术融合的新引擎。从行业企业聘请能工巧匠到学校任教，传承技能技艺，弘扬工匠精神。项目教学法在旅游类专业的教学中普遍使用，如世赛班结合大赛探索小班化项目教学新模式，学生在竞赛中学习、在学习中竞赛，练就“硬”技能。

四是技能考核与教学评价结合，引入多元评价方式。大赛注重对学生知识、技能、心理素质、团队精神等综合素质考核。把技能水平、职业道德等作为学生学业评价的重要指标，纳入学业评价标准；采取项目式过程考核、期末考试、毕业技能考核相结合的立体化考核方法，推动学生的职业能力和职业素质循环上升；建立技能大赛与职业资格证书有机衔接制度，校级比赛与技能考核同步进行，矫正大赛与日常教学脱节的偏向。

3. 形成了“学生成长、名师培育、专业优势、职教名牌”的竞技强能效应

一是四级大赛联动，搭建学生成长“立交桥”。院、校、省、国四级大赛选拔培养了大批德技双馨的高技能人才，提升了人才培养质量。建立优秀学生档案，跟踪其发展轨迹、创业经历，全程进行指导。2017年以来，1000余人次获得校级奖项，200余人次获得省级奖项，50余人次获得国家级奖项。国赛获奖选手多元发展，63%被企业高薪录用，24%专业免试对口升入本科院校，3%自主创业，另有1人

特聘为实训指导教师留校任教。

二是竞技平台筑造，培育职教名师。构建大赛促进教师培养与成长激励机制，获奖教师优先获得评优评先和职称晋升资格，优先参加培训和学术交流活动。15 名专业教师赴德、英、日、澳等国和我国台湾地区研修；2 人成为省级教学名师，2 人获评省级技能大师，9 人获评中青年骨干教师，2 支教学团队获评省级优秀教学团队；6 人多次担任全国大赛裁判。每年派专业教师下企业进行 3 个月至 1 年的专业技能学习；实施特聘教师制度，聘请行业专家和能工巧匠担任实训教师和大赛教练，参与制订人才培养方案、参与教学实践、指导技能大赛，引领专业建设。

三是大赛标准引领，打造优特专业。结合技能大赛标准与产业发展更新的特点，及时调整专业设置，提高优特专业紧随产业发展不断转型升级的精准度；将大赛成绩纳入专业评价标准，建立优特专业激励机制；借鉴技能大赛完整工作过程的竞赛场地建设要求，推动优特专业工学一体化实训基地建设。2017 年以来，投入 2 亿元，建成 2 个国家级骨干专业、2 个省级优特专业、3 个省级骨干专业，惠及在校 6000 余名学生。

四是大赛佳绩频传，成就职教品牌。参加大赛人数、获奖等级量化为学校办学水平评价指标。2011 年以来，学校连续 6 年代表全省征战国赛，连续 9 年承办全省职业技能大赛旅游类三大赛项，获得省级以上奖项 110 余项，在省级赛事中更是连年包揽所有赛项一、二名；通过技能大赛，徐孙君、熊铭贵、郑巍等一大批教师成长为专业骨干教师。学校与 180 多家企业建立合作关系，组建 2 个省级职教集团，成员单位近 160 家，50% 毕业生在合作企业就业，满足区域产业发展对高技能人才的需求。企业对毕业生的总体满意率超过 95%。

（二）主体框架

1. 突出专业培养、竞技教育

重点突出专业特色、职业特色，关注学生的动手能力，以竞技强能为核心，构建具有自己特色的竞技课堂、竞技校园、竞技文化。

2. 实施政策引领、整合力量

将技能竞赛深度融入人才培养方案，积极组织班级、院级、校级、校外的竞技活动，积极承办省级以上技能竞赛，竞技强能、竞技育人。

3. 建设“双师”队伍、竞技师资

支持和激励教师开展专业实践，提升专业教师适应岗位能力新变化、对接或引领岗位新技术的能力，熟悉竞技规程、竞技标准，纳入师资建设。

4. 强化分类培养、各有所学

根据不同的专业竞技表现，对学生分类制订实施相应的技能人才培养方案，突出因材施教、个性培养，有针对性地培养学生的创新实践能力。

5. 构筑竞技平台、产教融合

结合课程实训、基地实习、顶岗实习等，打造实景操作训练环境，推动校内外联动实施竞技考核，帮助学生掌握新技术、新技能、新规程。

6. 推进教学改革、创新探索

推进赛项训练与实训教学融合，引导技能教学改革。按照大赛技术标准配置实训设备，让大赛成为推动专业建设与新技术融合的加速器。

7. 健全体制机制、规范管理

出台《江西旅游商贸职业学院职业技能竞赛管理暂行办法》等文件，在软硬件购入、耗材购买、工作量认定等方面给予保障，调动广大师生的参赛积极性，营造良好的竞技强能校园文化。

8. 完善质量评价、科学监控

强化培养过程管理，引入多元评价方式，技能考核与教学评价融合，把技能水平作为学业评价重要指标，把竞技考核纳入学生学分系统。

四、实施情况及主要成效

根据高职院校技能型人才的培养实际，落实“以赛促教、教赛相融、匠心筑梦”“以赛促学、课赛相通、竞技强能”“以赛促训、产赛相连、知行合一”“以赛促建、教学相长、‘三教’统筹”等培养理念，让更多学生在竞技中受益、在竞技中成长，竞技育人、立德树人。

（一）实施情况

结合“四相四促、竞技强能”的培养模式，“产、赛、教”融合，完善培养机制、融合培养标准、修订教学计划、搭建工作平台、强化保障措施，建立健全培养方案和工作举措。将整个培养过程分为四个阶段：入学之前、第一学年、第二学年和第三学年，结合专业学习安排和各个阶段教育目标和培养任务，突出全程化、跟踪式培养管理和质量管控，帮助学生实现竞技强能、技能成才。一是明确竞技育人目标；二是对接质量标准体系；三是优化过程督导管理；四是强化实施监测评价。

（二）主要成效

通过以竞技强能为核心，突出旅游类专业特色、职业特色，将生产过程、竞赛过程、学习过程融为一体，将"竞技"元素融入育训结合的人才培养模式中，职业标准、竞赛标准和专业标准"三标准"融合，教学场域、竞技场域、生产场域"三场域"轮训，专业教师、带赛导师、企业技师"三导师"指导，构建具有自己特色的竞技教风、竞技课堂、竞技校园、竞技文化，营造普惠式竞技育人的大环境，取得了较好的成效（见图 1–6）。

一是形成了竞技强能培养特色。学校以学生终身成长为教育目标，坚持综合素质和职业技能并重的教育理念，高度重视专业技能大赛，构建了"国赛引领、省赛拉动、校赛规范、院赛普惠"的竞赛机制和"学年有大赛、学期有小赛、课堂有竞技、内容全覆盖"的竞技体系，形成了"不怕吃苦、勇于竞争、开拓创新"的竞技校园文化。

二是提升了技能人才综合素养。学生先后获得全国大学生西餐宴会服务大赛一等奖、中餐主题宴会设计一等奖、"中国创翼"创新创业大赛全国第一名、全国高等职业院校创新创业大赛一等奖、中国"互联网 +"大学生创新创业大赛国际赛道铜奖、全省大学生旅游商品创意设计大赛金奖、江西省"互联网 +"大学生创新创业大赛金奖、江西省"创客中国"创新创业大赛第一名、江西省创业公开课总冠军等重大奖项，5 名学生入选第 44 届、45 届、46 届世界技能大赛国家集训营，全省大学生旅游技能大赛更是基本囊括一等奖。毕业生专业素质、职业能力深受用人单位好评，不少毕业生成了高端企业的抢手人才、行业的技术骨干、高层管理人才。

三是提高了师资队伍工匠精神。以"名师名匠"培育"校园工匠"。学校以师德建设为主线，以专业"名师名匠"建设、匠心管理队伍建设为两翼，大力实施高水平师资队伍建设，为工匠精神培育提供了有力的师资保障。一方面，定期安排教师去企业实践，与时俱进，切身感受工匠文化、工匠精神，浸润工匠文化，提升综合职业素养。另一方面，聘请企业工匠来校任兼职教师，发挥传帮带作用，带动学校教师养成良好的工匠素养。

四是促进了旅商学子就业创业。第三方调查显示，旅游类专业学生就业竞争力明显提升。2017—2020年，毕业生就业率为91%，专业对口率为80%，企业满意度为95%，尤其是2020年全球旅游业受疫情严重影响的情况下，我校的就业、创业工作受省教育厅表彰，并给予我校406万元留赣就业创业专项补助资金。毕业生中涌现了一大批自主创业的学子、企业中高级管理人员和出国留学生，学生获得国家级技能竞赛奖励142人次、省级技能竞赛奖励745人次。竞技强能、立德树人取得了良好成效。

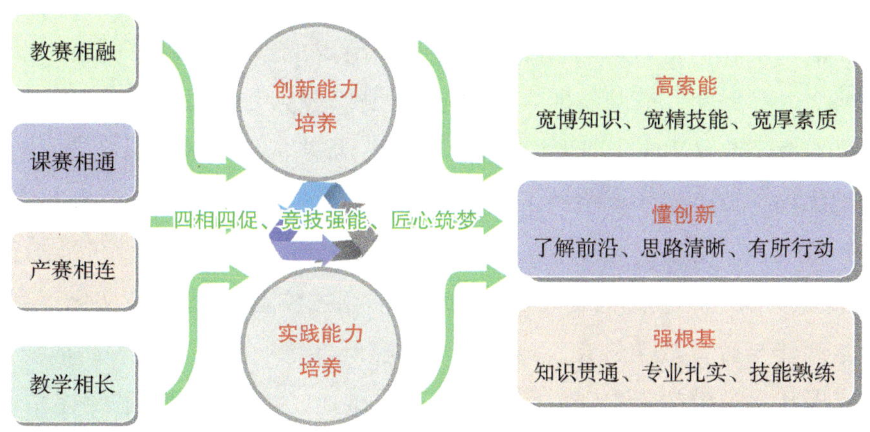

图1-6 “四相四促、竞技强能”技能人才培养成效

五、主要创新及应用推广

本成果立足“建竞技校园、树竞技文化、扬工匠精神、育技能精英”，以“竞技育人、立德树人”为目标，以“四相四促、竞技强能”为抓手，帮助在校生全面学习、全面锻炼和全面提升专业知识和职业素养，形成了具有“旅商特质”的人才培养特色和优势。今后，学校将进一步总结经验，加强体制机制、竞技师资、条件平台建设，普及竞技文化、推广竞技育人，为新时代职业教育提供更加完善的技能人才培养模式，帮助更多学子实现技能成才、技能报国的梦想，为“中国制造、中国创造，技能中国、技能强国”贡献更大力量。

（一）主要创新

本成果基于“双高计划”建设的办学定位和服务地方行业产业发展的目标，坚

持以“竞技强能、匠心筑梦、立德树人”为指导思想，以“建竞技校园、树竞技文化、扬工匠精神、育技能精英”为工作抓手，形成了富有江西旅商特色的“四相四促、竞技强能”的人才培养模式，构建了“一大定位、两大主线、三大路径、四大举措、五大环节、六大保障”的人才培养质量保障机制，在创新实践和推广应用中取得了丰硕的成果，得到了兄弟高校和社会各界的肯定。主要创新表现在 3 个方面：

一是丰富了竞技强能新内涵。以“竞技强能”为引领，充分发挥技能大赛层级拉动、整体带动的综合效应，构建了“国赛引领、省赛拉动、校赛规范、院赛普惠”的竞技强能机制，有效矫正了对技能大赛功能定位的表面化、狭隘化、短视化认识，丰富了技能大赛作为职业教育发展重要引擎的新内涵。通过以赛促教、以赛促学、以赛促训、以赛促建，借鉴技能大赛先进的技能理念、技能标准、评价体系，及时调整专业培养标准以适应产业发展的转型升级，提高人才培养质量。

二是优化了技能成才新路径。以“技能成才”为目标，强化竞技活动与专业教学、人才培养相融合，搭建“标准对接、任务驱动、技能导向、多元评价”的竞技强能平台，形成独具特色的技能大赛“旅商模式”。从竞技校园建设、竞技文化培育的维度，推动技能竞赛与教育教学融合，培养了学生实践能力、创新能力和团队协作精神；将竞赛成果转化为教学资源和科研基础，有效推进了课程设置、教学体系、培养模式以及教学方法的改革，为技能人才培养开辟了一条新道路。

三是构筑了“教、学、赛、产”协同体。以“协同育人”为手段，通过对赛项资源转化、大赛连带效应的研究，激活多方参与、整合发展的内在机制，“三标准”融合、“三场域”轮训、“三导师”结合，构建了“教、学、赛、产”一体化平台，打造了融合型、开放型、共享型的校企协同育人大平台，真正实现了专业教学与技能竞赛、企业生产的深度融合，形成了技能大赛促进职业教育创新发展的典型案例、有效范式和长效机制，以及促进职业教育改革的独特价值。

（二）应用推广

学校在技能人才培养过程中，始终面向国家和地方社会经济发展需求，匠心筑梦、立德树人，依托“四相四促、竞技强能”的人才培养模式和质量保障体系，厚基础、强实践、重创新，提升了创新与实践能力，达到了“强根基、懂创新、高素能”的培养目标。从实践效果看，大学生培养质量显著提高，形成了我校技能人才培养特色和优势，在兄弟高校和相关培养单位得到推广应用，得到了用人单位、培养基地等社会各界的广泛认可。

1. 学生受益：切合了高职人才成长实际，培养了德技并修、技能精湛的专业人才

以技能大赛为抓手、以能力提升为核心，培养了一大批“宽基础、强能力、高素质”的技能人才。2017 年以来，师生获得国家级技能竞赛奖励 249 项、省级奖励 855 项，5 名学生入围世赛国家集训队，9 名学生项目入选文化和旅游部“万名旅游英才计划”项目。学生的专业实践能力和创新创业能力得到明显提升，学生学历证书和职业资格证“双证”获得率平均达到 80%，毕业生初次就业率达到 91%，最终就业率达到 96%。第三方机构调查显示，毕业生能吃苦、团队精神强，参加工作后很快能凸显动手能力强、专业基础扎实、理论与实际结合较快的优势，得到用人单位的高度认可，用人单位对 2017—2020 届毕业生整体满意度达到 95%。

2. 学校受益：切合了“双高计划”建设要求，增强了改革创新、提质创优的发展能力

以技能大赛带动竞技校园、竞技校风建设，形成了旅商人才培养特色。基于“竞技强能、匠心筑梦、立德树人”理念，学校牵头组建了江西旅游职教集团，集聚 27 所大中专院校、43 家旅游企业力量，探索旅游职业人才立体培养模式，2020 年获批国家级示范职教集团；酒店管理专业成为全国职业院校旅游类示范专业点，旅游管理、导游专业入驻教育部虚拟仿真（VR）实训基地；酒店管理、旅游管理专业获批江西省高水平高职院校优特专业；学校成功获批酒店接待国家级技能竞赛集训基地，入选原国家旅游局全国 50 个校企合作示范基地；学校入选省级人才培养模式创新试验区，综合实力进入全省高职院校第一方阵。

3. 社会受益：切合了行业产业人才需求，实现了技能成才、技能报国的办学目标

以竞技强能为本，提高技能人才培养质量和社会服务水平。学校每年面向江西省内旅游企业开展技术服务培训 1000 余人次，为旅游类相关职业资格鉴定 400 余人次；学校以 AAA 级景区校园为依托，开展旅行研学社会服务，“‘校 · 景 · 坊’研学旅行育人模式”典型案例入选教育部 2020 全国高职高专校长联席会展示案例；旅游类专业学生参加厦门金砖国家领导人会晤、江西旅游产业发展大会等重大活动的志愿服务，取得了良好的社会效益。成果部分内容为《教育部　江西省人民政府关于整省推进职业教育综合改革提质创优的意见》（赣府发〔2020〕30 号）等政策文件的出台，提供了实践验证，为江西省推进职业教育改革提供了有益的经验。

4. 推广有效：切合了职教高地建设大局，提供了竞技强能、匠心筑梦的有益经验

以“德技并修、立德树人”为目标，“四相四促、竞技强能”成果受到兄弟院校、旅游行业、企业单位的青睐。成果推广以来，已有浙江旅游学院、江西应用技术职业学院等 73 批次业界同行来校考察交流；学校对口帮扶广昌县职业学校、新疆克州职业技术学校等 7 所职业院校，推广人才培养和办学经验；学校先后 5 次应邀在全国旅游协会年会上作主题发言，宣传推广人才培养经验；2020 年，教育部部长陈宝生、省委书记刘奇、省长易炼红等领导先后来校指导，肯定我校竞技育人的办学思路和办学成果，勉励师生讲好参赛故事、讲好旅商故事、讲好江西故事；《中国教育报》、《江西日报》、新华网等媒体对学校技能强校情况进行了广泛报道。

六、经验启示及发展展望

（一）经验启示

“四相四促、竞技强能”“竞技育人、立德树人”，切合了高职人才成长实际，培养了德技并修、技能精湛的专业人才；切合了“双高计划”建设要求，增强了改革创新、提质创优的发展能力；切合了行业产业人才需求，实现了技能成才、技能报国的办学目标；切合了职教高地建设大局，提供了竞技强能、匠心筑梦的有益经验。形成了具有“旅商特质”的人才培养特色和优势，具有非常好的发展前景和推广价值。

一是入学之前的早期介入。努力提高生源质量，对优质生源基于一定的优惠政策，优先满足其专业选择，筛选有专业基础和发展空间的学生提前加入训练团队；对单招考试进行改革，明确考生总成绩由综合素质考核成绩和技能测试两部分组成；对具有一定专业技能特别是获得本专业从业资格证书或者在技能竞赛中获奖的考生，经本人申请并通过学校招生领导工作小组审核后，在录取时给予相应的专业技能加分或直接获得录取资格。

二是第一学年的厚植基础。学生主要在课堂、校内实训基地进行基础理论和基础技能的培养。重点在学院层面、专业层面、课程层面，实施专业课程竞技考核，有计划安排学生参与竞技训练，熟悉竞技课堂和竞技文化，让学生了解一些专业技能赛事和相关比赛工作流程，帮助学生打下扎实的专业基础、提升专业技能认知、提高专业学习兴趣。帮助学生组织学习兴趣小组和专业学习团队，进行专业层面的

技能展示、交流切磋。

三是第二学年的综合体验。在校内外专业实训基础上，引进企业介入教学与学生管理，利用其专业人员实践经验优势担任专业实践性强的课程教学，并指导学生相关的实践教学内容，使学生尽早了解企业实际运作和相关课程的应用情况。弘扬劳动精神、工匠精神，让学生参与更多竞技体验，组织相关专业校级竞赛，让学生熟悉最新的技能竞赛标准和企业的生产标准，组织优秀学生参与校外竞赛。

四是第三学年的创新实践。学生通过顶岗实习、毕业实习等途径进入企业进行实际操作，让学生竞技上岗、接受竞技评价，由企业指导老师和学校指导老师共同指导其完成专业学习考核；积极创造条件平台，组成师生专业学习实践团队，让学生有充分的施展空间，将专业所学的知识与企业的实践相结合，锻炼实际动手能力和培养职场经验；要求师生团队结合企业生产中的实际问题，进行系统分析，提出解决方案。

（二）发展展望

技能是强国之基、立业之本。技能人才是支撑中国制造、中国创造的重要力量。2021年6月，人力资源和社会保障部印发《“技能中国行动”实施方案》（人社部发〔2021〕48号），明确了健全完善“技能中国”政策制度体系、实施“技能提升”行动、实施“技能强企”行动、实施“技能激励”行动、实施“技能合作”行动等五大重要任务；提出要大力发展技工教育，支持技工院校建设成为集技工教育、公共实训、技师研修、竞赛集训、技能评价、就业指导等功能于一体的技能人才培养综合基地；提出要构建职业技能竞赛体系，完善以世界技能大赛为引领、中华人民共和国职业技能大赛为龙头、全国行业职业技能竞赛和地方各级职业技能竞赛以及专项赛为主体、企业和院校职业技能比赛为基础的具有中国特色的职业技能竞赛体系，不断提高职业技能竞赛的科学化、规范化、专业化水平。这些举措将为普惠式竞技育人模式带来更好的社会氛围和发展空间。

今后将进一步总结经验，以“竞技育人、立德树人”为目标，以“四相四促、竞技强能”为抓手，以培养高技能人才、能工巧匠、大国工匠为导向，加强体制机制、竞技师资、条件平台建设，普及竞技文化、推广竞技育人，为新时代职业教育提供更加完善的技能人才培养模式，帮助更多学子实现技能成才、技能报国的梦想，为“中国制造、中国创造，技能中国、技能强国”贡献更大力量。重点要加强以下五方面

的工作：一是进一步完善体制机制，普及竞技强能，惠及全体学生；二是进一步优化育训平台，整合竞赛资源，固化改革成果；三是进一步深化产教合作，创新教学模式，强化竞技强能；四是进一步建设“三师”队伍，统筹“三教”改革，推进协同育人；五是进一步突出大赛引领，对接国际标准，促进开放办学。

第二章

竞技育人体制机制

一、机制构建

江西旅游商贸职业学院实施“四相四促、竞技强能、匠心筑梦、立德树人”的“竞技育人”人才培养模式，通过校企合作加强实践教学环节，采用“教、学、做、赛”一体教学模式，培养学生的职业能力，确定内部组织机构的设置和人员配备，从“四相四促、竞技强能”教育培养模式、制度平台建设等方面制定人才培养的体制机制。

（一）“四相四促、竞技强能”教育培养模式

坚持以“竞技强能、匠心筑梦、立德树人”为指导思想，从人才培养方案、课程考核、学生评价等方面入手，建竞技校园、树竞技文化、扬工匠精神、育技能精英，形成富有“旅商特色”的“四相四促、竞技强能”人才培养模式。

1. 修订人才培养方案

（1）人才培养的目标定位

培养目标是高等学校一切教学活动的出发点和归结点。职业教育的根本任务是培养大批高技能人才和高素质劳动者。高职院校旅游管理专业必须适应现代高等教育发展的趋势和旅游产业发展的需求，按照“四相四促、竞技强能”的人才培养理念，以校企深度融合、校企共育为主线，结合专业群服务江西省内旅游经济社会发展对人才的需求，依托专业群服务的江西省旅游业发展现状，与旅游、酒店类企业合作，培养掌握本专业知识和技术技能，面向旅游行业的导游、营销、公共游览场所服务等职业群，能够从事旅游接待、旅游产品策划、旅游市场营销、旅游企业运营管理工作，德、智、体、美、劳全面发展，践行社会主义核心价值观，具有一定的文化

水平、良好的职业道德和人文素养及社会适应能力、持续发展能力，具备工匠精神，具有创新思维、创新精神、创新创业意识和创新创业能力的高素质复合型、技术技能型人才。

（2）人才培养方案的修订方式方法

为了切实贯彻执行《国家职业教育改革实施方案》（国发〔2019〕4 号），以《教育部关于职业院校专业人才培养方案制订与实施工作的指导意见》（教职成〔2019〕13 号）等文件精神为指导，深入贯彻习近平总书记在全国职业教育工作会议上作出的重要指示，紧紧围绕地方产业升级调整和经济发展的需要，实施“岗课赛证”综合育人，使人才培养方案具有更为明显的职业教育特色，更有利于培养高素质劳动者和技术技能型人才，学校决定对 2019 年修订的《江西旅游商贸职业学院高职人才培养方案》进行修订。

各专业人才培养方案的修订，要以习近平新时代中国特色社会主义思想为指导，深入贯彻党的十九大和十九届历次全会精神及习近平总书记在全国职业教育工作会议上作出的重要指示，落实立德树人根本任务，坚持面向市场、服务发展、促进就业的办学方向，健全德技并修、工学结合育人机制，构建德、智、体、美、劳全面发展的人才培养体系，突出职业教育的类型特点，深化产教融合、校企合作，推进教师、教材、教法改革，实施“岗课赛证”综合育人，规范人才培养全过程，加快培养具有社会适应性、持续发展能力的复合型技术技能人才。

针对旅游类专业技能人才培养制订过程中存在的调研流程不充分、制度落实不到位、机制有效性未充分发挥等问题，按照“四相四促、竞技强能”人才培养模式要求，电话联系企业、毕业生，确定调研方案，设计调查问卷。组织教师分专业对省内外合作企业走访调研，并采访毕业生。组织校企合作举办研讨会，成立由行业企业专家、岗位技术人员、教科研人员、一线教师和学生（毕业生）代表组成的专业建设指导委员会，集中进行本专业的职业活动分析，并形成分析报告。进行实训分析和校企合作分析，形成分析报告。进行课程体系分析，形成分析报告。进行人才培养模式分析探讨，形成分析报告。进行人才培养方案建设，通过专业建设指导委员会讨论修订。具体流程如下：

人才需求和毕业生跟踪调查：安排专业教师走访企业，对本专业的岗位知识、能力、素质进行调研；针对本校优秀毕业生进行跟踪调查，通过他们反馈企业对学生基本能力的需求和学校培养模式上的欠缺。汇总调研数据，分析产业发展趋势和行业企业人才需求，明确本专业面向的职业岗位（群）所需要的知识、能力、素质，写出专业人才培养调研报告。

成立由专业教师和企业技术人员组成的专业建设指导委员会，制定有关制度和办法。专业建设指导委员会负责研究教学管理、教学建设及教学改革工作中的重大问题，审议学校专业设置和建设、师资队伍建设、课程体系建设、教学条件建设等。召集企业专家座谈，分析专业面向的工作岗位、对应的工作任务，确定完成工作任务所必备的职业能力要求，把相互关联的工作任务归并、整合为具有课程开发价值的典型工作任务，确定典型工作任务所需的态度、知识、技能，结合国家职业技能标准，设计学习情境和教学单元，构建课程体系；制定突出岗位职业能力、职业素质培养的课程评价体系，充分发挥专业建设指导委员会的作用。

校企双方针对企业对旅游类技能人才的需求特点，依据企业员工上岗标准和国家职业标准，按照职业素质和职业能力培养规律，打破学科体系，构建以企业典型产品过程为载体，与技能鉴定结合，按照职业技能工种组织教学内容的课程体系。在课程体系方面，根据典型工作任务，确定学习领域框架，召开教学研讨会，结合国家职业技能鉴定标准，设计学习情境和教学单元，构建专业课程体系，建设优质专业核心课程。同时根据专业课程特点和实训基地条件，聘请企业技术骨干共同研讨，建立各门专业课程的课程标准及教学大纲。在优质专业核心课程和精品课程建设的基础上，对核心课程教学内容不断进行改革，并在此基础上形成人才培养方案初稿。

在上述过程的基础上，通过由专业教师和企业技术人员组成的专业建设指导委员会研讨，进行人才培养方案的分析和建设。依据原则意见拟定初案，教务处初审后报校专业建设指导委员会论证通过后实施。

2. 改革对课程的考核

课程考核是教学过程中的一个重要环节和组成部分，是评定学生学习成绩、检查教师教学质量的主要手段。竞技育人模式强调课程引领，把竞赛标准、任务内容、赛项训练、竞技考核等融入人才培养方案，并通过新的课程标准，推动日常课程教学在学习内容、教学方法、实训条件、技能考核、学生评价等方面革新进步，从而建成竞技课堂。

（1）课程制定方法

根据典型工作任务，确定学习领域架构，召开教学研讨会，确定专业课程体系。

结合国家职业技能鉴定标准，设计学习情境和教学单元，构建课程体系。制定突出岗位职业能力、职业素质培养的课程评价体系。

建设优质专业核心课程：根据专业课程特点和实训基地条件，聘请企业技术骨干共同研讨，建立各门专业课程的总体框架并制定教学大纲。根据旅游管理专业的特点，选择导游业务、模拟导游、酒店前厅客房运作实务、景区服务与管理、酒店餐饮运作实务、旅行社经营与管理、旅游产品策划与定制、研学旅行操作实务、旅游服务质量管理等 10 门本专业的核心课程，并对核心课程教学内容不断进行改革。

（2）课程考核方法

针对不同专业学生，根据课程内容的特点，选择合理、科学的考核方式。结合当前社会对人才的需求，把技能水平、职业道德等作为学生学业评价的重要指标，纳入学业评价标准。课程考核不仅要考核学生的理论水平，更要注重培养学生的实践动手能力，将学生技能实践的表现作为综合素质评价的重要组成部分，注重学习效果的评价，增强学生的学习兴趣，建立涉及专业技术技能的“思想道德素质、专业文化素质、身体心理素质、社会服务能力”四大模块在内的结构化评价体系，量化计算，使得课程考核更能反映学生的综合素质能力。在考试内容的选择上结合新的人才培养方案及教学理念，重视学生技能及创新能力的培养。

3. 改革学生评价体系

为推进基于“竞技强能”导向的旅游类技能人才“四相四促”培养模式，江西旅游商贸职业学院构建了学生在校期间过程管理的综合素质评价模式，通过评价制度促进学生发展、教师提高和改进教学实践的功能，逐步建立科学、全面的学生综合评价体系。遵循目标多元、方式多样、注重过程的评价原则，通过评价促进学生综合素质的全面提升，促进学生身心健康和知识能力的和谐发展，并激发学生创新精神和合作意识。

（1）在校期间过程管理的综合素质评价

学生在校期间过程管理评价主要由综合素质评价和学业评价两个方面组成。其中学业评价以技能水平、职业道德等作为重要指标，综合素质评价则将学生技能实践的表现作为重要组成部分，由涉及专业技术技能的“思想道德素质、专业文化素质、身体心理素质、社会服务能力”四大模块组成。

综合素质评价分为学生自评、学生互评、班主任评价和任课教师评价，分别从四个模块对学生进行等级评价。对学生的综合素质评价每学期进行一次，让学生通过评价正确认识自己，树立发展的目标和信心。可以根据对学生的综合评价情况，评选出各类个性发展突出的优秀学生，让更多的学生体验成功、感受激励。学生在完成阶段性学业后，只有各项综合性评价全部达到合格或合格以上等级，才可取得毕业证书。

（2）毕业生毕业要求指标点评价（含毕业综合技能考核）

结合专业群服务江西省内经济社会发展对人才的需求，培养德、智、体、美、劳全面发展，践行社会主义核心价值观，具有一定的文化水平、良好的职业道德和人文素养及社会适应能力、持续发展能力，具备工匠精神，具有创新思维、创新精神、创新创业意识和创新创业能力的高素质复合型、技术技能型人才。

以酒店管理专业为例，依托专业群服务旅游行业，与旅游、酒店类企业合作，培养在酒店前厅、餐饮、客房、销售等部门从事服务与管理工作的高素质复合型、技术技能型人才。本专业毕业生应在素质、知识和能力等方面达到以下要求：

一是通用职业能力和素质模块。

1）思想政治素质：热爱社会主义祖国，能够准确理解和把握社会主义核心价值观的深刻内涵和实践要求，具有正确的世界观、人生观、价值观。

2）身心素质：掌握常规体育运动项目的基础知识和基本技能，掌握有关身体健康的知识和健身方法，体能测试基本合格，提高大学生心理健康水平，增强自我调适的能力；使学生能正确认识自我，悦纳自我，热爱生命，善待他人，增强调控自我、承受挫折、适应环境的能力。

3）文化素质：提升大学生的人文素养和文化底蕴，培养沟通交流、阅读理解、应用写作、文学鉴赏的能力，促进学生的专业学习和综合素质提升。

4）职业素质：树立正确的职业价值观，具有良好的职业精神，遵守职业法规、坚守职业理想。

5）基本通用能力：提升通用基础能力，包括自我学习管理能力、数字运用能力、信息处理能力和中文、外语能力。

6）关键社会能力：促进有效参与社会实践、提升社会担当意识，包括交流沟通、团队合作、社会责任和社会认知能力。

7）创新创业能力：培养良好的创新精神、创造性思维，促进参与创业实践，提升复合型能力和综合素质。

8）工匠精神：融工匠精神于课程教学中，培养学生敬业、精益、专注等方面

的能力，引导学生具有追求极致和卓越、精益求精、配合协作的精神。

二是专业职业能力及职业素质体系。

1）具有涉外人员的基本素质，熟悉国家的有关旅游法规，遵纪守法，热爱酒店服务与管理工作，养成良好的职业习惯和较强的现代服务意识。

2）基本掌握现代酒店经营管理的理论、方法和手段，掌握酒店前厅、客房、餐饮、销售等部门对客服务的基本操作技能；能综合应用所学知识分析和解决对客服务过程中的实际问题。

3）基本掌握一门外语，具有良好的口头交际能力，能用外语处理酒店有关业务；具有较好的汉语口头表达及书写能力。

4）掌握计算机的基础理论，并能运用计算机从事酒店服务与管理工作。

在进行毕业生专业技能考核时，以真实的酒店行业工作岗位情景为依托，设置不同的作业模块（一共有两个模块），并将各技能点融入作业情景中。毕业生在酒店前厅接待、餐厅服务两个模块中随机抽取一个模块参加考核。

三是新的考核评委及评分办法。

评委由我校酒店管理专业教师组成（建议可以加入企业兼职教师），每个考核模块由1名教师担任负责人，负责人承担相应技能考点的出题工作，并组建该模块考评的教师团队。毕业生在酒店前厅接待、餐厅服务两个模块中随机抽取一个模块参加考核。考核分数为百分制，90分以上为优秀，颁发技能考核优秀证书；60分到89分为合格，可获由学院统一颁发的毕业生技能鉴定合格证书;60分以下为不合格，须重新参加考核。通过酒店管理“1+X”职业技能等级证书考试的毕业生可以免于参加毕业生技能考核，直接获得毕业生技能鉴定合格证书。

四是考核形式及流程。

各模块负责人根据考核具体内容及我校设备实际情况选择纸质试题、机考、实操等方式进行考核。

（3）竞技导向的课程考核

课程考核基于技能大赛竞赛标准，改革传统的学生评价手段和方法，将职业证书的要求纳入相关课程考核中，采用过程性评价与目标评价相结合的方法，注重项目评价、理论与实践一体化评价。

关注评价的过程性和多元性，学生总评成绩由实验报告、设计文案、实验效果和理论考试四个部分组成（实验报告占10%，设计文案占20%，理论考试占30%，实验效果占 40%）。其中理论考试占 40%，实际操作考试占 60%。

注重学生动手能力和实践中分析问题、解决问题能力和创新能力的考核，并引入技能大赛相关项目考核内容，全面综合评价学生能力。

（4）学生比赛成绩认定

参加竞赛项目并获奖的学生可以在与竞赛项目直接相关的课程上享受免考并按照获奖级别直接认定课程总评成绩（以下简称“成绩”），原则上每项竞赛相关课程不得超过 2 门（参加国家级及以上级别竞赛，需要停课进行赛项训练的学生，成绩认定由二级学院和教务处商议单独进行确定）。竞赛项目直接相关课程在项目立项时明确，认定的成绩按照竞赛类等级由指导教师申报，二级学院具体执行，报教务处备案。

参加竞赛的学生获得国家级及以上级别竞赛奖，其竞赛对应课程按一、二、三等奖分别认定成绩 100 分、95 分、90 分。获得省级一类竞赛奖，其竞赛对应课程按一、二、三等奖分别认定成绩 90 分、85 分、80 分。

参加竞赛及集训未获奖的学生，其竞赛对应课程成绩可认定为竞赛级别三等奖认定成绩标准递减 5 分，参加集训但未参赛的学生，其对应课程可认定为 60 分。

学生若自愿参加考试，以考试成绩为准。

（5）创业实践学分认定

为落实创新创业教育，要求各专业学生通过公共选修课形式，选定 1 门以上资源共享的慕课等在线开放课程，完成 2 学分（开设时间为第 3 或第 4 学期）。

按学院专业人才培养方案规定，第三年各专业要将创新创业实践活动具体安排详细列出，组织学生在校内外实训不少于 256 学时，学分不少于 8 学分。

学生开展创业实践，按《江西旅游商贸职业学院学生创业管理暂行办法》中的相关规定，各学院负责选配并安排创业导师对学生的创业情况进行跟踪和管理，定期了解核实其创业企业经营情况，以及工商税务登记相关证件、财务报表等各种证明材料，并根据其创业的综合表现按月进行评分。月度评分按百分制计算，60 分及以上者可直接抵免请假期间各学科成绩，对连续三个月评分 60 分以下者认定为不合格，取消其抵免成绩和请假资格。

（二）"四相四促、竞技强能"制度平台建设

学校围绕"一大定位、两大主线、三大路径、四大举措、五大环节、六大保障"，出台了一系列制度，以形成一个部门合作通畅、运行高效的运行机制。制定了《江西旅游商贸职业学院"竞技强能"工作实施方案》，在专业建设、学生培养、教师发展、教育教学等方面，都制定了相应的制度，以保障"四相四促、竞技强能、匠心筑梦、立德树人"的"竞技育人"人才培养模式的顺利开展。

1. 顶层设计制度

（1）组织制定《江西旅游商贸职业学院"竞技强能"工作实施方案》

为不断完善人才培养理念，加快提升学校人才培养质量，增强学校核心竞争力，培养适应产业发展需要、德能兼备、全面发展的高素质技能型人才，根据《国务院关于大力推进职业教育改革与发展的决定》（国发〔2005〕35 号）、《教育部等七部门关于进一步加强职业教育工作的若干意见》（教职成〔2004〕12 号）、《高技能人才队伍建设中长期规划（2010—2020 年）》等文件的总体要求，结合学校实际，制定"四相四促、竞技强能"制度平台的顶层设计制度《江西旅游商贸职业学院"竞技强能"工作实施方案》。

江西旅游商贸职业学院"竞技强能"工作实施方案

为不断完善人才培养理念，加快提升学校人才培养质量，增强学校核心竞争力，培养适应产业发展需要、德能兼备、全面发展的高素质技能型人才，根据《国务院关于大力推进职业教育改革与发展的决定》（国发〔2005〕35 号）、《教育部等七部门关于进一步加强职业教育工作的若干意见》（教职成〔2004〕12 号）、《高技能人才队伍建设中长期规划（2010—2020 年）》等文件的总体要求，结合学校实际，特制订如下实施方案：

一、指导思想

开展"竞技强能"活动，要深入贯彻落实科学发展观，树立以人为本的育人理念，坚持立足专业岗位，提高学生综合素质，增强岗位技能，全面提高人才培养质量。

二、总体要求和总体目标

落实加快提升学校人才培养质量，以培养"强根基、懂创新、高素能"

高层次复合型专业技能人才为目标，形成“旅商特质”的人才培养特色和优势。

为了深入贯彻落实科学发展观，树立以人为本的德育理念，落实加快提升学校人才培养质量，以培养“强根基、懂创新、高素能”高层次复合型专业技能人才为目标，形成“旅商特质”的人才培养特色和优势。通过建立教赛相融、课赛相通、教学相长“三相合一”，产学相连、教学相长“四相合一”，坚持以赛促教、以赛促学、以赛促创、以赛促改“四促一体”，坚持“三基、三进、三类、三级”“四大举措”，构建基于“竞技强能、匠心筑梦”导向的技能人才“三相四促四相四促”培养体制机制，培养符合时代发展的复合型技能人才，为建设“省内一流、国内知名、富有特色的高职院校”提供坚实的支撑与保障。

三、基本原则

（一）全员参与原则

“竞技强能”活动必须面向全体师生，组织全体师生参与，提高全校师生的整体能力。在实际教学过程中做到教赛相融、课赛相通。

（二）立足岗位原则

“竞技强能”活动要立足本专业岗位，认真研究专业岗位所需的业务知识和基本技能，努力做到知识不断更新，技术精益求精。

（三）讲求实效原则

“竞技强能”活动一定要结合学生能力的培养实际，特别是实践教学实际，注重活动实际效果，不搞形式主义，努力达到相互学习、共同提高，提升学习训练的效果和质量。

（四）创新性原则

根据学以致用的技能型人才培养要求，剖析技能大赛的增长点与上升渠道，激活多方参与、整合发展的内在机制，构建竞技强能机制，搭建竞技强能平台。

四、具体目标

以实践能力的培养为基础，以创新能力的培养为升华，通过师生互动交流、相互学习，强化竞技强能、教学相长，做到“训、赛、创、服”，以更好的师资水平、更好的培养模式，构建“竞技育人”质量保障体系，培养学生实践应用能力，提高学生创新创业能力，从而提升学生综合素能。

（一）着力打造一支优秀的竞技强能“双师型”教师队伍

通过校内培养和校外引进相结合的方式，培养一批政治素质过硬、师德高尚、技能精湛、结构合理、充满活力的教师队伍，为学校竞技强能工作的深入开展提供人才保障。

（二）大力推进以竞技强能为导向的课程体系和教学管理体系改革

将竞技育人理念和模式引入学生培养方案、专业课堂和实训基地，通过营造竞技强能浓厚氛围，创造有利于技能型人才成长的教学实践条件及环境，不断深入推进课程体系和教学管理体系的改革。

（三）加快建立“三级”竞技育人培养模式

以职业技能大赛、创新创业大赛、技能风采展示为竞技强能的基本方向，参照国家相关大赛的项目和要求，根据本院实际情况，建立“班级”、“院级”、“校外”三个级别的技能大赛，对全体学生进行竞技强能的普及，全面建设竞技型校园，落实竞技育人的目标。

五、组织机构

（一）竞技强能工作领导小组

学院成立竞技强能工作领导小组，由学院党委书记胡明星、院长赵恒伯担任组长，副院长方卫武、严筱琴、范秀仁担任副组长，各行政部门负责人和各分院负责人担任小组成员。

（二）竞技强能工作办公室

领导小组下设竞技强能工作办公室，挂靠教务处，按要求配备专职人员、办公场地和专项资金，其主要职能：（1）统筹全校竞技强能教育工作，负责竞技强能教育的总体规划、组织实施、项目运营等日常管理，形成各部门共同配合、全体师生积极参与的工作机制；（2）整合校内外资源，搭建师生有效参与的竞技强能教育平台。

六、职责分工

各部门和二级学院应严格落实文件要求，在竞技强能工作领导小组的统筹协调下，按照各自分解任务和时间进度安排完成各项工作任务，具体职责如下：

教务处：负责推进师资建设。通过人才培养模式改革，将提升教师能力作为推动学院技能强能工作的前进动力，将教师技能大赛作为提升教学质量、推动教学改革的有效途径，通过技能培训、技能大赛等多种形式培养“双师型”教师，提高教师队伍综合素质。

通过在专业课程中增加技能培训、技能实践和技能竞赛等内容，让技能培训和技能竞赛在教学中得到体现，将竞技强能融入专业课程体系，体现在培养方案、教案、课堂和教学基地中，帮助学生理解竞技强能重要性，从课堂和实践中参与竞技强能，开展竞技强能在线网络课程建设，多渠道提升学生专业技能水平。

学工处：负责组织开展大学生竞技强能实践活动；联系企业界校友提供专业相关的技能培训课程、讲座等；发现和树立学生竞技强能的先进典型；组织辅导员通过班会、宣讲等多种形式进行宣传，在全校营造有利于推进竞技强能工作的浓厚氛围和良好环境。

团委：负责协助教务处组织“校级”技能大赛并重点创新第二课堂建设，扶持培育竞技强能型学生社团，多渠道、多形式、多途径培养学生竞技强能的学习意识和技能水平。

思品部：负责将竞技强能精神融入创新创业类通识课的规划、教学和教材编写中，组织创新创业类的竞技强能大赛。

招就处：完善校企协同育人机制，负责对毕业生的跟踪管理，联系相关企业，拓宽竞技强能类毕业生的就业市场。

科研处：负责开展竞技强能的相关研究工作，建设竞技课题，为提升竞技强能工作质量提供支持。

党办院办：负责做好综合协调工作，将竞技强能纳入学校综合改革方案。

人事处：负责对全校竞技强能工作进行督导考核，建立全员、全面、全过程考评机制，在评先评优、职称评聘时，对竞技强能工作表现优秀的教师优先考虑；负责引进“双师型”教师；建立竞技强能导师库。

财务处：负责统筹调配竞技强能专项经费，确保专项经费专款专用，并做好预算、统筹管理等工作。

宣传部：负责竞技强能教育氛围营造、竞技强能文化建设和宣传舆论的

引导。

各二级学院：负责本院师生竞技强能各项工作的组织、协调和发动，根据专业设置本院竞技强能工作计划，指导专业教师建立“班级”技能竞技大赛，组织、协调教师和学生参加校外技能竞技大赛，开展竞技强能活动跟踪服务。

七、工作措施

（一）完成制度建设，深化内部改革

完成学校关于竞技育人方面的各项规章制度的梳理、修订、补充和完善，并开始全面实施；完成章程的制定工作，按照技能型人才培养目标，实施学校章程；加强制度管理，完善二级学院竞技育人培养体系；使竞技强能工作科学化、规范化、制度化，为技能型人才培养创造更好的基础条件、支撑平台和保障机制。

（二）完善人才培养方案，坚持与时俱进

各专业要按照教赛相融、课赛相通、教学相长“三相合一”，构建以赛促教、以赛促学、以赛促创、以赛促改“四促一体”的技能人才培养体制机制，制订一套适合我校实际、有利于技能型人才培养的有效实施方案，并开发、设置相对应的实践教育课程，同时实施教学资源建设和教学评价的系统改革。

（三）强化师资队伍建设，提升整体素质

师资队伍是人才培养的根本，教师的水平决定着人才培养的水平和质量，决定着专业的实力与发展的可持续力。计划在未来五年内，通过“引进来”和“走出去”方式，不断充实师资队伍，努力建设一支结构合理、师德高尚、业务精湛、作风过硬、具有创新精神和发展意识的优秀教师队伍。

通过引进教授、博士研究生或行业领域精英等，整合师资团队，充实加强专业教学与创新创业的团队力量，推进教育教学改革，匠心筑梦、立德树人。另外，根据专业定位与特色发展需要，有针对性地支持和引导教师通过“走出去”进修与培训，进一步提高教学能力的同时，充实专业特色发展急需岗位的人才培养，倡导和支持“双师型”教师的培养模式，引导教师进一步提升专业应用性技能，面向社会需求培养有用人才。

（四）重构课程理念，优化教学内容

在专业课堂中需引入竞技育人理念和模式，从专业为社会或企业所需的知识能力素质出发进行课程的整体设计，设置竞技内容进入活页教材，建立“实基础、强技能”的课程观。所谓“实”指实在、实用，即基础理论知识应该真正成为能力发展所必需的基础；所谓“强”，是指强化，即强化实践能力的培养，以“用”导“学”，以“用”促“学”，培养社会和企业真正需要的技能型人才。

（五）加强实训基地建设，培养技能人才

实训基地软、硬件设备是学生职业技能培养的物质基础，通过加强校内外实训基地、世赛项目培训基地、顶岗实习基地建设，加强专业教学标准与行业职业标准的无缝对接，提高学生的职业技能。只有通过对学生在真实或模拟的职业环境中进行单项或综合技能的实训，才能使学生真正掌握职业技能，更快地走向职业岗位，走向生产、管理一线，真正意义上实现技能型人才的培养目标。

（六）提升学习兴趣，营造竞技氛围

建立多种形式的竞技强能工作宣传渠道，通过网站、QQ、微博等媒体平台大力宣传竞技强能。一是建立覆盖全校的竞赛制度，确保学生参赛全覆盖。二是加大宣传，对获得大赛奖励的学生和老师进行宣传报道，提高全校师生对竞技强能的认识，扩大竞技强能的影响力。三是对在竞技强能工作中表现优秀的个人和集体进行表彰，在评先评优和职称评聘中给予优先。四是辅导员召开竞技强能主题班会，对竞技强能的重要性和意义进行宣讲，提高学生认知度。多措并举提升学生的参与热情，营造人人参与、人人竞技的良好氛围。

（七）搭建“三级”竞技平台，落实竞技育人

以“竞技文化、竞技校园”为依托，搭建“班级、校级、校外”三个级别竞技平台，鼓励师生积极参与竞技活动和竞技赛事，在赛中学、在学中赛，提高师资水平和学生培养质量，提升技术技能和工匠精神，加强问题梳理和教学诊改，营造更好的发展和成长环境，帮助师生在成长过程中相得益彰、相互促进，促进师生共同进步。

（八）实现目标管理，加强质量监控

从招生录取优先考虑技术专长的学生，到一年级强专业基础、二年级抓综合体验、三年级重创新实践，明确每个培养阶段的培养任务和竞技方案，

实现全过程目标管理。加强质量监控，完善“竞技育人”的制度、条件、平台，保障人力、物力、财力，围绕培养任务和竞技方案进行科学监管，提高技能人才培养的目标达成度和满意度，保证人才培养质量。

（九）设置专项经费，提供资金支持

统筹安排专项资金用于竞技强能工作，将校内外实训基地、各级大赛、“双师型”教师培养、教材和案例编写、竞技强能宣传和竞技强能先进个人、先进集体奖励等竞技强能工作所需经费纳入学校年度预算，并按每年 20% 的比例逐年增加，使之制度化，为竞技强能工作稳步、持续开展提供经费保障。

（十）开展多渠道研究，加强科研管理改革

鼓励教职员工加强对竞技强能类课题的研究，积极探索赛教相融、课赛相通、教学相长等方面的有效途径；鼓励教职员工对专业技能的提升开展理论研究，探索多渠道提升职业技能的有效方式；鼓励教师对校企合作、产教融合等方面的内容开展研究，探索校企合作和产教融合对学生综合能力的提升。通过多渠道研究，推动竞技育人科研管理改革。

（十一）发展竞技骨干，培育竞技社团

高度重视学生骨干的带头效应，充分发挥学生社团的引领作用，用传帮带的方式，让竞技强能精神在学校代代相传。通过“班级”和“校级”等赛事，甄选出竞技骨干，并逐步吸收进竞技社团，以社团骨干为核心，研究和探索参加大赛、提高技能的方式和办法，并逐步在各二级学院和班级内推广。

（十二）引入外部力量，加强赛教融合

一是充分发挥好合作企业的实践作用，充分运用合作企业师资力量和实践基地，提升学生的实践能力，通过企业实训，将“教、学、训、赛”有机融合，防止出现“赛”、“教”两张皮的情况。二是充分发挥校友的资源优势，定期邀请校友回校开展讲座和培训，通过校友的实践经验分享，有效提升学生的创新创业意识。

（十三）建立竞技强能导师库，拓展高素质师资资源

通过校内选拔、培养，校外引进等方式逐步建立一支与竞技强能工作需求相适应的专兼职结合的高素质教师队伍，建立学校竞技强能导师库。竞技强能导师库中的兼职教师划归学校专职教师系列人事统一管理，其所有权利、

义务和待遇与其他学科专职教师同等并适当给予政策倾斜。

（十四）建立“技能大师工作室”，推动技能创新发展

在条件成熟的二级学院建立“技能大师工作室”，为高技能人才开展技术研修、技术攻关、技能创新和培养人才、传授技艺等创造条件。推动“技能大师工作室”实践经验及技能成果加速传承和推广，把“技能大师工作室”建设成为教师培训、学生实训、新技术、新工艺、创新创造、绝技绝活、新标准研发推广、高技能人才技能展示交流提高的重要平台。

（十五）加强竞技强能信息服务，扩展技能学习方式

利用学校官网设立“竞技强能专栏”，完善学生竞技强能网络管理平台，发挥网站专栏、新媒体等的作用，为学生提供自主探索、多重交互、合作学习、资源共享等学习环境，把学生的主动性、积极性充分调动起来，使学生的创新思维与实践能力在整合过程中得到有效锻炼和提升。

（十六）多方筹措资金，提升学校软、硬件水平

通过学校投入、校企合作、社会捐助、校友支持等多渠道筹措资金，夯实学校软、硬件建设，改善学校教学环境；广辟培训渠道，提升教师专业素质；积极进行教育教学改革，增强学校发展内涵；建立大学生竞技强能专项基金，激发学生参与竞技强能的积极性。

（十七）制定奖励制度，提高教师参与积极性

制定竞技强能的详细考核细则和教师、辅导员承担竞技强能工作抵免工作量的办法，每学期对各二级院竞技强能工作的情况进行考核评比和奖励。

二〇一一年十一月

（2）组织制定《江西旅游商贸职业学院职业技能竞赛管理暂行办法》

为抓好“教、学、赛、产”，支持学校教师、学生积极参加国家、省、市和学校举办的各类职业技能竞赛活动，对竞赛活动进一步规范管理，激励全校师生追求卓越、争创一流，学院对标大赛规程，优化赛项设置，统筹各赛项的规划设计、组织筹备、承办、集训和技能提升训练等工作，制定《江西旅游商贸职业学院职业技能竞赛管理暂行办法》（以下简称“办法”）。办法明确规定各项技能竞赛由教务处负责组织协调，由相关二级学院（教学部）承担具体工作，原则上每个竞赛项目参赛队的数量不得超过两个（个人赛除外）。

（1）教务处职责

1）做好各类竞赛的协调、指导、管理工作。

2）进行各类竞赛备案工作，协调、组织、认定各类竞赛级别。

3）负责各类竞赛奖励、补助的核定工作。

（2）二级学院（教学部）职责

1）在每学期末，制订本学院下一学期竞赛项目规划，并依据规划，做好竞赛的准备、报名、组织、执行工作。

2）办理竞赛的审核、备案手续，选定指导教师，选拔参赛选手，审核竞赛组织方案、竞赛集训计划，并对集训过程进行指导、督促与检查。

3）落实培训场地、培训设备，因竞赛需要购置设备的，提交书面报告报有关部门批复。

4）负责与竞赛组织单位的联系工作，整理、存档和上报相关竞赛资料。

（3）指导教师职责

1）认真研究竞赛大纲和细则，指导学生掌握竞赛的技能技巧；做好学生的思想教育工作，确保学生积极认真参加竞赛。

2）负责办理竞赛立项申请，制订竞赛组织方案和集训计划，做好竞赛选手选拔工作，负责培训辅导和竞赛期间的学生日常管理和安全管理。

3）负责获奖后指导教师及学生费用报销及奖励分配、竞赛获奖证书领取等相关事宜。

明确竞赛组织要求。培训和竞赛具体工作必须落实到位、分工明确、责任到人、纪律严明、照章行事，禁止无组织、无计划地盲目进行。

明确竞赛费用管理。竞赛经费分为竞赛组织费和竞赛培训工作量两部分，包括竞赛所需的专用消耗性材料、设备等，按照参赛方案事先在方案里报批，在竞赛专项经费中支出。竞赛组织费主要指用于竞赛项目组织所需的报名费、差旅费、校外竞赛期间参赛学生的住宿费、伙食补贴和交通费及集训期间学生餐费补助等，费用报销按照学校财务相关管理制度执行。报名费等参加比赛需缴纳的费用指导教师须在竞赛备案时列明本项费用的明细，批复后凭相关票据按照学校财务制度报销。教师、学生赛时的差旅费（赛时包含报名、竞赛组织有关环节）按照学校财务制度规定的标准和程序凭票据报销。学生赛时的往返交通费、住宿费等按照与教师同吃同住的原则，参照教师的标准执行。学生赛时往返交通费、住宿费的报销由指导教师在赛后统一按照学校财务相关规定进行报销。对于利用实习期间返校参加国家级及以上级别竞赛集训的三年级学生，学校发放集训期间生活补助，按每人每天 60 元的标准执行（时间不超过 6 个月）。对于非毕业实习阶段的学生参加国家级及以上级别竞赛集训，学校根据比赛需要发放集训期间补助，每人每天补助 30 元（时间不超过 6 个月）。对于参加省级一类竞赛学生利用寒暑假集训的，学校根据比赛需要发放集训期间补助，每人每天补助 30 元（时间按实际集训天数计算）。

明确学生竞赛获奖奖励、教师竞赛获奖奖励、竞赛指导团队奖励的奖励标准及分配模式。为激励教师参加竞赛和指导学生参加竞赛，学校将教师参加竞赛和指导学生参加竞赛事项纳入教师教学综合考评以及职称评聘考核重要内容之一，具体情况由学校教师考评和职称评聘文件规定。

开发竞赛大数据系统，为大赛的各项工作提供信息化服务；建立大赛专家信息资源库，组织开发标准化试题库；加强师资队伍建设赛事组织工作，与省级技能大赛、国家技能大赛接轨，保证竞赛执裁和参赛学生训练指导的规范化、标准化。借鉴大赛先进理念，把赛项内容、评判标准等融入人才培养方案、课程标准和评价体系，构建以工作岗位为基础、以实践为中心、以能力为本位的工学结合教学体系。

2. 专业建设制度

为适应健康服务业和高等职业教育发展的需要，切实加强专业建设，使各类专业更好地对接产业，培养与地方经济、社会发展紧密结合的技术技能人才，江西旅游商贸职业学院为保证专业建设的顺利开展，制定了专业建设管理办法、重点专业管理办法等，成立了专业建设指导委员会并制定了《江西旅游商贸职业学院专业建设指导委员会章程》。

规定专业建设指导委员会是指导学校专业建设、课程改革、产教融合等教育教学研究的学术组织和智囊机构。专业建设指导委员会的宗旨是应用先进的专业建设理念，集中专家的智慧和经验，促进专业建设。专业建设指导委员会每年至少召开 1 次全体委员会议。根据工作需要，可适当扩大参加会议的人员范围和增加会议的次数。专业建设指导委员会的工作计划在主任委员主持下，由全体委员讨论制订，由各专业委员负责实施。

专业建设指导委员会应建立与校外委员定期联系制度，定期向校外委员通报专业建设情况，听取委员们对专业建设的意见和建议，并通过院外委员联系其所在的工作单位，组织与行业、企业的交流活动，了解相关专业发展和岗位对人才需求的新动向。

3. 学生培养制度

为提高人才培养质量，学校组织修订了各专业人才培养方案。针对以往学生实习、实训方面出现的不规范现象，制订学生实习实训管理办法、顶岗实习管理办法、校外实训基地建设管理办法；学生管理方面，出台学生管理实操手册、毕业生毕业资格审查管理办法、学生考勤制度、学生违纪处分实施细则等。具体制度如下：

（1）组织修订了人才培养方案

为提高人才培养质量，学校修订了《旅游管理专业人才培养方案》《酒店管理专业人才培养方案》。专业秉承“人人学习技能、人人拥有技能”的培养理念，运用“职业引导、仿真实训、学练循环、工学结合”人才培养模式，坚持教赛相融、课赛相通，坚持以赛促教、以赛促学、以赛促创、以赛促改，将竞赛融入课堂，实现“教、学、做”一体。结合专业群服务江西旅游行业经济社会发展对人才的需求，依托专业群服务的江西省旅游业发展现状，与一些地方旅游行业、企业合作，培养从事旅游行业工作，德、智、体、美、劳全面发展，践行社会主义核心价值观，具有一定的文化水平、良好的职业道德和人文素养，具备工匠精神，具有创新思维、创新精神、创新创业意识和创新创业能力的高素质技术技能型人才。培养方案强调融“工匠精神”于课程教学，培养学生敬业、精益、专注等方面的能力，引导学生具有追求极致和卓越、精益求精、配合协作的精神。

强化培养过程管理，招生录取优先考虑技术专长的学生，明确入学前、第一学年、第二学年、第三学年的培养任务和竞技目标，进行全程跟踪管理，严把教学标准和学生毕业质量标准两个关口，保证人才培养质量。引入多元评价方式，技能考核与教学评价融合，把技能水平作为学业评价重要指标，把竞技考核纳入学生学分系统。

（2）组织制订了毕业生技能考核方案

围绕“创新能力培养和实践能力培养”，学院制订了《旅游管理专业毕业生技能考核方案》《酒店管理专业毕业生技能考核方案》。旅游管理毕业生专业技能考核以真实的旅游行业工作岗位情景为依托，设置四个不同的作业模块，并将各技能点融入作业情景当中。毕业生首先必须要参加导游讲解的考核，然后在旅行社前台接待、旅行社线路设计、旅行社产品售后等三个模块中随机抽取一个模块参加考核。酒店管理专业毕业生专业技能考核以真实的酒店行业工作岗位情景为依托，设置两个不同的作业模块，并将各技能点融入作业情景当中。毕业生在酒店前厅接待、餐厅服务两个模块中随机抽取一个模块参加考核。各专业制定具体技能点，根据技能考核的内容逐条设定相应考核标准，并据此建立与之对应的每一内容评分标准。

（3）组织制定了顶岗实习标准

制定《旅游管理专业顶岗实习标准》《酒店管理专业顶岗实习标准》。《酒店管理专业顶岗实习标准》参考国家《职业院校酒店管理专业顶岗实习标准》，由江西旅游商贸职业学院旅游学院酒店管理教研室研究制定，适用于我校高职酒店管理专业学生的顶岗实习安排，面向酒店行业，针对酒店前厅部、餐饮部、客房部及市场营销部、人力资源部等部门的服务、管理岗位（群）。学生通过酒店管理专业顶岗实习，了解企业的运作、组织架构、规章制度和企业文化，掌握岗位的典型工作流程、工作内容及核心技能，养成爱岗敬业、精益求精、诚实守信的职业精神，增强学生的就业能力。《旅游管理专业顶岗实习标准》参考国家《职业院校旅游管理专业顶岗实习标准》，适用于高等职业院校旅游管理专业学生的顶岗实习安排，面向导游、出境领队、计调、酒店服务、酒店销售、酒店营销、景区策划、景区讲解员等岗位（群）或技术领域。通过旅行社、旅游景区、酒店行业等相关技术领域的顶岗实习，了解企业的运作、结构、规章制度和企业文化等，掌握岗位的基本工作流程、工作内容及其核心技能，具备实际操作能力，培养良好的职业道德、积极的职业心态和正确的职业价值观，增强学生的就业能力。

学校高度重视“双创”工作，将创新创业教育作为教学改革的突破口，以大赛为契机，初步形成“‘双创’教育、‘双创’大赛、项目孵化”三位一体的创新创业体系，搭建了师生创新创业展示平台，激发了广大师生的创新创业热情，切实增强了创新创业实践能力。2019 年 6 月 10 日，我校旅游管理、酒店管理成功入选《高等职业教育创新发展行动计划（2015—2018 年）》，学校旅游管理专业教学团队成功入选第二批国家级职业教育教师教学创新团队立项建设单位。

4. 教师发展制度

师资建设方面，制定新聘教师培训办法、“双师型”教师认定办法、专任教师赴企业挂职锻炼管理暂行办法、外聘兼职教师管理办法、教师进修培训管理规定、专业带头人和中青年骨干教师评选办法等规章制度。

（1）组织制定《江西旅游商贸职业学院“双师型”教师考核奖励办法》

围绕“教赛相融、课赛相通、产赛相连”三大途径，学校制定了《江西旅游商贸职业学院“双师型”教师考核奖励办法》。“双师型”教师的培养是加强实践教学的基础工程，是实现培养高素质技能型人才目标的关键，也是满足学校教学、科研工作需要的必然要求。人事处负责学校的“双师型”教师队伍建设，教务处、科研处等相关部门协同落实，将“双师型”教师队伍建设工作纳入学校目标指标考核体系。同时，积极与企业、行业联系，建立良好的合作关系，建立稳定的“双师型”兼职教师队伍，聘请有实践经验又能胜任教学任务的行业专家或生产一线技术能手来校承担实践教学任务。

江西旅游商贸职业学院“双师型”教师考核奖励办法

“双师型”教师的培养是加强实践教学的基础工程，是实现培养高素质技能型人才目标的关键，也是满足学校教学、科研工作需要的必然要求。根据《中共中央　国务院关于全面深化新时代教师队伍建设改革的意见》《国家职业教育改革实施方案》《深化新时代职业教育“双师型”教师队伍建设改革实施方案》等文件精神，适应培养高素质应用型人才和技能型人才的需要，实现我校建设全省领先、全国知名高职院校的目标，建立一支师德优良、专业知识深厚、有一定行业背景、实践工作经验丰富、专业技术应用能力较强的高素质“双师型”教师队伍，特制定本办法。

一、“双师型”教师考核认定条件

（一）“双师型”教师认定等级

根据《江西省高等职业院校“双师型”教师认定标准》，我校“双师型”教师分为校内专任教师和校外兼职教师两种类型，依据不同条件分别设置高级“双师型”教师、中级“双师型”教师、初级“双师型”教师和兼职“双师型”教师。

（二）“双师型”教师认定标准

1. 校内专任教师申请认定“双师型”教师条件

（1）初级“双师型”教师

具有高校教师系列中级及以上专业技术职称，并同时具备下列专业实践能力条件之一：

1）具有本专业或相近专业非教师系列初级及以上专业技术职称；

2）具有从事本专业或相近专业的高级技能（三级）职业资格证书；

3）具有从事本专业或相近专业的行业特许资格（执业资格）证书并参与行业企业具体案例、项目等工作；

4）具有从事本专业或相近专业国家职业技能鉴定考评员资格证书；

5）近五年中有1年以上（可累计计算）在企业第一线从事本专业实际工作经历，能指导学生专业实践实训活动；

6）近五年主持或主要参与（前3名）为企事业单位开展的各类技术研发和相关服务，成果已被企业使用，效益良好；

7）本人在省级以上赛事中获得优秀奖，能全面指导学生专业实践活动，或近三年指导学生参加省级以上赛事取得一等奖以上，或近三年指导学生参加国家级赛事取得三等奖以上；

8）三年内参加省级及以上教育部门师资培训基地组织的"双师"教师培训，完成规定的培训内容，掌握相应专业的关键技能经考核为优秀档次的。

（2）中级"双师型"教师

具有高校教师系列中级及以上专业技术职称，并同时具备下列专业实践能力条件之一：

1）具有本专业或相近专业非教师系列中级及以上专业技术职称；

2）具有从事本专业或相近专业的高级技能（三级）职业资格证书，并在近五年内有一年以上企业（或社会）实践工作经历；

3）具有从事本专业或相近专业技师（二级）及以上职业资格证书；

4）具有从事本专业或相近专业国家职业技能鉴定高级考评员资格证书；

5）具有从事本专业或相近专业的行业特许资格（执业资格）证书并且每年承担行业企业具体案例、项目等工作1项以上；

6）有五年以上或近五年内有二年以上企业第一线专业技术工作经历，能全面指导学生专业实践实训活动；

7）近五年主持或主要参与（前3名）2项及以上为企事业单位开展的各类技术研发和相关服务，成果已被企业使用，效益良好；

8）本人在省级及以上赛事中获得一等奖以上，或本人在国家级赛事中获得三等奖以上，能全面指导学生专业实践活动，或近三年指导学生参加国家级赛事取得一等奖以上。

（3）高级“双师型”教师

具有高校教师系列中级以上专业技术职称且具有本专业或相近专业非教师系列高级专业技术职称，或具有高校教师系列高级专业技术职称且具有本专业或相近专业非教师系列中级以上专业技术职称，或具有高校教师系列高级专业技术职称，并同时具备下列专业实践能力条件之一：

1）具有从事本专业或相近专业的高级技能（三级）职业资格证书，并在近五年内有三年以上企业（或社会）实践工作经历；

2）具有从事本专业或相近专业技师（二级）职业资格证书，并在近五年内有一年以上企业（或社会）实践工作经历；

3）具有从事本专业或相近专业高级技师（一级）职业资格证书；

4）具有从事本专业或相近专业的行业特许资格（执业资格）证书并且每年承担行业企业具体案例、项目等工作 2 项以上；

5）本人在国家级赛事中获得一等奖以上，能全面指导学生专业实践实训活动；

6）有十年以上或近十年有五年以上企业专业技术工作经历，主持或主要参与（前 3 名）5 项及以上为企事业单位开展的各类技术研发和相关服务，成果已被企业使用，效益良好；

7）获江西省首席技师称号或具有高级考评员资格。

2. 校外兼职教师申请认定“双师型”教师条件

具有非教师系列高级专业技术职称并经学校聘任，承担高等职业院校专业课教学任务 1 年以上、年龄一般不超过法定退休年龄的校外兼职教师可认定为兼职“双师型”教师。

二、“双师型”教师的奖励措施

为提高“双师型”教师待遇，健全“双师型”教师队伍建设，充分调动“双师型”教师的积极性，特制定以下“双师型”教师奖励措施。

（一）严格执行师德考核一票否决制度。引入社会评价机制，建立教师个人信用记录和违反师德行为联合惩戒机制。

（二）深化教师职称制度改革，破除“唯文凭、唯论文、唯帽子、唯身份、唯奖项”的顽瘴痼疾。在职称评审、岗位晋级时加大对技术技能水平和持有职业资格证书教师加分的权重。

（三）重视技能水平和专业教学能力的考核。将技能水平和专业教学能力作为教师考核评价体系的重要内容。试点开展专业课教师技术技能和教学能力分级考核，并作为教师聘期考核、岗位等级晋升考核、绩效分配考核的重要参考。

（四）鼓励并资助取得中级职业资格证书者。对通过国家组织的中级以上专业技术职务考试，取得国家承认的中级以上专业技术职务任职资格，或通过国家组织的各类执业资格考试，取得中级以上执业资格证书的教师和专业技术人员，由学校报销培训和考试费用。

（五）优先推荐申报各级各类应用研究项目。

（六）在评选先进、国内外进修培养等方面优先予以推荐。

（七）优先推荐并资助参加市级以上的技能大赛。

（八）结合学校实际制定教师减负政策，将教师外出参加培训的学时（学分）纳入工作量核定。

（九）校企合作、技术服务、社会培训、自办企业等所得收入，可按一定比例作为绩效工资来源。

（十）依法取得的科技成果转化奖励收入不纳入绩效工资，不纳入单位工资总额基数。

（十一）对“双师型”教师，学校优先安排参与校本教材编写、项目开发与建设、主持或参与本专业范围的实验项目、实验装置开发和解决较为复杂的技术问题。

（十二）学校在高技能培训、骨干教师培养、名师选拔、省市拔尖人才推荐等方面，向“双师型”教师倾斜。

（十三）专业课教师经认定符合“双师型”教师的，才能获准申报晋升专业技术职务。

（十四）“双师型”教师可按国家规定在校企合作企业兼职取酬。

三、“双师型”教师管理办法

（一）人事处负责学校的“双师型”教师队伍建设，教务处、科研处等相关部门协同落实，将“双师型”教师队伍建设工作纳入学校目标指标考核体系。

（二）各二级学院要高度重视“双师型”师资的建设工作，要在分析专业需求和教师队伍结构的基础上，制订“双师型”教师培养计划，采取切实可行的措施，积极鼓励和支持相关教师提高实践技能。同时，积极与企业、行业联系，建立良好的合作关系，建立稳定的“双师型”兼职教师队伍，聘请有实践经验又能胜任教学任务的行业专家或生产一线技术能手来校承担实践教学任务。

（三）“双师型”教师的职责。经认定为“双师型”教师的，每学年承担一门以上实践课程（课程设计、实验、实训、实习等），并指导学生毕业实习、设计。聘期内还应完成以下工作的任意两项：

1. 主持或主要参与（前 3 名）校级专业建设或课程建设，或承担教学改革，并有实践成果应用或校级以上应用型规划教材出版或论文发表。

2. 非实验室负责人或实验系列教师，积极参与学校实验室建设，并做出所在学院、教务处认可的业绩贡献。

3. 指导学生参加大学生创新、创业或职业技能大赛，并取得省部级三等奖以上或国家级提名（以主办单位和组委会同时盖章有效），或参加各类专业实践活动，并取得所在学院、教务处认可的业绩。

4. 主持或主要参与（前 3 名）应用型项目、应用技术研究项目、工程应用项目、开发研究项目等，并取得相关成果，效益良好或有论文发表。

5. 根据工作需要学校安排或同意其到企事业单位、政府机关等挂职、兼职半年以上的，了解行业、企业信息，增强行业职业实践能力，并取得一定的实践成果。

（四）“双师型”教师考核

对在聘期内未履行职责完成工作任务者：

1. 降低聘用等级。

2. 降低甚至不享受相关鼓励政策和待遇。

3. 取消“双师型”资格。

四、本方案自颁布之日起执行，由人事处负责解释。

（2）组织制定《江西旅游商贸职业学院教师下企业锻炼管理办法》

制定《江西旅游商贸职业学院教师下企业锻炼管理办法》，深化产教融合、校企合作，发挥企业在我校师资队伍建设中的重要作用，加快建设一支新时代高素质“双师型”教师队伍。明确教师到行业企业参加实践锻炼必须紧密结合专业建设、课程建设的实际需要和提高教师实践能力进行，必须明确目标任务和要求，加强针对性，提高实效性。原则上鼓励教师就近到大中型企业，经学校认定备案的校企合作单位，以及教育部等四部门公布的“首批全国职业教育教师企业实践基地名单”中相关企业进行锻炼。规定学校所有专业基础课、专业课专职教师必须有到相关行业企业实践锻炼的经历，从未参加过企业实践锻炼的教师不能评聘相关专业的教师系列职称。专业课教师在聘任高一级职称时，要在任现职以来每年至少有 1 个月下企业锻炼、参加社会服务、参与社会调查或指导学生参加社会实践等经历，累计不少于 3 个月。学校成立督查考核工作小组，工作小组由教务处、人事处、产教融合处和各教学单位负责人组成，人事处为牵头部门，负责对教师下企业锻炼工作进行统筹协调。督查考核组将不定期对下企业锻炼的教师进行抽查。各教学单位应制定教师下企业锻炼考核细则，针对每位下企业锻炼的教师提出具体翔实、可操作、注重实效的考核要求，并根据考核细则每月至少两次检查下企业教师锻炼情况，形成书面记录。实践结束后，教师填写并上报教师下企业锻炼考核表，教学单位与企业共同对到企业锻炼的教师进行考核、鉴定，做出考核等级鉴定意见。每学期汇总报教务处、人事处认定备案。企业锻炼考核结果将作为专业课教师年度考核、评先评优、评聘专业技术职务的重要依据。

江西旅游商贸职业学院教师下企业锻炼管理办法（修订版）

为贯彻落实全国职业教育工作会议精神及《国务院关于加快发展现代职业教育的决定》（国发〔2014〕19 号）要求，按照《国家职业教育改革实施方案》（国发〔2019〕4 号）工作部署，根据《教育部等七部门关于印发〈职业学校教师企业实践规定〉的通知》（教师〔2016〕3 号）要求，深化产教融合、校企合作，发挥企业在我校师资队伍建设中的重要作用，加快建设一支新时代高素质“双师型”教师队伍，结合学校“十四五”规划要求，制定本办法。

第一章 基本原则

第一条 效能原则

教师到行业企业参加实践锻炼必须紧密结合专业建设、课程建设的实际需要和提高教师实践能力进行，必须明确目标任务和要求，加强针对性，提高实效性。

第二条 对口原则

原则上鼓励教师就近到大中型企业，经学校认定备案的校企合作单位，以及教育部等四部门公布的“首批全国职业教育教师企业实践基地名单”中相关企业进行锻炼。各教学单位应结合专业特点向学校推荐教师实践基地，经遴选后建立长期师资培养合作关系。

第三条 计划原则

各教学单位应根据学校发展规划、教师专业建设实际和工作需要，在每学期最后一个教学周提出下一学期（包括寒、暑假期间）教师参加企业锻炼的计划，报教务处审核后交人事处备案。

第二章 锻炼对象

第四条 学校所有专业基础课、专业课专职教师必须有到相关行业企业实践锻炼的经历，从未参加过企业实践锻炼的教师不能评聘相关专业的教师系列职称。近两年内从企业引进、从事本专业工作 1 年以上的专业课教师，进校 5 年内可免。

第五条 各教学单位应根据优势、特色专业优先安排专业课教师下企业锻炼，鼓励公共课教师、实训课教师以及校内兼职教师、外聘教师结合实际到企业实践、调研和学习。

第三章 锻炼的周期和时间

第六条 要求专业课教师在承担学历教育和培训任务的同时，应每年累计不少于 1 个月，每 5 年内累计不少于 6 个月到企业锻炼；公共课教师、实训课教师以及校内兼职教师、外聘教师每年安排人数不得超过专业课教师的 20%，每次时间一般不超过 15 天。

第七条 从 2021 年开始，新聘专业课教师中级、高级专业技术资格者，必须要有在生产、经营、服务一线相关专业的企业实践经历，在申报专业技术职务时，讲师必须达 6 个月，副教授必须达 12 个月。

第四章　锻炼形式

第八条　脱产锻炼

脱产下企业锻炼是指不承担校内教学任务的挂职锻炼（顶岗实践），是由专任教师本人申请，学校统一协调、安排到企业进行 1 个月以上的脱产岗位实践，以提高实践教学（管理）能力，同时可发挥学校教学、科研资源和教师知识优势，为企业提供技术服务和技术研发。原则上累计不少于 6 个月，最长不超过 1 年。

第九条　半脱产下企业锻炼

半脱产下企业锻炼是指利用无教学任务的寒、暑假或正常教学期间进行，寒、暑假期间原则上累计不超过 36 天，正常教学期间每学年原则上累计不超过 1 个月。

第十条　合作研发或提供技术服务

合作研发或提供技术服务是指教师以脱产或不脱产的形式与行业、企业等以校企合作为基础，以优势资源互补为前提，所提供的人才、技术、成果等形式的合作或服务。

第十一条　实地调研

实地调研是指教师为了专业申报、专业建设、课程建设、实习实训基地建设、教学改革、人才培养方案修订等方面的需要，有组织、有计划、有目的地到行业、企业进行的调查研究活动。

第五章　审批程序

第十二条　每学期下企业锻炼教师需填写教师下企业锻炼审批表，向所在教学单位提出申请。填写时要求目标明确、任务具体、时间合理，审批表填好后报所在教学单位。

第十三条　各教学单位根据教师个人申请，推荐下企业锻炼的人员，报分管教学领导审核，于每个学期第 16 周前将教师下企业锻炼审批表（一式四份）报教务处审核后交人事处备案。

第十四条　教务处会同人事处、校企合作管理中心进行审核，经分管校领导审批，报学校校长办公会研究批准后组织实施。审批通过的教师下企业锻炼审批表由教务处、人事处、校企合作管理中心、所在学院留存备案。

第十五条　对挂职锻炼的教师，要提前与挂职锻炼企业签订挂职锻炼协议书。

第六章　监督考核

第十六条　学校成立督查考核工作小组。工作小组由教务处、人事处、产教融合处和各教学单位负责人组成，人事处为牵头部门，负责对教师下企业锻炼工作进行统筹协调。督查考核组将不定期对下企业锻炼的教师进行抽查。

第十七条　各教学单位应制定教师下企业锻炼考核细则，针对每位下企业锻炼的教师提出具体翔实、可操作、注重实效的考核要求，并根据考核细则每月至少两次检查下企业教师锻炼情况，形成书面记录。实践结束后，教师填写并上报教师下企业锻炼考核表，教学单位与企业共同对到企业锻炼的教师进行考核、鉴定，做出考核等级鉴定意见。每学期汇总报教务处、人事处认定备案。

第十八条　教师在下企业锻炼期间，如有特殊情况需办理请假手续，须事先向所在锻炼单位负责人申请，并以钉钉审批的方式向督查负责人请假。凡事先未请假者，各教学单位或学校督查组在检查中发现缺岗情况，除提供书面说明材料外，做如下处理：

第一次：考核等级定为良好及以下，作警示提醒；

第二次：考核等级定为合格及以下，实践时间减半计算；

第三次：不承认其下企业经历。

第十九条　对于下企业锻炼弄虚作假的情况，一经查实，不承认其下企业经历，并取消2年内申报专业技术职务资格。

第七章　绩效待遇

第二十条　下企业锻炼教师原则上不能在所在企业或项目合作单位领取薪酬，个人按照有关规定在企业或项目合作单位获得的其他报酬，应当全额上缴学校，由学校根据实际情况给予适当奖励。

第二十一条　教师在教学期间下企业锻炼（半脱产），其基本工资、基础绩效照发，福利待遇不变。教师利用寒、暑假期间下企业锻炼，享受课时津贴，锻炼结束后一次性发放，具体按讲师课时费标准发放，省内2.5节/工作日，省外 3.5 节 / 工作日，不再享受假期加班补贴。

第二十二条 教师下企业挂职锻炼（脱产），其基本工资、基础绩效照发，福利待遇不变，不再享受奖励绩效。

第二十三条 教师下企业锻炼的往返交通费按学校有关规定据实核销，原则上学校不报销住宿费用。

第八章 其他要求

第二十四条 教师锻炼结束后，应结合学校专业建设、课程建设、教材建设、教学改革等方面提出建议和对策，并完成不少于 2000 字（挂职锻炼不少于 3000 字）的实践报告。所有挂职锻炼的教师在挂职锻炼结束后，都要在所在教学单位或教研室范围内做专题讲座。

第二十五条 教师下企业锻炼是国家对高职高专教师的基本要求，各教学单位一定要高度重视，根据本单位师资队伍建设规划和专业发展需求，制订专业教师下企业锻炼计划，锻炼计划应明确教师下企业锻炼的具体任务、专业技术及实践能力应达到的具体要求等，并以此作为考核的主要依据。每学年末，各教学单位将下学年教师下企业锻炼计划报教务处核实、备案，教务处协助做好教师下企业相关事宜。

第二十六条 各教学单位尽量在寒、暑假期间安排教师下企业锻炼。

第二十七条 下企业锻炼考核结果将作为专业课教师年度考核、评先评优、评聘专业技术职务的重要依据。专业课教师在聘任高一级职称时，要在任现职以来每年至少有 1 个月下企业锻炼、参加社会服务、参与社会调查或指导学生参加社会实践等经历，累计不少于 3 个月。

第二十八条 教师脱产挂职锻炼或者参与项目合作，学校、教师、企业应当签订三方协议，约定工作期限、报酬、奖励等权利义务。锻炼期间，教师与学校在岗人员同等享有参加职称评审、项目申报、岗位竞聘、培训、考核、奖励等方面权利，学校应根据实际情况，与挂职锻炼的教师变更聘用合同，约定岗位职责和考核、工资待遇等管理办法。合作期满，挂职锻炼的教师应返回学校，学校可以按照有关规定对业绩突出人员在岗位竞聘时予以倾斜；所从事工作确未结束的，三方协商一致可以续签协议。

第九章　附则

第二十九条　本办法自下发之日起施行，原《江西旅游商贸职业学院教师下企业锻炼管理办法》（赣旅商发〔2018〕53号）废止。

本办法由学校人事处商教务处、产教融合处、财务处负责解释。

（3）组织制定《江西旅游商贸职业学院"双元"导师培养与管理办法》

为加强教师团队、师生团队建设，以"双师型"队伍为基础，以行业领域精英为补充，推进"三教"改革、深化"三全育人"，匠心筑梦、立德树人。支持和激励教师开展专业实践，提升专业教师适应岗位新变化、对接或引领岗位新技术的能力，使之熟悉竞技规程、竞技标准。学院出台《江西旅游商贸职业学院"双元"导师培养与管理办法》，按照"在做中学，在学中做"的创新教学机制和学习机制，学校承担系统的专业知识传授和技能训练，企业通过师带徒形式，进行岗位技能训练，真正实现校企无缝对接、一体化育人；实施"双元"导师制，教师指导与师傅授艺相渗透。校企双方分别委派教师和技术骨干承担教学工作，指导学生实训实习，采用"一对三"、"一对一"的导师型实习模式，进行多岗轮训。完善校企"双元"导师制，明确导师职责，校企共同建立健全"双元"导师的选拔、培养、使用、考核、激励制度，形成"互聘共培、专兼结合"的管理机制。"互聘"是指学校聘用企业技术骨干作为企业导师，企业聘用学校骨干教师作为技术顾问。"共培"是指学校对聘用的企业技术骨干进行职业教育教学能力培养，企业对学校骨干教师的岗位技能进行培养。新机制旨在形成一支能适应现代学徒制教学设计、教学实施和教学考核评价的"双元"导师团队。"双元"导师团队在课程教学过程中相互合作、相互学习，持续提升。

（4）组织制定《江西旅游商贸职业学院专业课教师招聘与管理办法》

为全面实施人才强校战略，大力引进各层次专业技术人才，进一步优化师资队伍结构，学院不断完善了职业院校教师招聘办法，分层次制定了职业院校专业课教师招聘标准，建立了"双渠道"专业课教师招聘制度，制定了《江西旅游商贸职业学院专业课教师招聘与管理办法》，明确了招聘专业课教师的基本条件、类型层次及相关待遇、专业课教师招聘的程序及招聘教师的管理等。

5. 教学相关制度

为深入贯彻《关于推动现代职业教育高质量发展的意见》等文件精神，加强学校教学质量监控，强化过程管理，完善学校教学管理、运行、建设等方面工作机制，推动“三教”改革、“岗课赛证”综合育人，实现学校高质量发展，结合学校实际，制定了一系列与教学相关的制度。

课程建设方面，出台了院级在线开放课程验收标准、在线开放课程建设方案及管理办法；教材建设方面，制定了校本教材建设管理规定；教学组织方面，制定了课程教学质量标准、教学督导工作管理办法、教学质量检查制度、教学事故认定与处理办法等规章制度。

（1）组织制定《江西旅游商贸职业学院教学督导工作管理办法》

学校成立江西旅游商贸职业学院教学督导委员会，行使教学督导职能。教学督导委员会办公室（以下简称“督导办”）设在发展规划处，负责日常事务及教学督导委员会交办的其他工作。

教学督导委员会的主要职责：

1）对教务处、各教学单位的教学管理及运行进行检查、监督、指导和评价；

2）对学校人才培养模式改革和培养计划进行评估、检查，并提出建议；

3）对学校专业、课程和教材的建设进行调查研究和监督评估；

4）对学校教风和学风建设进行调查研究和监督评估；

5）帮助青年教师进行教学改进，提高教学质量；

6）深入课堂教学、实践教学、顶岗实习与毕业实习等环节，进行现场调查和督查评议；

7）保持信息反馈渠道畅通，广泛收集师生对教学工作的意见和建议，提出教学管理和教学改革措施；

8）对教师开展教学活动给予监督、检查、指导和评价，评价结果作为相关教学单位教师考核和评优的重要依据；

9）在教师各类教学评奖、职称晋升和岗位聘任环节上，从教学态度和教学效果方面给予建议性评价；

10）协助教务处检查各教学管理部门对教学计划、教学大纲、教学日历、教学规章制度等文件的执行情况；

11）对学校办学条件的保障措施进行分析研究，提出建设性意见；

12）经常性地开展调查研究工作，就学校教学工作和教学质量建设中出现的问题提出改进建议；

13）每学年确定工作重点，制订教学督导工作计划，指导督导工作；

14）涉及教学督导的其他工作。

（2）下发《关于创建“教学做一体化”优质课堂事宜的通知》

以技能大赛作为“风向标”，引领全校的教育教学改革，学校下发了《关于创建“教学做一体化”优质课堂事宜的通知》。依据企业对人才的需求，制定科学的课程目标，贯彻“以服务为宗旨、以就业为导向”的方针，实现人才培养与企业需求的无缝对接，引导制定科学的课程目标。在教学过程中，要求教师灵活运用多种教学方法，将理论和实践相结合，做到“在做中学，在学中做”，提高学生解决实际问题的能力。

（3）组织制定《旅游管理/酒店管理专业实训教学条件建设标准》

为进一步落实立德树人根本任务，打造具有“旅商特色”的竞技文化，树立学校品牌形象，推进学校“双高”建设和高质量发展，根据学校的系列文件精神，在落实学校制度的过程中，结合学院实际，旅游学院制定了《旅游管理专业实训教学条件建设标准》《酒店管理专业实训教学条件建设标准》，明确实训教学场所采光、照明、通风、防火、安全与卫生、网络环境、实训教学设备、实训教学管理与实施等要求。制定了《江西旅游商贸职业学院实训教室管理规定》，明确实训室是开展实验教学和科学研究的场所，所有实训室工作人员和进入实训室的人员均应遵守管理规定。实训室必须保持安静、卫生、整洁，严禁在教室内喧哗、打闹、吸烟，不准随地吐痰、乱丢杂物，以保证实训室良好的工作、学习环境。实训室仪器设备应有专人负责管理维护、登记、建账，做到账、卡、物相符，并在每学期进行一次清点、统计。管理人员调动时要办妥交接手续。进入实训室工作和学习的人员，必须听从指导老师和实训室工作人员的安排。遵守实训室规章制度，不准在实训室内利用仪器、设备进行与教学科研实验无关的活动。使用仪器设备必须遵守操作规程，并按要求认真填写设备使用记录，违反操作规程导致仪器设备损坏，要追究责任，照价赔偿。对易燃、易爆、剧毒等危险品应设专柜存放，并有相应的安全防范措施，严格管理，安全使用。实训室工作、学习人员，要爱护仪器设备，节约用水、用电和实验材料，不准私自将公物带出实训室。实训室应建立安全值班制度，每次实验完毕或下班前，要做好整理工作，关闭电源、水源和门窗，严防事故发生。

（4）组织制定《江西旅游商贸职业学院实训管理员岗位职责》

为保障实训室的正常运行，制定了《江西旅游商贸职业学院实训管理员岗位职责》，明确实训管理员必须：热爱本职工作、忠于职守，主动为教学科研和广大师生服务，认真做好实训室管理工作；熟悉实训室设备配置及其性能，熟练掌握设备操作技术；掌握设备的日常维护和常见故障的排除技术，及时做好设备的例行检查、维护保养工作，保证设备经常处于良好的工作状态，高质量地做好实践教学的辅助工作，提高设备的使用效益；协助教师指导实践教学工作，逐步做到能独立指导实训，积极参与编写实训室教材或实训指导书；负责分管实训室的仪器设备、低值耐用品、易耗品、材料的申报、领用、验收、安装、调试、维护、修理、报废等工作，保管好相关仪器设备的凭证，做到账、卡、物相符；负责收集和保管实训室技术资料和归档工作，每天按时填写实训室实训教学日志和例行检查维修记录；负责完成上级领导安排的工作。为加强旅游学院物品领用和使用管理，控制费用成本，避免浪费和不必要的消耗，确保各课程教学的正常运转，经学院办公室研究，制定《旅游实训大楼物品领用管理制度》，对物品领用做出规定。

6. 深化落实制度

学校围绕“建设竞技校园，落实竞技育人”，在前期实践的基础上，总结制定了《江西旅游商贸职业学院“五个一流”校园文化建设工程实施指导意见》。以竞技文化为支撑、竞技强能为导向，推动“学业、就业、产业、企业、职业”五业联动，“教、学、训、赛、产”无缝对接，深化落实“四相合一”、“四促一体”。要求教师主动将各级大赛的功能作用与定位目标落实到教学任务中，有效落实大赛的普惠性、选拔性与激励性作用，解决大赛辐射面窄、受益范围小等问题。学校以提高教学能力水平和教学质量为根本，将技能竞赛作为促进教学改革、改善师资队伍结构、打造优秀教学团队的重要抓手，课堂学习、基地实训、生产实践、顶岗实习、就业见习中，弘扬竞技强能、崇尚匠心筑梦，人人学习技能、人人拥有技能，培养更多德技并修、技能精湛的社会主义现代化合格的建设者和接班人。

将行业和职业的新技术、新标准、新规范引入竞技活动，推动技能人才培养和行业前沿人才需求相结合，着力提升实践创新能力。将组织技能大赛纳入常规工作，成立技能大赛领导小组，负责技能大赛的组织、管理、协调等工作；夯实竞技育人“三基”、推进竞技文化“三进”工作，结合旅游类专业的特点开展内容丰富、形式多样的技能活动，形成课课有赛事、班班有赛项、人人能出彩的竞技氛围，凸显技能大赛的普惠性；建设竞技文化、竞技校园，完善技能学习第二课堂，促进学生养成尊重劳动、崇尚技能的意识，培育学生的工匠精神。

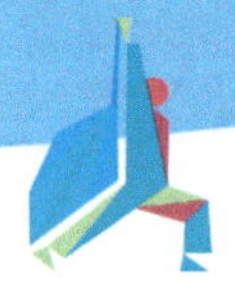

江西旅游商贸职业学院
“五个一流”校园文化建设工程实施指导意见

以提升校园文化为导向，以打造“一流的师德师风、一流的教风学风、一流的校风班风、一流的工作作风、一流的育人新风”校园文化为核心（简称“‘五个一流’校园文化建设工程”），厚植文化内涵、优化文化环境、树立品牌形象，努力建设体现社会主义特点、时代特征和学校特色的校园文化。

（一）一流的师德师风建设

以《中华人民共和国教师法》《新时代高校教师职业行为十项准则》等法律制度规范为指导目标，以《江西旅游商贸职业学院师德师风建设实施方案》（赣旅商院党发〔2020〕16 号）、《江西旅游商贸职业学院师德师风考核管理暂行办法》（赣旅商院党发〔2020〕51 号）为具体实施措施，严把教师思想政治关，铸牢师德师风底线，将师德师风作为评价教师队伍素质的第一标准，坚持四个“相统一”，加快推进“四有”教师队伍建设，树起“旅商师德师风标兵”形象，引导广大教师以德立身、以德立学、以德施教、以德育德，努力培养造就一支师德高尚、业务精湛、结构合理、充满活力的高素质专业化创新型教师队伍，把学校建成师德师风高地。

（二）一流的教风学风建设

以“德技双馨、敬业善导”的教风为指导，引导教师牢记人民教师的职责和使命，做有理想信念、有道德情操、有扎实知识、有仁爱之心的好老师。以“勤学苦练、知行合一”的学风为指引，引导学生牢记时代赋予青年大学生的使命，潜心学习、乐于探索，做勤学、好学、善学、科学、博学的时代好青年。贯彻落实《国家职业教育改革实施方案》的根本要求，大力推进“三教”改革，树立教学中心地位，改善办学条件，提升教师教学能力，深化课程建设，创新课堂教学手段。进一步完善并落实教风、学风建设规章制度，加强对教师教学活动、学生学习行为各环节的监督管理，努力构建全校师生奋发向上、严谨求实、勇于创新的优良教风学风新气象。

（三）一流的校风班风建设

以人才培养为根本，以依法治校为基础，以全面提高教育教学质量为核心，着力解决校风、班风方面存在的主要问题，建立健全校风、班风管理的长效工作机制，积极营造良好育人氛围，促进我校优良校风、班风的形成，进一步增强师生集体荣誉感和校园归属感。加大校园文化建设创新项目的培育力度，开展“一校一品”“一院一品”项目建设。发挥学生的主人翁作用，鼓励学生“自我教育、自我服务、自我管理、自我监督”，在学生中形成“层层监督、互相监督、自我监督”的班风督查体系，加大对学生组织和社团的引导、管理和支持力度，发挥学生组织和社团在校园文化和校风、班风建设中的作用。

（四）一流的工作作风建设

弘扬和传承“艰苦奋斗、开拓创新、敢于担当、追求卓越”的旅商精神，根据《中共江西旅游商贸职业学院委员会作风建设实施方案》（赣旅商院党发〔2018〕41号）文件要求，教育引导广大职工弘扬新风正气，大兴忠诚老实之风、学习调研之风、担当实干之风、清正廉洁之风、精心育人之风，落实立德树人根本任务，努力营造风正劲足、干事创业的良好工作风尚。深化理论学习，推动以知促行；立足岗位职责，强化责任担当；明确职责流程，提高服务水平。紧紧围绕“双高”建设目标，营造争先创优、干事创业的浓厚氛围。积极参选省级“赣鄱先锋”，大力开展“旅商先锋”评选，开展“辅导员职业技能大赛”“服务育人技能大赛”，提升广大职工的教书育人水平。

（五）一流的育人新风建设

坚持为党育人、为国育才的初心使命，贯彻“三全育人”教育理念，构建“教书育人、管理育人、服务育人、环境育人”四维育人格局，探索思政课程与课程思政有机结合，致力于构建多元文化素养引领的校园文化育人机制，通过实施“五个一流工程”，改进育人模式、提升育人文化、提高育人质量。深化产学融合，创新教赛融合。积极参加世界技能大赛、国家职业技能大赛、职业技能竞赛活动周、“互联网 +”创新创业大赛、挑战杯等比赛，提升学校学生参加省级以上比赛获奖项目和数量。将优秀企业引进来，把职业技能推出去，积极探索专业群下的产学融合方法，创新以职业技能竞赛为主体的教赛融合模式，进一步提升办学育人水平。

（三）"四相四促、竞技强能"质量保障体系

学校重视各级各类技能赛事，通过承担竞赛集训工作和比赛组织实施，积累办赛经验，提升专业品牌效益。经过多年研究，修订了《江西旅游商贸职业学院专业（群）建设管理办法》，出台了《江西旅游商贸职业学院职业技能竞赛管理暂行办法》《江西旅游商贸职业学院创新创业竞赛管理办法》等 10 多项配套制度，与行业领军企业共建资源共享，集实践教学、社会培训、企业生产、技能竞赛和创新创业"五位一体"的高水平生产性实训基地，给其他院校开展技能竞赛提供了借鉴。省级以上赛事学校均会成立以校党委书记为组长的赛事工作领导小组，定期召开协调会对集训工作和比赛的相关事宜进行统筹安排，为办赛提供强有力的制度保障。

二、制度建设

（一）组织保障

建立健全机制构建实施机制，全校形成了校党委领导、党委宣传统战部牵头、各部门合力、全校齐抓共管的工作机制。制订竞技强能工作实施方案，制订年度实施计划，保证机制构建实施的系统性、连续性。要求各部门充分认识竞技育人机制构建的重要意义，定期研究竞技育人机制构建工作，积极解决问题，调动师生员工参与竞技育人校园文化建设的积极性，共同推进竞技育人机制建设。

（二）管理保障

加强协同管理，健全规范高效的竞技育人机制构建管理体制，进一步落实和强化竞技育人校园文化建设工作管理职责，举全校之力加大竞技育人校园文化建设和执行力度，不断提高工作成效。校党委把加强和改进新时代校园文化建设工作纳入各二级单位责任目标管理体系，学校宣传统战部门对牵头单位进行督查和阶段性考核，做到督查主体到位、责任到人，并在校党委的统筹下开展好校园文化的建设工作。

（三）资金保障

通过学校投入、校企合作、社会捐助、校友支持等多渠道筹措资金，夯实学校软硬件建设。学校财务处、人事处负责及时解决竞技育人校园文化建设过程中遇到的实际问题和困难，确保竞技育人校园文化建设纳入校级经费预算，在人、财、物等方面加大投入，确保各项工作顺利开展。

三、组织运行

（一）工作体系

为提升学校技能人才培养质量，增强学校核心竞争力，培养适应产业发展需要、德能兼备、全面发展的高素质技能型人才，在前期实践的基础上，制订了竞技强能工作实施方案，明确了竞技育人机制的工作体系。

1. 竞技强能工作领导小组。学院成立了竞技强能工作领导小组，由学院党委书记、院长担任组长，副院长担任副组长，各行政部门负责人和各分院负责人担任小组成员。

2. 竞技强能工作办公室。领导小组下设竞技强能工作办公室，挂靠教务处，按要求配备专职人员、办公场地和专项资金。

（二）职责分工

竞技强能工作办公室负责统筹全校竞技强能教育工作，负责竞技强能教育的总体规划、组织实施、项目运营等日常管理，形成各部门共同配合、全体师生积极参与的工作机制；整合校内外资源，搭建师生有效参与的竞技强能教育平台。

各部门及各分院在竞技强能工作领导小组的统筹协调下，按照各自分解任务与时间进度安排完成各项工作任务。

（三）运行规范

竞技育人机制坚持育人为本、德育为先，把理想信念放在首位，大力弘扬劳模精神、工匠精神；坚持问题导向、标本兼治，以竞技强能为重点，针对工作中出现的薄弱环节和突出问题，对症施治、标本兼治；坚持统筹协调，分类指导，根据实际确定的工作目标，健全工作机制，创新工作载体，突出工作实效，强化专业技术积累，有效提升新形势下竞技强能的工作水平；坚持绩效考核、注重长效，建立激励机制，完善考核标准，强化目标管理，建立自我改进和自我完善的长效机制。

四、质量保障

（一）创新实践与质量评价

按照竞技育人导向，创新人才培养质量评价体系，将学生在多种技能实践形式中的表现作为综合素质评价的重要组成部分，量化计算。

1. 思想道德素质模块占 20%，考查学生职业劳动、法律法规、社会主义核心价值观等方面知识；

2. 包含竞赛和专业技能实训课程在内的专业素质模块占 48%，考查学生岗位技术技能、职业素养；

3. 身体心理素质模块占 12%，考查学生身体素质、心理健康等方面；

4. 社会服务能力模块占 4%，考查学生技能实践中服务群众、帮助他人、集体荣誉感等方面。

以上四个模块权重共占学生整体评价的 84%，多角度评价学生的综合情况。以学期为单位，进行连续评价，过程管理。将竞技强能理念落实在竞技育人体制机制中，确保人才的培养质量。

（二）教学诊断与改进工作

按照学校教学工作制度和《江西旅游商贸职业学院“竞技强能”工作实施方案》，分解工作任务，责任落实到人，有序开展师生管理、教学运行。按照教学诊改“8字螺旋”，两个螺旋组成一个有机整体，相辅相成，互联互动，缺一不可。围绕“静螺旋”，通过教务巡课、督导听课、教学检查等措施，举办班级技能比赛、校级技能比赛、校外技能比赛等活动，对竞技育人导向教学过程中的机制构建、制度建设、组织运行环节进行管理；围绕“动螺旋”，基于线上平台，筛查数据，实时监控运行状态，及时预警，及时调整和改进竞技育人机制。

第三章
竞技育人平台搭建

当今世界正处于大发展、大变革、大调整时期。新一代信息技术带来的工作过程去分工化、人才结构去分层化、技能操作高端化等系列变化，正在重塑未来社会的面貌，将促使许多行业发生深刻变革，引发社会各行各业布局调整和转型升级，进而对人才培养提出新的命题、新的要求。深入推进竞技育人平台建设对高职院校人才培养有积极作用。

一、竞技育人平台概述

江西旅游商贸职业学院建立了职业技能世赛集训基地、江西旅游职业教育集团、国家级技能大师工作室、研学实践教育基地、“双创”实践平台和校企合作单位等。通过“双创”竞赛、技能竞赛和大师工作室等实践育人平台，提升了教师的实践教学能力和学生的实践技能水平；建立普惠师生的教学相长的平台，构建普惠式竞技育人平台，覆盖课内课外、院内院外、校内校外以及班级内部和不同专业，确保平台的立体化、层次性和丰富性，同时平台链接日常教学，扩大了师生参与竞赛的覆盖面。学校为学生搭建了各类普惠式竞技育人平台，让每个学生都积极参与竞赛，在学校内形成普遍的竞技环境，不断提升学生技术技能，增强学生创新创业能力。

二、竞技育人平台存在的问题

目前，高职院校的竞技育人平台建设存在一定的不足，主要表现在竞技平台育人体系不健全、教学实践性不强、竞技活动覆盖面不广、竞技育人平台赛事参与度不高等方面。

（一）平台体系不健全

各高校为适应职业竞赛和职业教育的趋势与要求，大多建立了竞技育人平台，但存在着竞技育人平台体系不健全的问题。主要体现在竞技育人平台与教学标准、教学内容对接不紧密、竞赛项目种类不全、竞赛项目的难易度不合适、竞技方式单一、对学生的技能导向不明确、不能满足不同专业师生的参赛需求等等，竞技育人平台未达到层次性、立体性、全覆盖的最佳情况，平台构建无法很好地适应所有学生的学习需求与学校对学生的职业技能要求，影响了竞技育人平台的育人效果。

（二）教学实践性不强

竞技平台是职业院校教育教学活动的一种重要形式和有效延伸，是提升技术技能人才培养质量的重要抓手。但是，目前很多高职院校过于强调理论教学，并没有将教学与竞赛深度融合从而发挥竞赛的育人作用。高职院校没有通过竞技活动将竞赛过程与教学过程有机结合，让教学通过竞技活动实现应用以及对学生职业技能的能力评价。大部分高职院校将资金重点用于建设和打造与技能大赛相关的训练场地和竞赛设备，而更多专业建设所需要的实训条件得不到及时有效改善。这也就致使竞赛举办虽然足够规范，但学生无法及时进行赛前准备与赛后复盘。这种竞技平台对学生实践教学作用发挥得不够。

（三）竞技活动覆盖面不广

很多高职院校竞技活动只重视校级、省级、国家级、世界级四级比赛，竞技活动的覆盖面不全，覆盖的学生不多，覆盖的专业不全。校级层面的比赛仅仅重视校赛，忽视课内、课外比赛以及专业竞赛与专业考评等其他一般性竞技比赛，使得大部分学生与竞技活动无缘。很多高校在校内举办竞赛仅仅是为了选拔人才走向更高一级的竞赛平台，让学生给学校带来荣誉。这样的出发点导致技能竞赛的功利性被放大，一些职业院校仅仅关注选拔出参加省级以上比赛的优秀学生，忽略了竞赛训练与日常教学的融合。这样的竞赛方式没有让大部分学生真正参与到竞技活动中来。

（四）赛事参与度不高

一些高职院校学生学习没有竞争意识，永远保持着"躺平"的状态，加上各类竞赛与教学过程、生产过程结合得不够紧密，竞技活动激励机制不健全，学生在日常教学中无法理解竞技的内容与精神，从而影响了学生参与竞技的热情。

三、强化竞技育人平台协同作用

（一）以赛促建促学，发挥竞技育人平台作用

在技能大赛训练过程中，实训基地是技能训练的最佳场所，因此为了取得好成绩，学校加强实训基地建设，改善实训条件，使学生能够在良好的环境中得到充分的实践训练，同时也为教学改革打下了坚实的硬件基础。江西省人力资源和社会保障厅高度重视并大力支持，先后投入了800余万资金支持我校世赛培训基地建设。在“餐厅服务”和“酒店接待”竞赛项目领域,我校处于省内领先、国内一流的地位。

学校是第44、45、46届世界技能大赛江西省集训基地(餐厅服务、酒店接待赛项)，第46届世界技能大赛国家集训基地（酒店接待赛项）。餐厅服务项目集训基地建有先进的世赛餐厅服务实训室、西餐实训室、酒吧实训室、语音实训室、形体训练室、形象塑造实训室等校内实训场所。竞赛指导老师均为“双师型”教师，包括技术专家3名、教练3名、翻译2名，其中餐厅服务高级技师5名，均具有丰富的餐厅服务与管理经验。酒店接待项目集训基地建有先进的世赛酒店接待实训室、OPERA软件实训室、语音实训室、形体训练室、形象塑造实训室等校内实训场所。竞赛指导老师均为“双师型”教师，包括技术专家3名、教练3名、翻译2名，其中外聘行业专家2名，均具有丰富的酒店前厅服务与管理经验。

以赛促建，促进了校内竞技育人实训平台的建设，加强了校内外“双师型”教师的培养，以集训基地建设促进专业课程建设，以实践课程建设促进赛事实践育人效果。培养了1名酒店接待项目选手参加第45届世界技能大赛全国选拔赛获全国第二名，入选国家集训队成为备赛选手，取得赴喀山观赛资格；培养了1名酒店接待项目选手获得第46届世界技能大赛江西选拔赛第一名；培养了3名餐厅服务项目选手入选第44、45、46届世界技能大赛国家集训队，获得餐厅服务赛项全国第五、第八、第三名；培养了3名餐厅服务选手获得第46届世界技能大赛江西选拔赛餐厅服务赛项前三名。通过竞赛培训培育了一批技术技能人才。

（二）对标行业标准，提升专业与课程建设水平

学校深化产教融合、校企合作，吸引行业企业参与共建竞技育人平台。学校在人才培养、课程体系、师资队伍方面积极向行业通用标准靠拢，与行业组织在社会服务、品牌创建等多方面达成实质性的合作。

江西旅游职业教育集团原名江西旅游商贸职业教育集团，由江西旅游商贸职业学院与江西省旅游协会共同牵头，于 2011 年 6 月正式组建。现有集团成员单位 66 所，其中院校 26 所、企业 21 所、行业协会 12 所、行政机构 7 所。集团组建以来，定位立足促进区域旅游产业发展，围绕师资培训、人才培养、赛事组织、产业扶持等方面开展工作，坚持开放办学、合作办学、特色办学的治学理念，尤其在人才培养机制等方面进行了诸多探索。

学校在全省率先构筑旅游职业教育品牌，依托集团力量服务地方产业发展，积极推动“政、校、行、企”四方联动机制运行，构建“共建、共育、共享、共赢”的紧密柔和型职教集团命运共同体成效初显。集团积极承办江西省职业院校技能大赛（旅游类）、世界技能大赛餐厅服务、酒店接待江西选拔赛等各项赛事。集团为一年一度的江西省旅游产业发展大会提供志愿服务培训，为集团单位大觉山景区优化景区产品提升服务质量献计献策，与乐安县人民政府签订战略合作协议，就当地旅游资源开发开展深度合作。

1. 开办高职“国际导游英才班”。重点选拔一批政治素质高、形象气质佳、外语水平高、表达能力强、有志从事国际导游方向的同学。集团成员单位江西众弘导游服务有限公司为该班量身定做人才培养方案，采用“订单培养”形式，选派企业有经验的专家承担部分实践类课程，制订了一套完善的实训流程。“国际导游英才班”实行双语教学，开设了“陶笛”和“尤克里里”器乐课程，致力于培养一批“严门槛入学，高标准就业”的优质国际导游人才。

2. 推出“名导进课堂”系列活动。授课专家均具备国家高级导游员资质且长期从事一线导游服务，在省内具有一定知名度和社会影响力。专家对课程中的部分章节进行集中授课，讲述工作中遇到的种种事例，及时传递行业资讯。截至目前，活动已成功开展 30 余场。

3. 积极参与赛事筹办。集团秉承“人才共育、利益共享、合作共赢”的发展理念，先后承办了第 45 届世界技能大赛餐厅服务项目江西选拔赛、“全国红色故事讲解员大赛”江西赛区选拔赛、江西省导游大赛、江西省职业院校技能大赛（旅游类）等。各项赛事举办的同时，集团秘书处秉承“以赛促教，开放办赛”的原则，邀请集团内院校及企业代表现场观摩学习，让集团成员有一睹优秀选手同场竞技的机会，增进了彼此了解。

四家集团单位获评全国现代学徒制试点单位，入围原国家旅游局“万名旅游英才计划”项目 34 项，学生在省级、国家级大赛中获奖数量逐年递增。

（三）强化师资建设，提高教师实践育人水平

学校加大校内“双师型”教师培育力度，联合行业组织、企业，组成包含技术、教学、研究人员的高端人才库。建立了徐孙君技能大师工作室和夏布绣大师工作室，优化实践课程建设，提升学生的技术技能。

1. 徐孙君技能大师工作室

徐孙君技能大师工作室占地 1200 平方米，中餐厅、西餐厅、酒吧等技艺教学设施设备齐全。工作室拥有外延性的生产性实训基地——丁香一号酒店，依托江西旅游商贸职业学院的江西省特色专业——酒店管理专业及中央财政、省财政支持建设的两个旅游实训基地，打造了国家级大师工作室。大师工作室以培养壮大爱岗敬业、忠诚企业、精通业务、创新钻研的知识型、技术型、技能型、复合型、创新型人才队伍为己任，推行“教、学、做”一体化教学模式改革，实现“在做中学，在学中做”，教学过程与生产实践有机结合;改进教学方法和手段，突出实践能力培养;推行以能力为核心的考核模式改革，强化学生技能和职业素养；将创新创业教育与专业课程有机结合；创新工作方法、革新工具解决餐饮企业安全生产、管理体制、技术开发等方面的难题，在江西省发挥了餐饮技能专家的示范带头作用，为推动江西省餐饮企业发展做出了应有贡献。

2019 年，在大师工作室的参与下，旅游学院成立了酒店管理世赛班并有针对性地量身打造了人才培养方案，为国家培养输送有创新思维、创新精神、创新创业意识和创新创业能力的高素质技术技能型人才。为了培养更多更好的高技能人才，大师工作室的成员在徐孙君同志的带领下，本着“甘愿奉献，授人以渔”的宗旨，长期担任餐厅及相关专业的教学工作。除了正常的教学活动外，徐孙君同志和大师工作室的团队成员还积极利用课余时间开展技能培训的兴趣班，进行专业辅导，把自己的技艺毫不保留地传给每一个学生。

国家队选手吴佳妮备赛于俄罗斯喀山举行的第45届世界技能大赛时，各个环节训练都不错，但在综合操作时容易发挥失常，同行的技术专家团队一直没有找出原因，这深深困扰着每一位团队成员。徐孙君同志凭借着自己多年的经验，发现问题出在选手托盘操作上，于是从选手实际情况出发，有针对性地改变了选手技能操作方法，使得选手实际表现水平有了很大提高，最终获得优胜奖。徐孙君同志也因此受到了人力资源和社会保障部同行的广泛肯定和认可。

多年来，大师工作室为社会培养了一大批餐厅服务技师和高级工，学生都能学有所成，成为酒店行业的香饽饽，有相当一部分已成为企业的技术骨干，或成为技能大赛的佼佼者。

2. 夏布绣大师工作室

夏布绣大师工作室占地220余平方米，由研习所、传习所、展厅三部分组成。2019年，我校夏布绣大师工作室入选江西省非物质文化遗产传播基地。

工作室以现代学徒制教学模式，建设一体化人才培养工作室制教学课程体系，研究、运用和开发利用古老的夏布刺绣技艺，展示、传承、创新夏布刺绣技艺和产品。通过产、学、研合作，建立和完善技艺人才的传承和推广机制，培养一批具有绝技绝活的高技能人才，扶持一批能够继承传统技艺的能工巧匠，吸引更多的优秀学子从事传统工艺美术创作与实践，增强新一代青年学子对非物质文化遗产的了解，提升他们保护、传承和发扬的意识，进一步发展和推广夏布刺绣艺术，为夏布绣的保护和传承积蓄力量；在保持优秀传统技艺的基础上，探索手工技艺和现代科技、工艺装备的有机融合，提高材料处理水平，加强成果转化。

（四）深化校企合作，强化学生实践动手能力

学校积极拓宽校企合作渠道，与行业优质企业建立合作，在师资互聘、课程建设、专业竞赛等方面深入合作。企业导师可先筛选出符合专业培养目标且难度适宜的竞赛，让学生在竞赛中进一步拓宽知识面，高效锻炼实战能力；为激发学生锻炼实践能力的动力和信心，利用校企合作的有利条件，设置企业奖学金，奖励在各类技能大赛中表现突出的优秀教师和学生。

江西文博控股集团有限公司全资子公司江西洲际国际旅行社是我校深入合作的企业，集团创始人李咢是我校2000届毕业生。与学校建立合作以来，通过共建教学实训基地，共同培养了一批符合学校标准、企业满意、市场需求的旅游类人才。在

合作过程中，为教师提供挂职锻炼岗位，为在校学生提供真实带团机会，在挂职锻炼中提升教师的教学能力，在带团实践中提升学生的专业技能。同时，公司高管也受邀担任全省职业院校技能大赛导游赛项评委，参与科研课题申报工作。在公司正式员工中，我校毕业生占比达 30%，有一部分已经升任管理层，负责全国各大市场的业务运营工作。2018 年，集团创始人李岢受邀参加中东欧国家旅游合作高级别会议，对我校校企合作办学成果和竞技平台育人方法成效进行了宣传推介。

（五）促进专创融合，增强学生创新创业能力

创新创业人才仅有理论知识是远远不够的，更要具备综合实践能力。竞技育人平台的建设就是为了提升学生的综合实践能力。同时，要将竞技育人平台的成果实现转化，不能只依靠企业，还需将竞技育人平台教学体系和学生创新创业教育进一步融合，以提高学生实践素养、培养创新精神和实践能力为目标，整合学校和产业资源。从企业和行业引进具有经营管理经验、成功创业经验的导师，实行模块化教学，弥补高职院校创新创业教育师资短板。近年来，学校从行业专家中聘请了 50 余人作为学校创新创业特聘教授。

在学校创新创业基地，校企共建了 29 个创新创业工作室，实现多导师制，打造竞技育人平台。以地方产业需求为导向，结合中国“互联网 +”大学生创新创业大赛等“双创”赛事，重点孵化培育与产业和市场需求相匹配的优势项目。举办创新创业项目特训营和孵化班，邀请企业家、名企高管等到校评估、指导学生的创新创业计划，分析创业形势，使学生新颖的创业主意能够充分散发，并在专业指导老师的指导下进行高质量的创业活动，提高学生的创新创业能力，使之找到符合自己的创新创业道路。学校高度重视学生参加各级各类创新创业大赛，鼓励学生把所学知识与创业项目相联系，通过内部多支参赛队伍比拼激发潜能，提前做好创业项目首轮筛选，使学生在比赛中提高创新能力，形成良好的赛事教学氛围。对于学生优质的创新创业项目，如空小白、致家公益、振兴之鹿、兵哥送菜和青创体育联盟等，学校整合校内外资源做好全力支持，为学生创业项目提供全方位的支持和重点辅导，帮助学生项目孵化，在赛事竞技中锻炼和培养学生的创新创业能力。

2015—2021 年，学校在中国“互联网 +”大学生创新创业大赛中获全国铜奖 6 项，省级金奖 4 项、银奖 5 项、铜奖 16 项，并多次获“先进集体奖”“优秀组织奖”;“创客中国”获一等奖 1 项、优胜奖 1 项;“中国创翼”创业创新大赛获全国一等奖 1 项、

三等奖1项，江西省一等奖1项、二等奖1项、三等奖1项、优秀奖1项、最具人气奖2项；“挑战杯——彩虹人生”江西省职业学校创新创效创业大赛获三等奖3项；“挑战杯”全国大学生课外学术科技作品竞赛江西赛区获二等奖1项、三等奖2项；“挑战杯”江西省大学生创业大赛获银奖1项、铜奖5项；全国高等职业院校“发明杯”大学生创新创业大赛获一等奖11项、二等奖3项、三等奖7项；2018年“浩瀚杯”“创青春”江西省大学生创新创业大赛获银奖1项、铜奖3项；第三届全国大学生创新方法应用大赛获二等奖1项；“青春创客”系列活动获国赛三等奖1项，省赛一等奖1项、三等奖1项。获奖数量和比率位列全省高校前茅。

学校2019年成为中国技术协会专家工作委员会执行秘书长单位、中国创业学院联盟创新方法大赛专委会副秘书长单位，获评全国高职院校创新创业教育工作先进单位、江西省“双创”示范基地，建立国创导师工作站，“孵化型旅商人才‘创学全息’培养模式研究与实践”获第十六批高校省级教学成果奖一等奖。2018年获批大学生KAB创新创业教育基地、南昌市大学生就业创业指导分中心；2017年获批全国大学生创新创业实践联盟常务理事单位。学校创新创业成果获时任省长刘奇和省委书记鹿心社高度称赞，为《中国教育报》、中国教育电视台等多家主流媒体报道，社会效应和示范引领作用明显。

（六）打造“双创”社团，调动学生实践积极性

“双创”社团把不同年级、专业和班级的学生集中在一起，通过活动载体促进学生之间的交流与合作。“双创”社团平台的各类活动具有多样性和创新性，学生参与到社团中来，一定程度上丰富了知识储备，开阔了视野，并在合作过程中增强了自身的竞争意识。依托社团的资源优势，开展创新创业项目、培养创新创业精神，为培养学生创新创业能力营造良好的环境，从而激发学生的创业热情。

学校在2014年创立了创学联盟会，由学校团委和创新创业学院共同指导与管理。创学联盟会旨在通过社团平台培养成员创新思维和创业意识，通过项目实践增强学生创新创业能力。创学联盟会致力于从“激发意识、培养能力、厚植理念”三大维度培育具备“创新精神、创业意识，专业技能、孵化能力，高尚商德、共创理念”六大核心特质的孵化型“双创”人才，在学校人才培养模式改革中发挥着积极作用。

与学校其他社团相比，创学联盟会有其自身的独特性。一是活动创新性强。每年协助参与组织各类创新创业大赛，吸引了全校各年级学生的参与。二是覆盖面广。

学校建立了校级创学联盟会，在二级学院创立了创学联盟会分会，各班级有创学委员，参与“双创”社团活动的学生覆盖面广，形成了良好的校园创新创业氛围。三是传帮带。创学联盟会社团成员来自全校各专业，但都有共同的兴趣，且创新意识强。通过组织参与各项创新创业活动、大赛，逐渐建立了良好的“传帮带”循环机制。创学联盟会师兄师姐指导或带领师弟师妹开展创新创业实践，孵化裂变创业项目。

近年来，创学联盟会开展创学讲座 20 余次，参与学生超 2 万人次，内部学习交流活动近 30 次，外出学习交流活动 10 余次，形成了“院院有品牌、班班有活动”的良好氛围，学生创业意识明显增强。学校 7 个二级学院创学社团裂变出 6891 个参赛项目，近 3 万人次参加创新创业类大赛，通过参赛，提升了学生的创新创业能力。以项目培育提升“大实践平台”育人成效，“双创”社团成员创办的熊猫健身项目通过“传帮带”的方式，裂变了众多舞蹈、跆拳道、健身、网球等体育培训企业，组建了青创体育联盟，联盟企业基本覆盖江西省所有县区，并辐射浙江、上海、北京等地。

（七）研学重在实践，提升平台实践育人效果

学校利用旅游专业教育资源，聚焦服务社会修学旅游和研学旅行，针对校园研学旅行标准、要素、运行等国内基本为空白，职业院校服务研学旅行活动严重不足、吸引力不强，学校专业课程服务校园研学旅行过于学科化，急需进行课程改革等问题，进行了长期的实践探索，建立了“校・景・坊”研学旅行基地。2018 年 10 月，江西省教育厅发文确定学校为江西省首批中小学生研学实践教育基地，成为江西省唯一入选的高职院校。

研学基地本着“课程是产品、基地是展馆、活动是节庆”的理念来展开规划设计。秉承“匠心研学，独运职教”的产品主旨，遵循“研途有梦，学贯知行，量身定制，版块组合”的产品特点，提炼出“旅游安全、身心健康、低碳环保、省情教育、非遗传播”五大研学主题，研发了“美食美时”“你是我的‘宝’”“旅行救护”等数十门研学课程，采用参与式、体验式教学方式，提高学生的动手能力和劳动意识，引导学生早期职业启蒙，并与学校周边的江西师大附属湾里实验小学、新宇学校、新民学校等中小学校建立了长期稳定的合作关系，参与体验的中小学生达千余人次。

“校・景・坊”研学一体化在我校的职教发展过程中发挥着重要的作用，学校在研学课程的开发上形成了一些模式，通过校外中小学和校内在校生研学体验实践课

程的开展，推动研学创新创业课程的改革。2021 年 6 月，学校开展了面向大一、大二在校生的校内研学课程体验活动，全校 248 个班级参与本次活动，参与师生共计 12000 余人。类似研学实践活动的开展，不仅有利于我校研学课程的开发和打磨，同时也对我校研学产品的磨炼推广、校内普及起到了积极的推动作用，通过研学活动还培养和储备了研学旅游导师人才。

校园景区建设的科研成果——《职业院校“校·景·坊”研学旅行模式的理论构建与实践》获得了 2018 年江西省级教学成果一等奖。成果得到包括江西省副省长孙菊生在内的政界、学界、业界领导专家的肯定，《江西日报》等多家省级媒体进行了相关报道，学校曾 5 次在全国和全省会上作成果专题报告。

第四章 竞技育人实践探索

《国家职业教育改革实施方案》明确指出，“制订中国技能大赛、全国职业院校技能大赛、世界技能大赛获奖选手的免试入学政策，探索长学制培养高端技术技能人才”，将构建竞技育人氛围作为高职院校提升培育人才质量的重要方式。举办职业院校技能大赛是大力发展现代职业教育的一项创新模式，是推进产教融合、校企合作的重要抓手。保障技能大赛的落地以及发挥技能大赛在人才培养中的重要作用，开展竞技育人导向的教学实践是有效的实施路径。江西旅游商贸职业学院竞技育人导向的教学实践主要从标准对接、任务驱动、技能导向、多元评价四个方面来开展。

一、竞技育人的内涵

“竞技育人”这一概念首先是从体育教育中提出的，体育的竞技本质使得体育教育自然而然地提出了这一育人要求。随后竞技育人引申至中小学教育中，21 世纪初，教育心理学中提出了“竞技教育”概念，但那时人们对竞技教育普遍存在批判，认为竞技教育是脱离教育本质的，只是使学生产生成绩上的竞争，对人的创造性与品质培养产生了不好的影响。竞技教育其实自古便有，科举制度就是起始点。科举制度打破了贵族阶级对国家政治的垄断，使得中下阶层的人们有机会通过考试的方式进入社会上层，能够有发挥才能的机会。在古代，竞技性更加强烈，因为在科举制度之下，一个不慎便会葬送自己的前途甚至性命。而现代的竞技育人理念并不是一个极端的理念。高职院校搭建竞技育人平台是希望通过竞技达成育人的目的，让学生通过竞技的方式将实现自我价值和完善自我充分结合，进而实现职业技能的提升。

竞技育人的内涵主要表现在两个方面，其一便是精神方面，就是竞争意识的成

长。竞争是人类发展中必不可缺的一部分，社会的竞争、国家的竞争都能促进行业的进步与发展。竞争意识便是竞技育人最重要的前提。其二便是行为方面，竞技育人就表现在行为层次之上。无论心中有着何种精神，必须通过行为的外化表现出来，才能真正对社会产生益处。竞技育人所遵循的奥林匹克精神能够让学生在日常生活中表现出平等与尊重。竞技之中有着规则的限定，能够保证竞争的公平性和参与者行为的规范性，使学生养成良好的行为规范，自觉遵守社会道德。

竞技育人理念是人才培养的一个重要途径，在职业教育中占据着关键地位。世界技能组织 CEO 大卫·霍伊说：“技能工人的素质和水平是衡量一个国家是否能成为质量大国、质量强国的重要因素。”竞赛的举办能够给学校和教师提供判断职业人才质量的标准，一个优秀的竞赛可以拓宽和优化技能人才选拔途径，给学生提供更好的发展平台，宣传和弘扬新时代工匠精神，在社会中形成尊重技能的氛围。竞技育人对人才培养质量的提升也有着重要的作用。通过技能竞赛能够促进学生职业知识理论与职业技能实践相结合，帮助学生知行合一，一方面提升学生的技能水平，另一方面培养学生的劳动精神和工匠精神，提升学生的综合素养，促使学生技能报国，为中华民族伟大复兴做出贡献。

二、竞技育人导向的教学实践现状

教育部印发的《全国职业院校技能大赛章程》指出：“大赛是职业院校教育教学活动的一种重要形式和有效延伸，是提升技术技能人才培养质量的重要抓手。”随着社会经济的发展，市场对人才的要求也越来越高，尤其是服务行业的要求从以前的“能服务”到现在要求“服务好”。应时代发展要求，高职院校的人才培养目标定位于培养高素质的复合型技能人才。但是，目前很多高职院校过于强调理论教学，学生参与实践不够，虽然高职院校都很重视竞赛，但是并没有将教学与竞赛深度融合，竞技育人导向作用不明显。具体体现在以下四点：

（一）人才培养方式方法滞后

1. 培养目标存在偏差

根据《国家中长期教育改革和发展规划纲要（2010—2020 年）》精神，应该明确职业教育的定位，是充分发挥技能专业竞赛的能动性，培养面向社会的技能型人才。目前不少高职院校在实际工作中还是参照普通本科院校来培养学生，仍旧是看重学生掌握的知识，疏于对学生专业培养的工作岗位群的分析，培养的学生不能够满足行业的需要，人才培养目标存在偏差。在此情况下，不少高职院校的旅游类专业课程出现重理论、轻实践的现象，学生的专业技能不扎实，职业综合素养不高，企业的认可度低。

2. 课程体系不完善

很多高职院校旅游类专业课程体系不完善，主要表现在以下几个方面：

（1）由于各课程注重知识的完整性而忽略学科之间的交叉性，导致部分课程内容重复较多。例如，顾客投诉部分，在旅游社交礼仪、旅游心理学课程中都有，导致教学成本增加，影响了学生的求知欲。

（2）课程体系中理论课为主，以教材讲解为主，实践课缺乏甚至是没有，实践课的针对性不足，实践课体系不健全。

（3）课程体系的创新理念不足，与社会行业对接不够。课程体系与创新创业理念衔接较差，没有将创新创业的实践项目或职业竞赛与专业内容有效融合。

3. 教学内容与行业需求脱节

课程设置与行业需求、企业岗位脱节，没有融入最新的行业要求。主要体现在以下两个方面：

（1）职业技能大赛是代表行业的新经济、新业态、新技术、新标准，而有的高职院校未将职业技能大赛融入课程。

（2）有的课程内容设置较为陈旧，滞后于学科发展。反映在教材方面，教材形式陈旧，教材内容更新迭代不够。学生专业技能不强，实践能力不足，很多学生是先上岗再学习，难以适应行业发展需要。

（二）教学模式缺乏创新

在教学模式方面，很多高职院校仍旧以教师为主体，以教师为中心，以教师的讲授为主，仍旧采用满堂灌的授课模式，同时教学方式方法滞后，信息化技术使用不足，不能适应目前“互联网 +”、大数据时代的发展。学生被动接受，参与性和积极性不足，理论联系实际不够，动手能力差。高职院校的特点尤其是旅游类专业的特点，更需要学生动手去做去练，只有多角度学习才能提升实效。以旅游英语课程为例，很多高校的老师仍旧强调英语单词和语法的学习，而忽视旅游英语在实际旅游工作中的应用，忽视对学生旅游英语技能的训练，教学实效性差。

（三）竞技导向不突出

市场的变化对旅游行业的影响较大，而细分的岗位群的内涵和外延随着市场的变化而发展迅速。现阶段，人们对旅游服务的质量要求越来越高，对服务的种类要求也越来越多，因而高职院校要更加注重学生的职业技能和岗位工作能力的培养。但是，目前很多高职院校在人才培养中竞技导向不突出，对学生的技能培养深度不够，技能培养的方式方法单一，竞技育人的普惠性不够，无法满足学生对职业岗位能力提升的需求，培养的学生无法满足企业行业的需求。

（四）评价体系不健全

目前，高职院校评价体系存在一定的局限性，在评价内容、评价主体、评价方法上存在单一性以及缺乏创新性的问题。高职院校评价体系一般由平时成绩和期末成绩构成，平时成绩主要是考核课堂表现以及考勤、日常作业等，期末成绩对专业课而言主要是通过闭卷考试的形式来进行考核。平时考核难以全方位考核学生的学习过程，期末成绩难以反映学生的综合素养和职业技能掌握情况，无法激励学生学习的积极性和主动性，难以突出高职人才培养的重点。

三、应对思路

从职业教育发展的内在规律出发，充分利用好校园内以及校园外的竞赛活动来引导学生提高竞争心理，将竞赛融入日常教学。江西旅游商贸职业学院从标准对接、任务驱动、技能导向、多元评价四个方面完善人才培养模式，提升人才培养质量。

（一）标准对接

将大赛标准与教学标准融合，优化人才培养方案；将大赛任务与教学内容融合，推动课程教学改革；将赛项训练与实训教学融合，引导实践教学改革。

（二）任务驱动

将技能岗位工作任务、职业证书考核任务、职业技能竞赛任务与日常教学结合起来，以任务激发学生学习的积极性和主动性。学生在学习专业知识的同时，也提升了相应的技能岗位工作能力，考取了职业证书，掌握了职业技能竞赛的标准与要求，激发了参加职业技能竞赛的热情，提升了职业技能竞赛的能力与水平。

（三）技能导向

将竞技育人与教学紧密结合，从打造技能培养模块，到开发教学活页教材以及设置技能竞赛项目，在潜移默化中培养学生的竞技意识，提升学生的竞技水平，达到竞技育人的效果。

（四）多元评价

构建多元评价体系，注重对学生知识、技能、心理素质、团队精神等方面的综合素质考核。将技能水平、职业道德等作为学生学业评价的重要指标，纳入学业评价标准；将大赛引入教学评价，构建立体式的多元评价，从而对学生的个人成长具有激励作用；建立技能大赛与职业资格证书有机衔接制度，校级比赛与技能考核同步进行，矫正大赛与日常教学脱节的偏向。

四、主要内容

依据国家的发展形势，江西旅游商贸职业学院确立了“校赛铺面，市赛引领，省赛拉动，国赛创优”的比赛机制。技能大赛为我校学生提供了一个自我展示的平台和学习交流的平台。多种形式的技能竞赛有助于提升学生参赛的积极性，将技能竞赛融入日常教学活动，有助于提升学生的专业知识、技能水平、专业实践能力，培养学生的人际交往能力和团队合作能力。江西旅游商贸职业学院自 2011 年以来开展了竞技育人导向的教学实践，主要从标准对接、任务驱动、技能导向、多元评价四个方面来实施开展，取得了一定的成效，竞技育人效果明显。

（一）标准对接

目前，很多高职院校职业技能竞赛与日常教学脱节，竞技育人的普惠性不够，没有充分发挥大赛对教育教学的作用，以赛促改、以赛促建效果不佳。江西旅游商贸职业学院充分发挥竞技育人的功效，将大赛标准、大赛任务、赛项训练与教学标准、教学内容、实训任务相对接，将竞赛过程与教学过程相统一，促进学生在日常

学习中加深对竞赛的理解，激发竞技比赛对育人的带动作用。

1. 大赛标准与教学标准相融合，优化人才培养方案

（1）完善人才培养方案

完善人才培养方案，将产教融合理念融入人才培养方案。制订人才培养方案之前，成立委员会，包括教研团队和企业技术人员以及专家等，进行调研，根据社会需求制订人才培养方案。高职旅游类专业人才培养方案制订之前，需要了解地方旅游行业、旅游企业的运作状况及市场对人才的需求，分析旅游企业运作特点，充分分析岗位技能和岗位素养需求，将职业技能竞赛的精神和最新的竞赛标准与内容融入人才培养方案，从而培养具有认同感、使命感以及具备工匠精神的专业技能型人才。

【典型案例】

江西旅游商贸职业学院将技能竞赛融入人才培养方案

江西旅游商贸职业学院借鉴大赛先进理念，把赛项内容、评判标准等融入人才培养方案，构建以工作岗位为基础、以实践为中心、以能力为本位的工学结合教学体系。

2017 年以来，引入技能大赛的标准、课程资源，指导开发酒店管理、旅游管理、模拟导游等 6 个专业技能人才培养方案。人才培养方案由委员会共同商讨制订，其中来自企业技能专家不少于 20%，对市场进行调研，根据社会、行业需求来制订，保证制订的人才培养方案能够契合行业最新需求。

以旅游管理专业为例，旅游管理专业将大赛标准与教学标准相融合，优化了人才培养方案。修订后的旅游管理专业人才培养方案的人才培养目标是秉承“人人学习技能，人人拥有技能”的培养理念，运用“职业引导、仿真实训、学练循环、工学结合”人才培养模式，坚持教赛相融、课赛相通，坚持以赛促教、以赛促学、以赛促改、以赛促建，将竞赛融入课堂，实现“教、学、做”一体化。

学校酒店管理和物流管理专业是职教本科专业，人才培养方案秉承竞技育人导向，构建了中职、高职、职教本科贯通式人才培养体系，学生参与职业技能竞赛获奖可以抵扣学分，激励了学生的积极性，人才培养质量提升，办学效果显著。

（2）完善课程体系和课程标准

职业技能大赛项目，都经过大赛委员会充分论证，大赛对接行业、产业需求，能够反映行业的变化和职业技能的要求。在课程体系和课程标准的建设中要及时汲取大赛内容和要求的精髓，将理论与实践相结合，注重专业岗位能力与职业素质能力相结合，培养学生的职业综合素养，满足社会对高技术复合型人才的迫切需求。对课程内容进行分类归纳，避免课程内容重复设置，注重课程开设的优先顺序，课程设置应当与课程内容的逻辑顺序相符。将专业课分散到不同学期，将一部分专业基础课放在第一学期开设，在学生临近毕业时集中安排一段时间进行实践教学或综合技能训练，根据职业技能大赛的结果进行相应的就业指导，提升学生的就业指导的有效性，提升学生的就业能力，增强人才培养以能力为导向的特色。

【典型案例】

重构课程体系，将技能竞赛融入课程标准

江西旅游商贸职业学院旅游学院旅游管理专业结合技能竞赛标准、内容和规则重构课程体系，将课程分为职业素质课程、岗位学习领域课程、岗位拓展提升领域课程、实践课程，课程体系完善，课程不重复，分类有特色，课程有创新，课时安排合理（见表 4-1）。职业素质课程培养学生思想政治素质、身心素质、文化素质、职业素质、基本通用能力、关键社会能力、创新创业能力和工匠精神；岗位学习领域课程分为岗位基本学习领域课程和岗位核心学习领域课程，主要帮助学生学习专业知识和技能，培养学生的岗位职业能力和岗位职业综合素养；岗位拓展提升领域课程主要培养学生具备企业一线管理能力，为学生未来的创业和可持续发展打下坚实的基础。

其中，旅游管理专业和酒店管理专业，将技能大赛融入专业建设，实现了专业所属课程与技能大赛相对接，学生既学习了专业知识，又提升了专业技能，提升了竞赛水平，增加了竞技育人的普惠性（见表 4-2、表 4-3）。2017—2020 年，学校举办旅游类专业院级比赛共 85 场，获奖学生共 1000 余人。2020 年，旅游学院 92% 以上的学生参加了院级技能比赛，人数达 800 多人。而参加省级及以上比赛的学生获奖比率上升，在 2020 年全国旅游扶贫技能大赛中，肖美珍同学获得全国一等奖。

旅游管理专业中的模拟导游课程，将大赛标准与教学标准相融合。模拟导游课程将课程的教学目标分为短期目标和长期目标。短期目标通过强化导游现场讲解环节来提高学生参加江西省导游考试现场导游讲解环节的通过率，从而提高学生从事导游职业的信心。长期目标则通过实训提高学生的导游讲解能力，使学生逐步获得导游工作各项程序所需能力，初步具备带团能力。教师通过带赛、参赛，组织学生参加“班级”、“院级”、“省级”、“国家级”等级别的技能大赛，对全体学生进行竞技强能的普及，提升竞技育人普惠性。通过言传身教，营造积极向上的课堂氛围，激发学生专业学习的热情，使学生树立和强化良好的职业道德。经过知识的积累和实践的锻炼，全面提升学生的导游职业技能和综合素质。

表 4–1　江西旅游商贸职业学院旅游管理专业重构课程体系一览表

课程性质		课程序号	课程编码	课程名称	学分	课堂教学	实训实践	计划学时	开课学期及教学周学时数 一 16周	二 18周	三 18周	四 18周	五 18周	六 18周	考试	考查
职业素质课程	职业素质教育基本素质领域课程（25%）	1	00000001	思想道德修养与法律基础（井冈山精神、红色文化）	3	48		48	3					1		
		2	00000002	毛泽东思想和中国特色社会主义理论体系概论（井冈山精神、红色文化）	4	72		72		4					2	
		3	00000003	形势与政策	1	40		40	0.5	0.5	0.5	0.5	0.5		1—5	
		4	00000004	大学生心理健康教育	2	28	4	32	2							
		5	00000005	大学生创新创业指导	2	18	18	36			2					3
		6	00000006	大学生职业生涯规划与就业指导	2	18	36					2			5	
		7	00000007	高职英语 1	2	64		64	4							1
		8	00000008	高职英语 2	2	72		72		4					过级	
		9	00000010	体育 1	1	6	26	32	2							1
		10	00000011	体育 2	1		36	36		2						2
		11	00000013	计算机应用基础 1	1.5	16	16	32	2				1			
		12	00000014	计算机应用基础 2	1.5	18	36		2				2			
		13	00000015	应用文写作	2	54		54					3			
		小计			25	454	136	590	13.5	12.5	2.5	3.5	2.5			
	公共选修课程	2门		自选	3	64		64			2	2				随考

续表

课程性质		课程序号	课程编码	课程名称	学分	课堂教学	实训实践	计划学时	开课学期及教学周学时数 一 16周	二 18周	三 18周	四 18周	五 18周	六 18周	考试	考查
岗位学习领域课程	岗位基本学习领域课程	1	64010101	旅游学概论	4	32	32	64	4						1	
		2	64010102	全国导游基础知识（上）	3	36	12	48	3					2		
		3	64010103	全国导游基础知识（下）	3	36	18	54		3					2	
		4	60040503	旅游服务礼仪	2	18	18	36	2							1
		5	64010104	旅游政策与法规（上）★	3	36	18	54		3					2	
		6	64010105	旅游政策与法规（下）★	3	36	18	54			3				3	
		7	64010106	地方导游基础知识（上）	3	36	18	54		3					2	
		8	64010107	地方导游基础知识（下）	3	36	18	54			3				3	
		9	64010108	旅游美学	2	18	18	36				2				4
		10	64010109	旅游心理学	4	36	36	72				4				4
		小计			30	320	206	526	9	9	6	6				
	岗位核心学习领域课程（40%）	1	64010110	导游业务	4	36	36	72		4					2	
		2	64010111	模拟导游▲	4	30	42	72			4				3	
		3	64010112	模拟导游踩线	4		36	36		3天	3天				2、3	
		4	64010201	导游英语	3	28	26	54			3				3	
		5	64010512	酒店专业英语	3	28	26	54					3		5	
		6	64010533	酒店前厅客房运作实务	4	36	36	72				4				4
		7	64010504	酒店餐饮运作实务	4	36	36	72			4					3
		8	64010113	景区服务与管理▲	4	36	36	72				4			4	
		9	64010114	旅行社经营与管理▲	4	36	36	72					4		5	
		10	64010115	旅游市场营销	4	36	36	72					4		5	
		11	64010116	旅行社计调操作实务	3	26	28	54				3				4
		12	64010117	旅游公共关系	3	30	24	54					3			5
		小计			44	358	398	756	0	4	11	11	14			
岗位拓展提升领域课程（10%）		1	64010118	旅游电子商务●	4	52	20	72			4					3
		2	64010119	教育教学知识与能力	4	52	20	72				4				4
		3	64010120	国际客源市场分析	4	36	36	72					4		5	
		小计			12	140	76	216	0	0	4	4	4	0		

续表

课程性质	课程序号	课程编码	课程名称	学分	课堂教学	实训实践	计划学时	开课学期及教学周学时数						考试	考查
								一 16周	二 18周	三 18周	四 18周	五 18周	六 18周		
实践课程		1	入学教育与军训（含国防教育）	1		56	56								
		2	劳动教育实践			25	25								
		3	社会实践	1		18	18			第二、三、四、五、六学期					
		4	校外工学交替实践	4		54	54								
		5	顶岗实习	8		256	256						256		
		6	综合技能考核	4		54	54						54		
		7	毕业教育			25	25								
		8	第二课堂（含社团活动）	2		36	36								
		小计		20		524	524								
合计				134	1336	1340	2676	22.5	25.5	25.5	26.5	20.5	310		

备注：专业思政课程用★表示，校企共建课程用▲表示，“双创”课程用●表示。

表 4-2　江西旅游商贸职业学院旅游管理专业课程与竞赛对接一览表
（导游服务技能竞赛）

比赛项目	对接课程	比赛内容	技能目标
现场导游词创作及讲解	全国导游基础知识 地方导游基础知识 模拟导游	围绕中国国情及中国文化元素等主题创作一篇导游词并进行现场讲解。该部分比赛公开题库，题库包括 50 个主题和 5 个团型。选手现场抽选出一个主题和一个团型，准备时长 30 分钟，选手独立完成现场导游词创作。30 分钟后上场，在 3 分钟内用中文进行脱稿讲解	提高学生创新思维和导游词写作能力，提升学生个人文化内涵和职业素养
自选景点导游讲解	全国导游基础知识 地方导游基础知识 模拟导游	选手在赛前根据选题范围准备一段 4 分钟的导游词和相应的 PPT 资料，讲解景点为国家 AAAAA 级旅游景区或世界遗产地，用中文进行模拟导游讲解	帮助学生掌握导游景点讲解技巧，提高学生心理素质

续表

比赛项目	对接课程	比赛内容	技能目标
导游英语口语测试	导游业务 旅游英语	测试方式为现场对话。主要考查选手对游客英语服务的实操能力。该部分于比赛前公开题库，题库试题量为 80 题，选手现场抽取一个题目，准备 30 秒后开始与裁判进行 4 分钟的情景对话	提高学生英语口语表达能力，增强学生英语口语交流能力、运用英语服务游客的能力
才艺运用	模拟导游 导游业务 出境领队实务	选手在 4 分钟 30 秒内完成带团过程中的导游情景描述及应景的才艺展示，才艺须符合导游职业特点，道具应便于随身携带。选手用中文对导游情景进行设计描述	帮助学生熟悉导游带团过程中的各种情景，提高学生应用个人才艺能力
导游知识测试	全国导游基础知识 导游业务 旅游法律与法规 地方导游基础知识	测试形式为闭卷考试。测试时间为 60 分钟，题量 100 题，题型包含判断题、单选题和多选题三种。题库量共 1000 题，其中判断题 300 题、单选题 400 题、多选题 300 题，内容主要包括导游基础知识、导游业务、旅游法规和旅游热点问题等	夯实学生未来从事导游行业所具备的基础理论知识，引导学生关注与旅游相关的社会热点，掌握旅游行业相关的法律法规

表 4–3 江西旅游商贸职业学院酒店管理专业课程与竞赛对接一览表
（餐厅服务技能竞赛）

比赛项目	对接课程	比赛内容	技能目标
主题宴会设计	宴会设计 酒店餐饮运作实务 茶艺与插花	从三类宴会中任选一类，自定主题，完成主题宴会设计，包括菜单设计、主题创意说明书等。现场完成 8 人宴会台面的布置，每位选手根据抽取赛卷中规定的主题完成中餐主题宴会设计。 竞赛具体内容包括工作准备、宴会摆台、主题宴会设计，半小时内完成	餐厅服务工作中的综合服务能力、创新设计能力、灵活应变能力、对客服务能力、社交与沟通能力、组织管理能力、产品营销能力等旅游大类专业学生的核心能力

续表

比赛项目	对接课程	比赛内容	技能目标
宴会服务	宴会设计 酒店中餐服务	选手宴会服务包含果盘制作：根据赛场提供的水果制作 3 份一人分量的果盘。中餐宴会服务：选手服务的 3 位客人分别为主人、副主人、主宾。酒水服务：按标准为客人点酒水，并提供酒水服务。菜品服务：为客人提供上菜、分菜服务并介绍菜肴，分菜采用边桌服务方式（使用叉、勺分菜）。餐后服务：包含送客、清理、恢复台面（恢复到赛前状态）	强化学生的规范意识、服务意识、卫生安全意识、环境保护意识等职业素养的培养
鸡尾酒调制与服务	酒店餐饮运作实务 酒水服务	要求选手根据材料清单进行自创鸡尾酒的制作及服务。比赛开始前，选手将提前准备好的鸡尾酒配方交给裁判长。创意鸡尾酒制作：使用赛场提供的原料制作两款（每款两杯）创意鸡尾酒，要求按照给出的清单进行调制	培养学生良好的职业形象和精益求精的工匠精神
休闲餐厅服务	酒店西餐服务 酒店餐饮运作实务	每位选手根据抽取赛题规定的休闲餐厅菜单进行餐前准备及服务。每位选手需完成 2 桌、每桌 2 位客人的服务，第二桌客人在第一桌客人进场后 5 分钟再进入。休闲餐厅服务竞赛内容包括餐前准备（含包边台）、酒水服务、餐食服务等	提高学生英语口语表达能力，增强学生英语口语交流能力、运用英语服务的能力

2. 大赛任务与教学内容相融合，推动课程教学改革

（1）加强理论课教学内容设计

职业技能大赛的赛项名称都是由本行业知名专家确定的，融合了行业的新技术、新标准、新要求。将这些内容融入课堂教学中，构建以职业技能大赛为导向的理论课教学内容设计体系，通过吸取职业大赛考核内容对原有的教学内容进行完善优化和改造，从而将教学内容转化为以传授大赛考核内容为基础、以增强学生岗位技能为核心、以培养学生职业综合素养为目的的模块化课程教学内容体系，设计项目化教学内容，实施项目化教学。

【典型案例】

大赛任务与教学内容相融合，助力教学改革

江西旅游商贸职业学院将大赛任务与教学内容相融合，设置大赛任务书成为面向旅游类专业学生的项目教学模块，将大赛项目的内容、标准和要求融入专业课程教学中，开展“课堂教学＋技能训练＋技能竞赛”的教学活动，将技能大赛演化为学校教学的常态模式。学校依托大赛优秀教师的参赛经验，开发以技能大赛项目为主题内容的精品课程10门、校本教材30多本，推进竞赛内容普及化。

以学校模拟导游课程为例，该课程将大赛任务与教学内容相融合，推动教学改革，促使学生在日常学习中就能够提升职业技能，实现竞技育人。

模拟导游课程教学内容的编排和组织是以企业需求、学生的认知规律、多年的教学积累以及技能竞赛大赛任务为依据确定的。立足于实际能力培养，对课程内容的选择标准做了根本性改革，打破以知识传授为主要特征的传统学科课程模式，转变为以工作任务为中心组织课程内容，并让学生在完成具体项目的过程中学会完成相应工作任务，实行模块化项目化教学，并构建相关理论知识，发展职业能力。经过行业专家、专业教师深入、细致、系统的分析，课程最终确定了五大学习项目（导游服务、生活服务、讲解服务、应变服务、创新服务）和三大学习模块（基础知识模块、服务技能模块和创新提升模块）。这些学习项目是以导游的工作过程为线索来设计的。课程内容突出对学生职业能力的训练，理论知识的选取紧紧围绕工作任务完成的需要来进行，并融合了全国导游服务技能大赛项目对知识、技能和态度的要求。教学过程中，采取理实一体化教学，给学生提供丰富的实践机会。

【典型案例】

项目教学法示例

江西旅游商贸职业学院旅游学院熊铭贵老师在2015年全国职业院校信息化教学设计大赛中荣获三等奖，教学设计采用基于工作任务的任务驱动的项目化教学法（见图4-1）。

2015年全国职业院校信息化教学设计比赛

“酒店散客入住登记服务”教案

课　　程：前厅运行与管理

赛　　项：高职组信息化教学设计比赛

组　　别：专业课程四组（旅游大类）

适用对象：高职酒店管理专业学生

2015年全国职业院校信息化教学设计比赛

一、教学内容

本单元教学内容为课程情境二“散客服务”中的任务5“酒店散客入住登记服务”。入住登记服务是总台员工需掌握的基本技能之一，我们通过设计学习任务：“小组为单位，设计并展示散客入住服务”，来引领学生掌握此项技能。本课程教材选用由上海交通大学出版社出版的“十二五”职业教育国家规划教材《前厅运行与管理》，为自编教材。

二、教学对象

本课程的教学对象是二年级酒店管理专业学生。学生已经掌握客房预订技能，他们思维活跃、动手实践能力较强、善于接受新事物。与此同时，学生自主学习能力不强，往届学生还存在着酒店专业软件Fidelio操作不熟练的情况。

针对学生上述特点，我采用完整工作六步法、可视化学习过程等教学方法，通过工作任务引领学生在团队环境下自主学习，借助多种信息化资源与手段，充分发挥学生自主学习的能动性，提高学生的学习兴趣。学生在提升专业能力的同时，社会能力、方法能力能够得到综合锻炼。

三、教学目标

1、专业能力

1）了解酒店散客入住工作流程，并能模拟操作；

2）会使用Fidelio PMS完成宾客入住服务；

3）能设计入住登记相关表单。

2015年全国职业院校信息化教学设计比赛

2、社会能力

1）诚实、守信、礼貌、宽容的品德；

2）勇于承担责任的担当；

3）能进行良好的团队合作。

3、方法能力

1）善于动脑，勤于思考，及时发现问题的学习习惯；

2）妥善解决问题的思路、步骤与技巧。

四、教学重点、难点

1、教学重点：酒店专业软件Fidelio软件的熟练操作。

2、教学难点：入住登记服务过程中特殊情况的处理。

五、教学方法

1、完整工作六步法（资讯、计划、决策、实施、检查、评估）；

2、可视化学习过程；

3、角色扮演。

六、教学资源

1、前厅一体化实训室（多媒体、Fidelio PMS、工作台）；

2、生产性酒店实训基地总台；

3、信息化资源（前厅课程网站、酒店业网络论坛、散客入住动漫案例、散客入住视频等）；

2015年全国职业院校信息化教学设计比赛

4、信息化手段（Fidelio PMS、QQ群、录像系统等）。

七、教学设计依据

1、酒店前厅部相关岗位的工作内容。我们选择有代表性的酒店企业，教师深入一线，了解相关岗位的工作内容；

2、高等职业学校专业教学标准（旅游大类）酒店管理专业教学标准；

3、国家人保部颁布的《前厅服务员》国家职业技能标准，力争“课、证”融合。

八、教学实施

<table>
<tr><td colspan="6">任务名称：酒店散客入住登记服务</td></tr>
<tr><td colspan="2">学　时</td><td>4节</td><td>场　地</td><td colspan="2">一体化前厅实训室、实训基地前台</td></tr>
<tr><td colspan="2">设　备</td><td colspan="4">电脑（可联网、配Fidelio软件）、打印机、验钞器、制卡器、投影</td></tr>
<tr><td colspan="2">信息化资源、手段</td><td colspan="4">前厅课程网站、酒店业网络论坛、散客入住动漫案例、散客入住视频、Fidelio PMS、QQ群、录像系统</td></tr>
<tr><td colspan="2">工作步骤</td><td>教师工作</td><td colspan="2">学生工作</td><td>时间（分）</td></tr>
<tr><td>课前准备</td><td>任务布置</td><td>提前通过班级QQ群发布：小组为单位，设计并展示散客入住服务，填写工作任务单。</td><td colspan="2">了解做什么？
自行登录本课程在爱课程网的网址，查阅本任务相关数字资源（www.icourses.cn/coursestatic/course_7137.html）</td><td></td></tr>
<tr><td>课内实施</td><td>1、资讯</td><td>介绍学习目标：
1、专业能力
1）了解酒店散客入住工作流程，并能模拟操作；
2）会使用Fidelio PMS完成宾客入住服务；
3）能设计入住登记相关表单。
2、社会能力
1）诚实、守信、礼貌、宽容的品德；
2）勇于承担责任的担当；</td><td colspan="2">了解学习目标</td><td>2</td></tr>
</table>

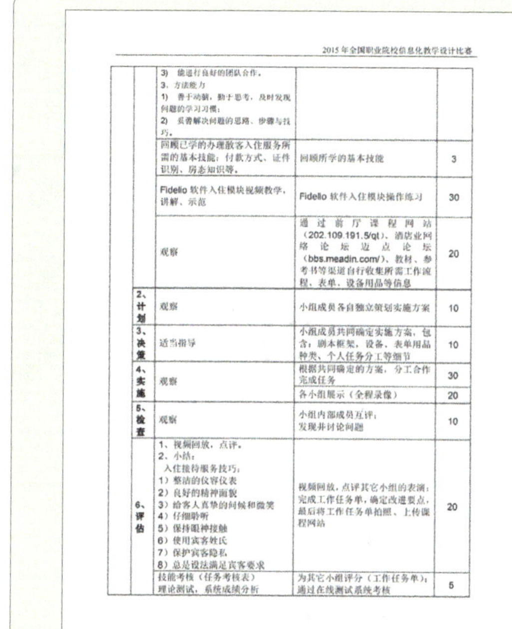

2015年全国职业院校信息化教学设计比赛

		3) 能进行良好的团队合作。 3、方法能力 1) 善于动脑，勤于思考，及时发现问题的学习习惯； 2) 具备解决问题的思路、步骤与技巧。		
		回顾已学的办理散客入住服务所需的基本技能：付款方式、证件识别、房态知识等。	回顾所学的基本技能	3
		Fidello 软件入住模块视频教学，讲解、示范	Fidello 软件入住模块操作练习	30
		观察	通过前厅课程网站（202.109.191.5/qt）、酒店业网络论坛迈点论坛（bbs.meadin.com/）、教材、参考书等渠道自行收集所需工作流程、表单、设备用品等信息	20
	2、计划	观察	小组成员各自独立策划实施方案	10
	3、决策	适当指导	小组成员共同确定实施方案，包含：剧本框架，设备、表单用品种类、个人任务分工等细节	10
	4、实施	观察	根据共同确定的方案，分工合作完成任务	30
			各小组展示（全程录像）	20
	5、检查	观察	小组内部成员互评； 发现并讨论问题	10
	6、评估	1、视频回放，点评。 2、小结： 入住接待服务技巧： 1）整洁的仪容仪表 2）良好的精神面貌 3）给客人真挚的问候和微笑 4）仔细聆听 5）保持眼神接触 6）使用宾客姓氏 7）保护宾客隐私 8）总是设法满足宾客要求	视频回放，点评其它小组的表演；完成工作任务单，确定改进要点，最后将工作任务单拍照、上传课程网站	20
		技能考核（任务考核表） 理论测试，系统成绩分析	为其它小组评分（工作任务单）；通过在线测试系统考核	5

2015年全国职业院校信息化教学设计比赛

课后拓展	完成作业	课程网站上布置课后作业： 1、客人不肯交押金该怎样处理？ 2、没有空房接待怎么办？ 3、客人入住时要求打折，如何处理？ 4、经济型连锁酒店、农家乐与星级酒店在入住登记服务上分别有些什么区别？	小组合作查阅相关网站、论坛，在课程网站上提交作业	
合　计				160

九、教学总结与反思

本课教学设计特色在于：

1、教师运用多种信息化资源与手段进行教学设计，努力提高学生学习兴趣，教学效果显著提升。

2、突出运用完整工作过程六步法，在学生学习的各个环节突出“信息化”主体地位，给学生创造随时学、随处学、轻松学、仿真学的氛围，有效突破教学重、难点。

3、重视信息化、过程化、多元化评价学习效果。

图 4–1　项目教学法教案设计示例

（2）加强实践课教学内容设计

职业技能大赛是衡量专业技能扎实与否，实践教学质量高与否，人才培养质量高与否的重要标准。将大赛与教学内容对接，有助于加强实践课的教学内容设计，突出练习与体验，进行情景化教学、案例化教学、任务化教学，促进实践课教学改革，重构实践课教学体系。

【典型案例】

创新创业教育实践课教学

大赛任务与教学内容相融合，推动课程教学改革，不仅提高学生的专业素质与水平，为社会企业输送优秀的专业实践型、应用型人才，而且职业学院专业教学改革的发展提高了教师专业技能水平，促使教师成为专家。

大学生创新创业指导课程设置实践教学。实践教学包含撰写创业计划书、创业项目路演实训、企业生产周期——情景实践教学、校内创业基地研学实训四大主题。

学生在实践教学中提升创业项目计划书撰写能力以及项目路演能力，加强对企业周期规律的理解，激发参加创新创业比赛的热情以及增强自主创业的比率。在校内创业基地研学实训中，通过研学体验，让学生了解我校创新创业教育成果，培养学生的创新创业意识。如图 4-2、图 4-3、图 4-4 所示：

图 4-2　旅游专业学生上创新创业实践课——企业周期游戏活动

图 4-3　旅游专业学生上创新创业实践课——项目路演

江西旅游商贸职院：打造校内研学创业项目 培养学生"双创"意识

江西教育电视台 1周前

小提示 点击 江西教育电视台 即可一键关注哦~

江西旅游商贸职业学院依托"校·景·坊"一体化建设和职业教育资源，深入开发校内研学创业项目，变创业课程为研学产品、实训基地为研学场馆，通过开展"校内创业基地研学实训"活动，展示创新创业教育成果，培养大学生创新创业意识。

在江西旅游商贸职院机电与建筑工程学院实训基地，同学们正在老师带领下，开展"乘车安全与急救"研学体验与实训。老师通过模拟假人、情境训练等教学方式，传授急救知识和方法，帮助同学们掌握急救技能。

杨徐
江西旅游商贸职业学院学生

像这种专业性的救援知识，一定要去学习一下。如果到真正需要的时候，可能因为一些操作失误而造成影响，所以，我觉得这种救援课的学习很有必要。

实训基地，开发研学实训课程。目前已提炼"旅游安全、身心健康、低碳环保、省情教育、非遗传播"五大研学主题，研发了"'救'在这里、健康之家、素质拓展、美食美时、你是我的'宝'、汽车生活体验、风景独好、'绣'美江西、职教风采、职校生活体验"等十大核心产品。

文玉菊
江西旅游商贸职业学院副院长

让我们的学生，在这个体验过程中，了解学校的校企合作和自己的专业对一个教学的，实践的一个理念。

蔡海生
江西旅游商贸职业学院院长

我们通过这个体验，一个是检验我们产品模样，另外让学生能够在其中感受到这些技能的知识价值，体现了对专业学习的一种热爱。

学校还将开发研学产品与大学生创新创业相结合，把创业课程设计融入研学产品开发，把研学体验作为创业课程教学实践，实训基地与研学场馆相融相通，形成了"校·景·坊"一体化育人模式。同时，在"双创"实践教学环节中，以创业项目为载体，教师带领学生撰写项目计划书、打磨项目，对"双创"项目进行互动点评，在学生中培养创学小导师，帮助他们掌握一定的创新创业知识和技能，提升"双创"能力。

张小斌
江西旅游商贸职院创新创业学院副院长

组织历届学生参观体验"校·景·坊"中的创业工坊，进行研学体验，让学生直观感受和了解学校的创新创业教育成果，以此激发和培养学生的创新创业意识。

来源：《教育新闻》栏目

图 4-4　创新创业实践课程与专业课程相结合：培养具有"双创"意识的技能型人才

【典型案例】

旅游类专业实践课教学

江西旅游商贸职业学院旅游类专业加强对实践课教学内容的设计，围绕职业技能竞赛，将竞赛资源转换为教学资源融入课程教学，尤其是实践课教学，制订了实践课方案。依托校内外实训基地和国家级技能大师工作室开展实践课教学，在实训基地和虚拟仿真VR基地开展模拟导游等实践课，大大提升了学生的参与感和认知感，培养了学生的职业岗位能力（见图4-5）。

图4-5“江西风景独好”展厅校内生产性实训基地（导游讲解技能实践）

VR技术在推动教学理念更新，增强学生学习内驱动方面有着重要作用。随着时代发展，江西旅游商贸职业学院旅游学院实践课也与时俱进，在虚拟仿真VR基地开展实践教学，增强实践教学的生动性和真实性。2021年，学校旅游学院教师谌威、周凯制作的“世赛背景下的酒店入住服务——服务VR大会”VR课件荣获省级VR大赛二等奖（见图4-6）。

图 4-6 “世赛背景下的酒店入住服务——服务 VR 大会” VR 课件

3. 赛项训练与实训教学融合，引导实践教学改革

课程实训、实习场所是实训教学的重要保障。加强产教融合，推进校企合作，以加强校内外实训基地的建设，依托实训基地，加强赛项训练与实训教学的融合，实施以技能大赛所体现的工作过程为导向、以工作任务为载体的课程体系改革，突出以学生能力为本位，加强对学生的赛项训练，从而提升实训教学的实效性。

【典型案例】

江西旅游商贸职业学院旅游类专业校内外实训基地及实训方案

一方面，我校建立起与人才培养方案相匹配的校内实训基地，如模拟导游实训室、旅行社仿真实训室、旅游景区服务实训室等，让学生在校期间就可以边学边练，打好职业技能的基本功。在实训中通常采用项目化教学方法，如世赛班结合大赛探索小班化项目教学新模式，学生在竞赛中学习、在学习中竞赛，练就“硬”技能。另一方面，我校与校外企业加强了合作，推进校企合作、产教融合。

学校酒店管理专业依托国家级徐孙君技能大师工作室以及酒店管理生产性实训基地、酒吧服务实训室、茶艺实训室、插花实训室、中餐实训室、西餐实训室、客房实训室、前厅实训室、Opera软件实训室等校内实训基地和新加坡丽星游轮公司、深圳麒麟山庄、广州新长隆酒店、厦门海悦山庄酒店等校外实训基地将餐饮服务项目等赛项训练与实践实训教学相结合，提升了学生知识运用能力、参赛水平以及岗位技能水平，促进了实践教学改革。酒店管理专业除了校内的张蕾、罗晨、熊铭贵、郑巍等名师以外还聘请了上海名城酒店管理公司总经理方文杰、南昌万达嘉华酒店人力资源总监路亚东、南昌格兰云天国际酒店人力资源总监罗蓉等能工巧匠到学校任教，组成专业教学指导委员会，助推校企合作、产教融合，引导实践教学改革。

酒店管理专业以创建“项目化课程”为目标，对酒店专业课程进行项目化教学设计，按照“模块教学，工学结合，校企共建”，基于工作过程的项目化教学设计理念，制定编写课程标准，创新教学模式，有效地组织教学，将竞技文化融进教案、融进课堂、融进基地，在学中赛、在赛中学，做到以赛促学，课赛相通。将政策支持、校企合作、师资建设和实训基地作为课程建设的运行和保障机制，树立以课程为主线、以能力为核心，整合各种教学资源和要素的全面发展观，积极有效地促进课程教学质量的全面提高。

旅游管理专业，2008年学校投资110多万元，建成面积160平方米的“视景数字化模拟导游系统”校内实训基地，能容纳100余人，居行内先进之列。该实训基地是模拟导游课程实训的重要基地。除此之外，还有“江西风景独好”

展厅、丁香一号生产性实训基地、旅行社金棕榈软件操作平台实训室、旅行社门市接待室等校内实训基地，南昌铁路国际旅行社、江西省中青旅国际旅行社、江西康辉国际旅行社等校外实训基地。依托实训基地有助于模拟导游等旅游管理专业群的课程建设，将赛项训练与实训教学相结合，促进课程实践教学改革，提升学生的岗位工作能力和综合素养。

我校酒店管理实训基地、前厅服务实训基地等均按照大赛技术标准配置实训设备，打造实景操作训练环境，助力培养学生的职业岗位能力和参赛技能，大赛成为推动专业建设与新技术融合的新引擎。从行业企业聘请能工巧匠到学校任教，传承技能技艺，弘扬工匠精神。学校建设的校内外实训基地，将赛项训练与实训教学相融合，既保证了学生参加职业技能竞赛的训练，又提升了实训教学效果，从而促进实践教学的改革。同时，我校的实训基地成为全省和世赛基地，徐孙君老师负责的技能大师工作室被评选为国家级技能大师工作室。

我校校内外实训基地有足够的保障性，旅游管理教研室负责人冯静老师负责导游业务课程，并制作了该课程的教学实训方案（见图 4-7）。

江西旅游商贸职业学院教案

2020~2021 学年第二学期

课程名称 导游业务

授课班级 20 级旅管 4、5、7 班

授课教师 冯静

教 研 室 旅游管理

所属分院 旅游分院

实训课程教案

<table>
<tr><td colspan="2" rowspan="2">单元标题：
导游礼仪</td><td colspan="2">单元教学学时</td><td colspan="3">2</td></tr>
<tr><td colspan="2">在整体设计中的位置</td><td colspan="3">第 1 次</td></tr>
<tr><td>任课教师</td><td>冯静</td><td>授课班级</td><td colspan="4">20 级旅管 4、5、7 班</td></tr>
<tr><td>上课周次</td><td>第 4 周</td><td>上课时间</td><td>周一、三、四</td><td>上课地点</td><td colspan="2">6 教</td></tr>
<tr><td rowspan="2">教学目标</td><td>能力目标</td><td>知识目标</td><td>素质目标</td><td colspan="3">思政目标</td></tr>
<tr><td>1. 能够在工作岗位中遵守礼仪规范；</td><td>1. 熟悉导游的礼仪规范；</td><td>1. 提升职业素养，培养职业礼仪；</td><td colspan="3">1. 培养学生讲礼貌、懂礼仪的职业素养；</td></tr>
<tr><td>教学重点</td><td colspan="6">导游的仪容仪表礼仪
导游的言谈举止礼仪</td></tr>
<tr><td>教学难点</td><td colspan="6">不同场合仪容仪表礼仪</td></tr>
<tr><td>教学具体内容</td><td colspan="6">请学生分组进行不同场合下着装展示、仪容仪表展示（可制作 PPT），模拟演练不同场合下人际交往礼仪</td></tr>
<tr><td>教学资源</td><td colspan="6">职教云、学习强国、新闻媒体、网络等</td></tr>
</table>

<table>
<tr><td colspan="5">教学实施（3 月 22 日）
说明：教学实施环节按照 2 节课 1 次填写
（如第 1 单元教学有 6 节课就需填写 3 次教学实施表格）</td></tr>
<tr><td>教学实施环节</td><td>时间</td><td>内容</td><td>组织教法</td><td>备注</td></tr>
<tr><td>教学组织</td><td>2 分钟</td><td>考勤</td><td></td><td></td></tr>
<tr><td>课堂导入</td><td>10 分钟</td><td>导游在导游服务中能不能穿高跟鞋？</td><td>讨论法</td><td></td></tr>
<tr><td>分组讲解</td><td>65 分钟</td><td>每个小组任选内容进行讲解和着装展示</td><td>分组讲解</td><td></td></tr>
<tr><td>课堂小结</td><td>3 分钟</td><td>导游应区分场合，遵守礼仪规范</td><td>讲授法</td><td></td></tr>
<tr><td>课后作业</td><td colspan="4">职教云题库作业</td></tr>
<tr><td>教学反思</td><td colspan="4">教室硬件较老，学生展示效果不强。学生课件可以换种方式，比如短视频等配合讲解。学生展示仪容仪表着装及模拟演练人际交往礼仪规范，学生互动性较强。</td></tr>
</table>

<table>
<tr><th colspan="8">实训课程教案</th></tr>
<tr><td colspan="2" rowspan="2">单元标题：
地陪导游服务程序与服务质量</td><td colspan="2">单元教学学时</td><td colspan="4">12</td></tr>
<tr><td colspan="2">在整体设计中的位置</td><td colspan="4">第 2 次</td></tr>
<tr><td>任课教师</td><td>冯静</td><td>授课班级</td><td colspan="5">20 级旅管 4、5、7 班</td></tr>
<tr><td>上课周次</td><td>第 7 周</td><td>上课时间</td><td colspan="2">周一、三、四</td><td>上课地点</td><td colspan="2">6 教</td></tr>
<tr><td rowspan="2">教学目标</td><td colspan="2">能力目标</td><td>知识目标</td><td colspan="2">素质目标</td><td colspan="2">思政目标</td></tr>
<tr><td colspan="2">1. 能进行地陪导游服务；</td><td>1. 掌握地陪导游服务程序和服务质量；</td><td colspan="2">1. 提升导游服务的规范性和高质量性；2. 提升职业素养，培养核心价值观；</td><td colspan="2">1. 热爱导游服务工作；</td></tr>
<tr><td>教学重点</td><td colspan="7">导游服务准备</td></tr>
<tr><td>教学难点</td><td colspan="7">阅读接待计划</td></tr>
<tr><td>教学具体内容</td><td colspan="7">掌握落实接待计划的程序、要求及注意事项；能够在接团前做好物质准备、语言和知识准备、形象准备、心理准备</td></tr>
<tr><td>教学资源</td><td colspan="7">职教云、学习强国、新闻媒体、网络等</td></tr>
<tr><td colspan="8">教学实施（4 月 12 日）
说明：教学实施环节按照 2 节课 1 次填写
（如第 1 单元教学有 6 节课就需填写 3 次教学实施表格）</td></tr>
<tr><td>教学实施环节</td><td>时间</td><td colspan="3">内容</td><td>组织教法</td><td colspan="2">备注</td></tr>
<tr><td>教学组织</td><td>2 分钟</td><td colspan="3">考勤</td><td></td><td colspan="2"></td></tr>
<tr><td>课堂导入</td><td>10 分钟</td><td colspan="3">导游服务准备工作有哪些呢</td><td>讨论法</td><td colspan="2"></td></tr>
<tr><td>分组讲解</td><td>65 分钟</td><td colspan="3">给出一份接待计划，分组进行准备工作，阅读计划中信息的掌握</td><td>分组讲解</td><td colspan="2"></td></tr>
<tr><td>课堂小结</td><td>3 分钟</td><td colspan="3">准备工作是高质量服务的前提</td><td>讲授法</td><td colspan="2"></td></tr>
<tr><td>课后作业</td><td colspan="7">职教云题库作业</td></tr>
<tr><td>教学反思</td><td colspan="7">教室硬件较老，学生展示效果不强。学生课件可以换种方式，比如短视频等配合讲解。分小组进行讨论和展示从接待计划中获得的信息</td></tr>
</table>

课程实训教案

<table>
<tr><td colspan="2" rowspan="2">单元标题：
地陪导游服务程序与服务质量</td><td colspan="2">单元教学学时</td><td colspan="4">12</td></tr>
<tr><td colspan="2">在整体设计中的位置</td><td colspan="4">第 3 次</td></tr>
<tr><td>任课教师</td><td>冯静</td><td>授课班级</td><td colspan="5">20 级旅管 4、5、7 班</td></tr>
<tr><td>上课周次</td><td>第 8 周</td><td>上课时间</td><td colspan="2">周一、三、四</td><td colspan="2">上课地点</td><td>6 教</td></tr>
<tr><td rowspan="2">教学目标</td><td colspan="2">能力目标</td><td colspan="2">知识目标</td><td colspan="2">素质目标</td><td>思政目标</td></tr>
<tr><td colspan="2">1. 能进行地陪导游服务；</td><td colspan="2">1. 掌握地陪导游服务程序和服务质量；</td><td colspan="2">1. 提升导游服务的规范性和高质量性；2. 提升职业素养，培养核心价值观；</td><td>1. 热爱导游服务工作；</td></tr>
<tr><td>教学重点</td><td colspan="7">接站服务</td></tr>
<tr><td>教学难点</td><td colspan="7">致欢迎词</td></tr>
<tr><td>教学具体内容</td><td colspan="7">掌握接团服务的程序、要求及注意事项；掌握致欢迎词，沿途导游，漏接、空接、错接的处理和预防等技能</td></tr>
<tr><td>教学资源</td><td colspan="7">职教云、学习强国、新闻媒体、网络等</td></tr>
</table>

<table>
<tr><td colspan="5">教学实施（4 月 19 日）
说明：教学实施环节按照 2 节课 1 次填写
（如第 1 单元教学有 6 节课就需填写 3 次教学实施表格）</td></tr>
<tr><td>教学实施环节</td><td>时间</td><td>内容</td><td>组织教法</td><td>备注</td></tr>
<tr><td>教学组织</td><td>2 分钟</td><td>考勤</td><td></td><td></td></tr>
<tr><td>课堂导入</td><td>5 分钟</td><td>回顾上节课准备工作、接站服务流程，引入实训内容</td><td>讨论法</td><td></td></tr>
<tr><td>分组讲解</td><td>70 分钟</td><td>分组进行欢迎词的讲解（分团型）</td><td>分组讲解</td><td></td></tr>
<tr><td>课堂小结</td><td>2 分钟</td><td>欢迎词应结合服务对象，合理致词</td><td>讲授法</td><td></td></tr>
<tr><td>课后作业</td><td colspan="4">职教云题库作业</td></tr>
<tr><td>教学反思</td><td colspan="4">教室硬件较老，分小组进行欢迎词讲解，从实训反映，学生积极性不高，准备不够充足，增强学生对实训的认知，增加实训分数</td></tr>
</table>

课程实训教案

<table>
<tr><td rowspan="2">单元标题：
地陪导游服务程序与服务质量</td><td colspan="2">单元教学学时</td><td>12</td></tr>
<tr><td colspan="2">在整体设计中的位置</td><td>第 4 次</td></tr>
<tr><td>任课教师</td><td>冯静</td><td>授课班级</td><td>20 级旅管 4、5、7 班</td></tr>
</table>

图 4-7　导游业务课程实训方案（选取部分）

（二）任务驱动

目前，不少高职院校教学模式仍旧是传统的“满堂灌”，以教师为主体，教师以教材和课本知识来讲解授课,告知学生划重点。教学方式落后,学生的积极性不高，教学与职业证书和竞赛关系不大，导致学生的专业资格证书通过率不高，学生职业技能有待进一步提升。对此，采用任务驱动法的教学模式，将职业工作岗位过程、职业资格证书考核的内容以及技能竞赛项目内容以工作任务的形式贯穿于教学过程中，有助于激发学生学习的积极性和主动性。学生在完成任务的同时也掌握了相关技能，提升了职业岗位工作能力、获取相应资格证书的能力以及竞赛水平。

任务驱动教学法就是给学生提供体验实践与感悟问题的情境，促使学生围绕任务展开学习，用任务的完成结果来检验学习成果，改变学生的学习状态。这样的教学方式能够让学生主动建构探究、实践、思考、运用、解决问题的学习体系。任务驱动法的基本特征是以任务为主线、教师为主导、学生为主体，是任务、教师和学生三者的互动。

1. 技能岗位工作任务

理论课学习可以加强学生的专业基础知识，让学生感悟职业素养，而提升专业技能则需要在实践课中强化。通过加强校企合作，推动实践教学向纵深发展。在理论课尤其是实践课中强化以技能岗位工作能力为核心的教学设计，运用任务驱动法，让学生深入理解和实践技能工作岗位的工作内容与流程，为学生就业打下坚实的基础。

【典型案例】

酒水服务和模拟导游课程强化技能工作岗位任务

江西旅游商贸职业学院酒店管理专业中的酒水服务课程打破纯粹讲述理论知识的教学方式，每个项目的学习都以服务行业真实的工作任务为载体设计活动来进行，以工作任务为中心整合理论与实践，实现理论与实践的一体化教学。该课程培养学生对接的工作岗位是酒水经营场所服务员，通过学习本课程及利用世界技能大赛餐厅服务项目经验转化，学生能很好地掌握有关酒水服务场所服务的基本理论和基础知识；掌握常见酒水调制方法和技巧；学会酒吧、咖啡厅、茶艺馆各岗位的服务与管理技能技巧；胜任服务员工作，并能初步处理酒水经营场所领班、主管的日常工作；具有较强的责任心、端庄大方的仪态、良好的身体素质和服务意识；具备良好的语言表达能力、自我控制能力、推销能力、预测和判断能力、人际交往能力、继续学习能力和应变能力。

模拟导游课程培养学生对接的工作岗位是景区、旅行社的导游员。充分考虑行业多岗位转换甚至岗位工作内涵变化、发展所需的知识和能力，使学生具有知识内化、迁移和继续学习的基本能力，并兼顾全国导游技能竞赛标准的要求，利用技能大赛导游服务项目经验转化，重视学生参与，师生互动，使学生的导游职业能力切实得到提高，充分体现高等职业教育的特点。熟练掌握导游讲解过程中涉及的历史、地理、宗教、民族风情、特产、建筑园林等方面的基本知识；能够以导游员身份，按照有关原则，为顾客提供个性化服务以及完成突发事件处理工作；能够收集、整理、撰写、修订导游讲解词；能够合理运用导游讲解的方法与技巧，为旅客提供实地讲解服务；具有较强的责任心、端庄大方的仪态、良好的身体素质和服务意识；具备良好的语言表达能力、自我控制能力、推销能力、预测和判断能力、人际交往能力、继续学习能力和应变能力。我校旅游管理专业岗位群一览表如表 4-4 所示：

表 4-4 我校旅游管理专业岗位群一览表

职业岗位	学习领域课程编号	学习领域课程分类	学习领域课程
初始岗位 1：旅行社服务岗位群（导游、门市接待、计调）	64010101	基本素质领域课程	旅游学概论
	64010102		全国导游基础知识（上）
	64010103		全国导游基础知识（下）
	60040503		旅游社交礼仪
	64010104		旅游政策与法规（上）
	64010105		旅游政策与法规（下）
	64010106		地方导游基础知识（上）
	64010107		地方导游基础知识（下）
	64010108		旅游美学
	64010109		旅游心理学
	64010110		导游业务
	64010111	岗位核心学习领域课程	模拟导游
	64010112		模拟导游踩线
	64010201		导游英语
	64010114		旅行社经营与管理
	64010115		旅游市场营销
	64010116		旅行社计调操作实务
	64010117		旅游公共关系
	64010118	岗位拓展提升领域课程	旅游电子商务
	64010120		国际客源市场分析
初始岗位 2：景区服务岗位群（定点导游、景区服务接待、景区营销人员）	64010101	基本素质领域课程	旅游学概论
	64010102		全国导游基础知识（上）
	64010103		全国导游基础知识（下）
	60040503		旅游社交礼仪
	64010104		旅游政策与法规（上）
	64010105		旅游政策与法规（下）
	64010106		地方导游基础知识（上）
	64010107		地方导游基础知识（下）
	64010108		旅游美学
	64010109		旅游心理学

续表

职业岗位	学习领域课程编号	学习领域课程分类	学习领域课程
初始岗位 2：景区服务岗位群（定点导游、景区服务接待、景区营销人员）	64010110	岗位核心学习领域课程	导游业务
	64010111		模拟导游
	64010112		模拟导游踩线
	64010201		导游英语
	64010113		景区服务与管理
	64010115		旅游市场营销
	64010117		旅游公共关系
	64010118	岗位拓展提升领域课程	旅游电子商务
	64010120		国际客源市场分析
初始岗位 3：酒店服务岗位群（前厅接待员、客房服务员、餐饮服务员、销售代表、会议接待）	64010101	基本素质领域课程	旅游学概论
	60040503		旅游社交礼仪
	64010108		旅游美学
	64010109		旅游心理学
	64010512	岗位核心学习领域课程	酒店专业英语
	64010533		酒店前厅客房运作实务
	64010504		酒店餐饮运作实务
	64010115		旅游市场营销
	64010117		旅游公共关系
	64010118	岗位拓展提升领域课程	旅游电子商务
	64010120		国际客源市场分析
初始岗位 4：研学旅游岗位群	64010101	基本素质领域课程	旅游学概论
	60040503		旅游社交礼仪
	64010104		旅游政策与法规（上）
	64010105		旅游政策与法规（下）
	64010108		旅游美学
	64010109		旅游心理学
	64010110	岗位核心学习领域课程	导游业务
	64010113		景区服务与管理
	64010114		旅行社经营与管理
	64010115		旅游市场营销
	64010116		旅行社计调操作实务
	64010117		旅游公共关系

续表

职业岗位	学习领域课程编号	学习领域课程分类	学习领域课程
初始岗位4：研学旅游岗位群	64010118	岗位拓展提升领域课程	旅游电子商务
	64010119		教育教学知识与能力
	640101220		国际客源市场分析
目标岗位1：旅行社、酒店部门管理岗位	64010101	基本素质领域课程	旅游学概论
	60040503		旅游社交礼仪
	64010108		旅游美学
	64010109		旅游心理学
	64010110	岗位核心学习领域课程	导游业务
	64010111		模拟导游
	64010112		模拟导游踩线
	64010533		酒店前厅客房运作实务
	64010504		酒店餐饮运作实务
	64010114		旅行社经营与管理
	64010115		旅游市场营销
	64010116		旅行社计调操作实务
	64010117		旅游公共关系
	64010118	岗位拓展提升领域课程	旅游电子商务
	64010120		国际客源市场分析
目标岗位2：景区部门及旅游行政管理岗位群	64010101	基本素质领域课程	旅游学概论
	60040503		旅游社交礼仪
	64010108		旅游美学
	64010109		旅游心理学
	64010110	岗位核心学习领域课程	导游业务
	64010111		模拟导游
	64010112		模拟导游踩线
	64010113		景区服务与管理
	64010115		旅游市场营销
	64010117		旅游公共关系
	64010118	岗位拓展提升领域课程	旅游电子商务
	64010120		国际客源市场分析

续表

职业岗位	学习领域课程编号	学习领域课程分类	学习领域课程
目标岗位 3：研学导师、旅游企业自主创业者等拓展岗位	64010101	基本素质领域课程	旅游学概论
	64010102		全国导游基础知识（上）
	64010103		全国导游基础知识（下）
	60040503		旅游社交礼仪
	64010104		旅游政策与法规（上）
	64010105		旅游政策与法规（下）
	64010106		地方导游基础知识（上）
	64010107		地方导游基础知识（下）
	64010108		旅游美学
	64010109		旅游心理学
	64010110	岗位核心学习领域课程	导游业务
	64010111		模拟导游
	64010112		模拟导游踩线
	64010113		景区服务与管理
	64010114		旅行社经营与管理
	64010115		旅游市场营销
	64010116		旅行社计调操作实务
	64010117		旅游公共关系
	64010118	岗位拓展提升领域课程	旅游电子商务
	64010119		教育教学知识与能力
	64010120		国际客源市场分析

2. 职业资格证书考核任务

很多学生证书通过率较低，对此，需要将职业资格证书相关内容融入日常教学活动中，实施任务驱动法教学，一方面有助于帮助学生提升专业技能，另一方面也提升了学生获取证书的通过率，为学生就业打下坚实的基础。

（1）课证融通，重构课程体系

在了解专业人才培养目标、岗位（群）及岗位技能需求的前提下，以岗位技能需求为导向，实行课证融通，将证书的考核内容纳入学生的课程学习过程中，在进行学业评价时，融入职业证书的要求，重构课程体系。

【典型案例】

江西旅游商贸职业学院部分专业课证融通

江西旅游商贸职业学院导游、旅游管理和空中乘务等专业获批教育部“1+X”证书制度试点。学校将餐饮服务管理职业技能等级要求和前厅运营管理职业技能等级要求融入课程教学，构建专业课程体系，建立理论考试题库和资源库（旅游管理资源库被评为省级和国家级精品课程资源库），运用实训基地进行技能模拟，并将职业资格证书的要求纳入相关课程考核中，从而循序渐进地帮助学生掌握相应的职业技能，为考取相应证书奠定扎实的基础。表 4-5 为我校酒店管理专业课证融通相关情况。

表 4-5　我校酒店管理专业课证融通情况一览表

证书名称	颁证机构	知识技能	配套课程
茶艺师证书	人力资源和社会保障部	具有一定的茶艺英语对话能力；能准确鉴赏有代表性的各类名茶和紫砂茶具艺术；以熟练的技艺，科学而艺术地演示时尚茶艺和进行创意性的茶席设计；具有策划、实施各类茶会的能力，并能对低一级茶艺师进行培训和辅导	酒水服务
营养师证书	人力资源和社会保障部	营养咨询、营养测评、营养指导、营养宣教、营养管理、营养教学与科研、营养与食品安全知识传播	食品营养与配餐
饭店业职业经理人岗位胜任能力证书	国际饭店业职业经理人协会与国际酒店管理学院	酒店基础应用与素质提升、领导力、运营管理、人员管理、产品管理	酒店导论、酒店中餐服务、酒店西餐服务、酒店客房服务、酒店接待与服务技术、酒店专业英语、校外工学交替实践、顶岗实习

（2）加强实训学习，依托基于岗位工作能力的实训实践教学，强化职业资格证书考核任务

在教学课程体系上进行改革，加大课程实训教学的比重，确保实训教学课时充

足。实训教学以典型工作任务为载体，融入职业资格证书的考核标准与要求。实训教学内容的设计以就业岗位的实际工作过程为导向，以典型工作任务为依托，学生在做中学，在学中做，强化对职业资格证书考核内容的学习和掌握。

【典型案例】

强化职业资格证书考核任务

我校旅游管理专业组织学生在第三学期参加由文化和旅游部组织的全国导游资格证书考试，获取全国导游资格证。在校期间也可根据自身需求与能力，考取英语导游资格证、中小学教师资格证等。

我校酒店管理专业的学生依托专业和课程的学习，以职业资格证书任务为导向，可以考取茶艺师证书、营养师证书、饭店业职业经理人岗位胜任能力证书等。学校组织酒店专业的学生在第三学期参加由人力资源和社会保障部组织的茶艺师资格证书考试，获取国家三级高级茶艺师证书；组织学生在第四学期参加由人力资源和社会保障部组织的营养师资格证书考试，获取国家三级高级公共营养师证书；组织学生在第四学期参加由国际饭店业职业经理人协会与国际酒店管理学院组织的饭店业职业经理人岗位胜任能力证书考试，获取 IHMA 饭店业中级督导师岗位胜任能力证书。

3. 职业技能竞赛任务

职业技能大赛的目的不仅仅是选拔优秀的人才，更重要的是检测学生的素质、技能与创新能力，通过参与职业技能竞赛分析自身存在的不足，从而针对性地学习，提升自己的专业技能。然而，目前不少高职院校的学生虽然听说过职业技能竞赛，但是并没有亲身参与过，有的学生即使知道职业技能竞赛，但是并不了解职业技能竞赛的具体内容，这说明职业技能竞赛的普惠性不够。有的同学参加过职业技能竞赛，但是都是临时抱佛脚，职业技能竞赛的成绩并不理想。

对此，将职业技能竞赛项目内容融入日常教学，使职业技能竞赛项目与教学内容对接，构建基于岗位工作能力的模块化教学内容，以竞赛内容与项目为工作任务，实施任务驱动，采用项目化的教学方法，可以增强师生了解、学习职业技能竞赛相关内容的概率，提升师生的竞技水平和专业技能。

（1）提升教师专业知识和技能水平，落实职业技能竞赛任务

基于项目导向任务驱动的教学模式，教师要改变传统以知识讲授为主的教学方式，要以学生为主体。同时，教师要做好课程建设和教学环节的设计，将技能竞赛的项目分解成工作任务下发给学生思考、实施和完成。这就需要教师具备扎实的专业知识和较深的教育教学理论功底以及深厚的创新教学设计能力。在课堂中，教师要设定好工作任务，对班级学生进行有效分组，指导学生实施项目任务，及时给予鼓励和指导。课程教师团队可以是校内教学团队，也可以是校外企业兼职人员等。

（2）加强教学资源保障，促进落实职业技能竞赛任务

实施任务驱动教学法，促进职业技能大赛在课程中落地，还需要加强教学资源建设。线下需要完善实训室的建设，包括硬件和软件设施。加强校企合作，保障校外实习实训基地有效使用，开展丰富多彩的教学实践活动。线上开发精品课程，拓展教学资源，延展教学学习空间，保障职业技能竞赛以工作任务的形式贯穿教学过程始终，在潜移默化中发挥竞技育人功效。

（三）技能导向

目前，很多高职院校理论课较多，实践课较少，对学生的技能培养不足，技能培养模式单一，教材陈旧，更新不及时，不能跟上时代发展的步伐。职业技能竞赛项目不够丰富，竞赛项目参与的人数不多，普惠性不够，在职业技能大赛的时代背景下，技能导向不足，竞技育人效果不明显。对此，应该重视技能型人才的培养，加强校企合作，提升教师实力，加强对毕业生技能综合素养的考核，开发多种活页式教材，及时更新教学内容，开发丰富多彩的竞技比赛项目，同时采取措施落到实处，提升竞技比赛的普惠性，增强竞技育人效果。

1. 加强技能培养

（1）增加技能培养模块的比重

比起本科教育，高职院校专业课的学习更加注重实践能力的培养。专业课教师要认清职业教育的目标，积极培养学生的职业技能。专业课教师要积极在课程教学之中增加技能培养模块，并加大技能培养模块的比重。

（2）采用项目化教学方式方法

根据学生的具体情况，比如学生的学习能力、学习基础、学习态度等，进行相应的调整，不同的学生要利用不同的教学方式来进行职业技能的培养，用个性化的

教学方式贴合学生的学习需求，以达到最好的教学效果。培养学生的技能尤其适合采用以职业工作过程为任务的模块化、项目化教学方式方法，帮助学生在做中学，在学中做，从而提升学生的技能水平。

（3）加强校企合作和产教融合

深入开展校企合作和产教融合的教学模式，加强校内实训基地的产学合作，拓展校外实训基地的校企合作，从而为学生提供长期稳定的实训实践、顶岗实习以及竞赛训练的综合实训化平台，在实训中培养学生的工匠精神、职业道德修养、职业综合素养。

【典型案例】

江西旅游商贸职业学院强化技能培养

江西旅游商贸职业学院旅游学院旅游管理专业人才培养方案中增加职业技能培养模块、实践课时安排、集中职业技能训练授课安排以及毕业生综合技能考核，与企业建立深度合作。

在培养学生技能时，不仅注重学生第一课堂的学习和实习实训，而且注重第二课堂对学生职业技能的培养。

我校旅游管理等旅游类专业加强第一课堂的理论学习，重构课程体系，课程教学中融入岗位工作任务以及职业技能竞赛标准，按照模块化的教学体系进行授课，有助于学生建构对课程的认知体系，扎实掌握课程的理论知识。

在理论学习的基础上，依托产教融合、校企合作的办学模式，培养学生的技能水平。校企联合培养模式认可度非常高，也是培养学生技能的有力途径，而职业技能大赛更促进了校企合作。我校旅游学院每年举办院级或者校级职业技能竞赛，借助企业的资金和技术开展技能大赛，企业参与竞赛全过程，不仅增强了学生的技能水平和综合职业素养，而且也为企业选拔人才提供了平台与机会，同时也扩大了企业的知名度。南昌香格里拉酒店等企业与我校长期合作，是我校的校外实训基地。在技能竞赛备赛期间，带学生前往合作酒店进行实地教学，帮助学生在真实工作环境中进行训练，不仅提升了参加竞赛的备赛水平，更提升了学生的职业岗位能力和职业综合素养。

校企合作的教学培养模式，实现了校内外实训基地的有效结合，既满足了日常教学需求，也营造了真实的实训学习场景，有助于提升学生的专业技能，在人才培养质量方面发挥了巨大的作用。

我校旅游类专业群与企业建立深度合作，例如模拟导游课程常年邀请校企合作公司江西众弘导游服务有限公司的职业经理人方徐进行授课。学生去校企合作公司江西赣中旅国际旅行社有限公司、井冈山红色旅游景区等实习，提升了学生的岗位技能水平。再如，酒水服务课程对接专业人才培养目标，面向酒店酒水营业场所服务员工作岗位，通过对酒的服务、茶的服务、咖啡的服务、鸡尾酒调制等内容的学习，培养学生对客服务技能、推销能力、酒水服务操作能力以及团队合作能力，最终使学生具备从事酒店酒水服务与基层管理工作的能力。相关情况如图 4-8、图 4-9、图 4-10、图 4-11、表 4-6 所示：

图 4-8　模拟导游课程实训

图 4-9　客房服务课程实训

图 4-10　前厅服务课程实训

图 4-11　酒水服务课程实训

表 4-6 旅游管理专业毕业生技能考核标准一览表

作业模块	作业情境	技能考核点	技能考核标准	备注
导游讲（负责人：冯静）	主题讲解	进行中国建筑文化、中国古典园林、中国宗教文化、中国美食等专题的流畅讲解	导游词内容准确	
			导游词结构符合带团要求	
			讲解具有文化内涵	
			运用到讲解技巧	
			语音语调自然流畅	
	江西的经典旅游线路导游讲解	进行江西的经典山水、红色故都、陶瓷等旅游线路的流畅讲解	导游词主题突出	
			导游词讲解内容符合实际	
			讲解有内涵	
			角度新颖、通俗易懂	
			语音语调自然流畅	
	导游才艺展示	展示个人才艺	表演符合带团要求	
			节目内容积极健康	
			表演自然流畅	
旅行社前台接待（负责人：涂欣）	问询客户	客人光临，前台迎宾入座、问询客户需求	个人仪容仪表整洁大方	
			正确使用礼貌服务用语	
			正确引导客人入座	
			有技巧地询问客人的需求	
	推荐产品	登记信息、推荐符合需求的旅游产品	准确登记客人信息及喜好	
			适当推荐旅游产品	
			正确计算旅游产品的成本	
			报价合理	
	跟单	送别客户、跟单	回访客人，跟踪细节	
			准确根据客户需求定产品	
			适当让价、成交	

续表

作业模块	作业情境	技能考核点	技能考核标准	备注
旅行社线路计调（负责人：周凯）	落实计划	根据签订的旅游合同，逐一按照标准全面落实各个计划	汽车保证车况	
			用餐保证安全卫生	
			住宿保证星级、交通方便	
			购物应有明确标识	
	导游派遣	填写导游派遣单，耐心解答疑问	正确填写导游派遣单	
			介绍团队的特殊情况	
			合理借款	
	团款结算	导游回团后进行团款结算	准确核算团费	
			票证齐全	
旅行社产品售后（负责人：涂欣）	回团问询	客人回程后对旅游服务质量进行跟踪回访	开场白规范	
			依序询问房、餐、车、司机、导游是否满意	
			核实情况	
	落实补偿方案	第一时间落实补偿方案	各方面沟通拟订补偿方案	
			和游客有效确认补偿方案	
			补偿方案有效落实	

在第一课堂学习的基础上，开展第二课堂。结合模拟导游课程组织学生参加“旅游社团”，帮助学生提升旅游线路设计、景区接待与讲解等能力；鼓励学生参加旅游类各种技能大赛，积极参加省级和国家级技能大赛；鼓励和组织学生积极参加志愿者社会实践活动，运用自己的专业技能为社会服务，培养学生的职业道德和职业综合素养；鼓励学生积极参加专家讲座和研讨，帮助学生拓展技能的同时，也促进我校旅游类专业的社会影响力。

学校除了依托课程开展技能学习外，还开展职业教育周活动和竞技第二课堂活动，促进师生技能提升，激发学生学习技能的热情。江西省2018年职业教育活动周启动仪式在我校会展实训中心举行，副省长孙菊生宣布我省2018年职业教育活动周正式启动，省教育厅厅长叶仁荪在仪式上讲话。

学校鼓励学生积极参加第二课堂活动，将理论与实践相结合，促进学生转化应用知识，提升专业技能，增强专业技能服务社会的能力，提升综合素养。

2017年，我校旅游学院志愿者圆满完成金砖国家领导人会晤接待志愿服务任务。2017年9月3日到5日，金砖国家领导人第九次会晤在厦门举行。为出色圆满完成这场由中国主导的高规格国际会议，应厦门海悦山庄邀请，在学校高度重视和大力支持下，旅游学院共选派了104名政审合格的学生作为酒店接待活动志愿者，投身于金砖会晤的酒店服务工作。除此之外，学校师生还积极参与志愿者活动等其他第二课堂活动。

2. 开发活页式教材

目前，很多高职院校教材形式落后，教材内容跟不上行业发展的新特点和新变化、新标准，无法满足社会对技能型人才培养的需求。对此，开发活页式教材是一种很好的应对措施。

所谓活页式教材即包括了“活页”和“教材”双重属性，其活页式的属性使得教材具备了模块化、灵活性和重组性的特点，教师可以根据现实的教学情况对教材内容进行自由添加或删减。活页式教材是一种相对传统教材来说更加高效的教材形式。活页式教材在教学中的应用可以使教学更加贴近学生所学专业的最新技术。随着科技的不断发展，企业使用的技术也在不断更新，高职院校想要培养与社会和企业需求相匹配的职业型人才，就必须紧跟时代的发展，让学生及时了解企业最新的技术，学习最新的职业技能。传统的教材更新较慢，经常会出现教材中所列举的技术已经被企业淘汰的现象，所以活页式教材的使用很有必要。

【典型案例】

开发活页式教材

我校旅游学院开发了30多本教材，其中包括活页式教材，引导教师及时关注行业新信息，将企业内使用的新技术、新理念对学生进行讲解，并将其打印出来，添加到活页教材之中（见图4-12、图4-13）。教师可以将教材之中已经被淘汰的技术内容或理念剔除，还可以根据竞赛的内容，将竞赛的要求、过程等信息添加到活页式教材之中，起到强调的作用。这样自由度较高的教材无疑提升了教学的更新速度与学生的职场竞争力。

图 4-12 教材封面

课程介绍

《客舱服务与管理》是空乘专业的重点建设课程之一，是岗位必修课。通过学习，使学生掌握空乘人员应该具备的理论知识与实践技能，树立超强的服务意识并明确道德及行为规范，掌握客舱内各项服务技能的操作程序与技巧，深刻认识到空乘服务的本质与内涵，能区别空乘服务与一般服务。

教师团队

郭蓓 教师
单位：江西旅游商贸职业学院
部门：旅游学院

郑巍 副教授
单位：江西旅游商贸职业学院
部门：旅游学院

朱廉 副教授
单位：江西旅游商贸职业学院
部门：旅游学院

帅丽平 讲师
单位：江西旅游商贸职业学院
部门：旅游学院

XY课程简介

《客舱服务与管理》的教学内容根据客舱服务的基本特点，结合最新的行业服务标准，将所有的机上服务细化为四大模块、十大项目。以“客舱服务”为学习情境，将乘务员分为客舱乘务员、厨房乘务员、广播乘务员、安保乘务员、两舱乘务员、乘务长等，按照不同的岗位需求，将

5 餐饮服务
5.1 经济舱饮料服务模拟
5.2 经济舱饮料服务
5.3 经济舱餐饮服务
5.4 两餐服务1
5.5 两餐服务2

6 机上娱乐服务
6.1 机上娱乐服务

7 特殊乘客及不正常航班服
7.1 特殊乘客及不正常航
务

8 服务手语表演
8.1 服务手语表演上
8.2 服务手语表演下
8.3 服务手语视频

图 4-13 活页式教材配套线上教学资源

值得一提的是，我校的活页式教材是校企合作共同开发的项目化教材，是旅游企业专家骨干和我校旅游管理专业的骨干教师共同合作编写的实用型教材，教材内容符合“工作过程”、针对“岗位需求”、面向“学习领域”，符合旅游行业的发展和对旅游人才专业技能培养的要求。项目化活页式教材的编写需要前期深入的准备过程和精细的编写过程。在建设开始前，旅游管理专业教师深入企业进行调研，收集资料，了解工作岗位和工作任务的需要，深入了解旅游行业的标准，在此基础上设计教材框架与教材内容。在建设中，旅游管理专业教师对旅游市场进行深入调研，邀请企业专家和行业带头人一起加入教材编写、一起共同探讨，明确教材框架体系下理论模块和实践模块，确定项目化活页式教材的初稿内容。最后，编委会经过多轮深入交流探讨，最终明确知识点内容以及每个部分的学时情况，由行业专家等进行全面认真审核，最终确定教材定稿。同时，及时开发活页式教材的配套实训材料。实训材料既要符合高职生的需求，同时也要符合旅游行业的发展需求，内容的编写要体现出理论性与实践性、专业性与职业性的高度统一。后期，旅游管理专业教师及时进行调研了解现代旅游产业的发展变化情况，加强自身学习。教材编写委员会经常进行研讨，将最新的旅游产业知识和信息更新到教材中去，删掉不合时宜的教材内容，为学生提供最新的专业知识和行业资讯。

【典型案例】

我校五种教材入选“十三五”职业教育国家规划教材书目

为贯彻《国家职业教育改革实施方案》和《职业院校教材管理办法》，落实“三教”改革，不断加强学校教材建设，做到以课程建设为统领，专业教材内容跟随信息技术发展和产业升级，经学校申报、教育部组织形式审查、网络和会议评审等程序，我校共有五种教材拟入选“十三五”职业教育国家规划教材书目。

附入选教材目录：

序号	分类	教材名称	第一主编	出版单位
1	旅游服务类	旅游职业礼仪与交往（第2版）	朱廉	东北师范大学出版社
2	财经商贸大类	计算技术与点钞（第四版）	罗荷英	东北财经大学出版社
3	财经商贸大类	运输管理实务	杨国荣	北京理工大学出版社
4	财经商贸大类	快递实务（第2版）	杨国荣	北京理工大学出版社
5	财经商贸大类	供应链管理（第4版）	杨国荣	北京理工大学出版社

3. 落实技能竞赛项目

目前，很多高职院校都有竞赛项目，但是存在竞赛项目与学生的专业不匹配、不具有针对性、不够丰富多彩、对学生的激励不够、参与的人不多等问题。为此，要开展和专业一致或者相关的技能竞赛，丰富技能竞赛的项目类型，改革技能竞赛项目的激励奖励制度，等等。

【典型案例】

江西旅游商贸职业学院开展职业技能竞赛

江西旅游商贸职业学院将技能竞赛项目与企业和学生的工作岗位任务衔接，积极寻求竞赛与企业的合作，校企共同通过对技能竞赛项目的安排来制订专业人才培养方案。校企之间的合作让竞赛资金更加充足的同时，还能让学生直面企业新技术、新理念，激发学生对竞赛的热情，实现用职业技能作为构建普惠式竞技育人平台的引导方向，使产教融合更加深入，实现企业与高职院校双方的可持续发展。

从项目类别上来说，我校技能竞赛项目类别较多（见图 4-14、图 4-15、图 4-16、图 4-17）。以旅游学院为例，既有导游服务、餐饮服务等专业类竞赛项目，也有红色讲解员等素质类竞赛项目和职业技能周技能选手大赛，还有创新创业旅游专项比赛项目。每类竞赛项目以普惠性为核心，坚持"劳动光荣、技能宝贵、创造伟大"的培养理念，鼓励全体学生都参与。学生参与选拔后进入院级比赛，再参加校级比赛，选拔优秀学生参加省级及以上的比赛项目。提升参加比赛的普惠性，使"竞技强能、匠心筑梦、立德树人"的

图 4–14　开展“技能让生活更美好”职业技能竞赛活动（诗词比赛）

图 4–15　开展“技能让生活更美好”职业技能竞赛活动（美食比赛）

图 4–16　开展“技能让生活更美好”职业技能竞赛活动（海报设计比赛）

图 4–17　开展“技能让生活更美好”职业技能竞赛活动（育婴技能比赛）

思想深入人心，培养学生的整体综合素质。

从竞赛的时间安排上来说，按照学生的专业课程实际学习情况，各个学期开展形式和内容不同的职业技能大赛，并让相关的旅游企业也参与进来，为比赛提供相应的奖品，以此激发学生参加比赛的热情。例如，以导游专业为例，开学的第一学期开展才艺展示比赛，第二学期开展英语风采大赛与普通话比赛，第三学期开展导游词编写技能比赛，第四学期开展导游综合技能比赛，同时学生还可以参加学校每年固定举办的职业技能周活动和红色文化讲解员以及创新创业大赛等丰富多彩的技能竞赛活动。每次的技能比赛可以从班级开始，然后院级再到校级，鼓励所有学生都参赛，在比赛中选拔出来的学生，由指导老师指导进行模拟训练，进一步参加上一级的比赛。教师将学生参赛情况列入相应课程的考核成绩，省级及以上奖励可以抵学分。每个

学生都有展示自己的平台，同时参赛提升了他们的专业技能，使他们在潜移默化中增强了职业认同感和专业自信心，培养了精益求精的工匠精神。其他学院职业技能竞赛同样丰富多彩，激发了学生参与职业技能竞赛的积极性。

（四）多元评价

目前，很多高职院校对学生的评价方式单一，评价不全面，影响了对学生的公正评价，影响了学生的健康成长，不利于高职院校技能型人才的可持续培养。为此，要对学生实行多元评价方式，从考查项目、考查方法、考查方向等全方位考查学生的综合学习情况与职业技术能力，增强对学生的激励作用，激发学生参加竞技活动的积极性，提升人才培养质量。

1. 技能水平、职业道德等纳入学业评价标准

现在不少高职院校的评价标准单一，不够全面，忽视了学生的技能水平和职业道德，在这种评价体系下培养出来的学生不能满足社会的需求，对学生的个人成长的价值观引导不够。为此，要完善学生的学业评价标准，将技能水平和职业道德等内容纳入评价标准，在完善的评价标准引领下培养出高素质复合型技能人才，培养出具有大国工匠理念的人才，培养出有坚定理想信念、自愿为祖国做出贡献的，具有正确的世界观、价值观、人生观的技能型人才。

2. 多种形式相结合的立体化考核方法，推动学生综合素质提升

从评价主体来看，在产教融合和校企合作的背景下，在"双师制"教学模式的带领下，评价主体更加全面。目前主要包括企业评价、教师评价和学生自评，而学生自评又包括小组间评价和小组内评价以及个人自评。

从评价方式来看，评价方式依托现代信息化技术平台，及时记录学生的日常情况，做到评价过程化，同时兼顾形成性评价和过程性评价，从而更加全面地了解学生的实际情况。

从评价内容来看，全方位考核学生掌握的知识和技能情况，同时考核学生的情感目标是否达成，在课程思政背景下，还需要考查学生的思政素养。按照课程标准全面考核学生的真实情况，做到对学生的评价全面化、多元化、过程化。

3. 技能大赛与职业资格证书有机衔接，比赛与技能考核同步进行

目前，一些高校存在"教赛两张皮"，以及课程内容与企业工作岗位任务相脱

节的情况。要将技能大赛和职业资格证书有机衔接，实施“岗课赛证”融合的教学模式，将技能竞赛所要求的知识、技能、素质考核目标与职业资格证书对接，比赛与技能考核的资源配置共用、发展效益共享，对学生的技能比赛情况和技能水平情况同时进行考核。对学生全面考核，有助于学生进一步成长。

【典型案例】

江西旅游商贸职业学院酒店管理专业多元评价

江西旅游商贸职业学院酒店管理专业具有实践性、职业性、创新性的特点，考核学生采用理论评价与实践评价相结合、教师评价与企业评价相结合的办法。考核注重过程化，包括平时成绩考核、实践能力考核和期末考核三部分。平时成绩考核包括学生出勤情况（占5%）、课堂回答问题情况（占10%）及学习任务完成情况（占15%），占成绩比例30%；实践能力考核占成绩比例50%，可运用各类竞赛、企业考核等形式进行；期末考核可采用机考、试卷考核、方案考核等形式，占成绩比例20%。具体以酒水服务课程考核为例，教学评价改革传统的学生评价手段和方法，采用过程性评价与目标评价相结合的方法，注重项目评价、理论与实践一体化评价。评价时注重学生动手能力和实践中分析问题、解决问题能力和创新能力的考核，并引入世赛餐厅服务项目考核内容，全面综合评价学生能力。关注评价的过程性和多元性，学生总评成绩由实验报告、设计文案、实验效果和理论考试四个部分组成（实验报告占10%，设计文案占20%，理论考试占30%，实验效果占40%）。其中理论考试占40%，实际操作考试占60%。

【典型案例】

旅游管理专业比赛与技能考核同步进行

江西旅游商贸职业学院旅游管理专业将技能大赛和职业资格证书有机衔接，实施“岗课赛证”融合的教学模式，将技能竞赛所要求的知识、技能、素质考核目标与职业资格证书对接，对学生的技能比赛情况和技能水平情况同时进行考核（见表4-7）。对学生全面考核，有助于学生进一步成长。

表 4-7 “岗课赛证”深度融通一览表

工作岗位群	典型工作任务	能力和素质要求	职业资格证书	对应职业技能竞赛	课程
旅行社	客服	1. 人际沟通能力、文件处理能力、组织协调能力 2. 良好的职业道德、良好的服务意识、认真负责的态度、良好的礼仪礼节	咨询师		旅行社经营与管理、旅行社计调操作与实务、旅游政策与法规
	导游	1. 语言表达与讲解能力 、应急应变处理能力、组织协调能力 2. 认真负责的态度、良好的诚信品质、团队合作精神	导游资格证	全省高等职业院校导游技能大赛、全国高等职业院校导游技能大赛	
	销售	1. 人际沟通能力 、语言表达能力 、谈判协商能力 2. 良好的诚信度、良好的服务意识、吃苦耐劳精神	营销师		
	计调	1. 线路设计和产品开发能力、组织协调能力、市场调研能力 2. 良好的服务意识、良好的职业道德和团队合作精神、良好的诚信度、认真负责的态度	计调师		
景区	讲解员	1. 语言表达与讲解能力 、应急应变处理能力、组织协调能力 2. 认真负责的态度、良好的诚信品质、团队合作精神	导游资格证	全省高等职业院校导游技能大赛、全国高等职业院校导游技能大赛	导游业务、模拟导游、模拟导游踩线、景区服务与管理、地方导游基础知识
	景区接待服务	1. 人际沟通能力、文件处理能力、组织协调能力 2. 良好的职业道德、良好的服务意识、认真负责的态度、良好的礼仪礼节			
	市场营销策划	1. 人际沟通能力 、语言表达能力 、谈判协商能力 2. 良好的诚信度、良好的服务意识、吃苦耐劳精神			

续表

工作岗位群	典型工作任务	能力和素质要求	职业资格证书	对应职业技能竞赛	课程
酒店	服务	前台服务、礼宾服务、总机服务、商务服务、客房预订、餐饮服务、迎宾、预订、点餐、中餐零点服务、西餐服务、宴会策划与设计、客房服务、楼层服务、客房中心服务	前厅运营管理（中级） 餐饮服务管理（中级）	世界技能大赛酒店接待赛项（世赛/全国选拔赛/江西省选拔赛）、世界技能大赛餐厅服务赛项（世赛/全国选拔赛/江西省选拔赛）、全国/江西省职业院校技能竞赛餐厅服务赛项、江西省“振兴杯”职业技能竞赛餐厅服务赛项、全国/江西省乡村振兴职业技能竞赛餐厅服务赛项	酒店专业英语、酒店前厅客房运作实务、酒店餐饮运作实务
	管理	酒店财务、酒店人力资源管理、酒店信息管理、酒店设备管理、酒店安全管理、酒店员工关系管理的基本知识与技能			

五、成效

（一）转变了人才培养理念

在竞技育人导向的教学实践下，人才培养理念由以前的唯分数论，到现在多方面、全方位地评价学生，注重多元化评价学生，转变了人才培养理念。要注重基于工作岗位能力分析的个人技能培养以及基于工作岗位的技能大赛的参与，注重职业道德和职业综合素养的培养，注重具有大国工匠精神理念的人才培养。在多元化评价的人才培养理念下，带动和引领学生走得更扎实，成长得更快。基于此，学校的竞技育人成效明显，校园竞技育人氛围浓厚，提升了人才培养的质量。我校多名学生参加国家和世界级技能大赛获得荣誉，其中肖美珍同学获得 2020 年全国首届扶贫

技能大赛（餐厅服务赛项）一等奖。

（二）提高了专业教师的教学能力

在竞技育人导向的教学实践下，学校师生参与竞技比赛氛围浓厚，师生积极性高。教师在指导学生参赛或者个人参赛中教学能力和指导水平会受到极大考验，在此压力和动力下，教师会自发、主动提升自身的实力，长此以往，教师们成长为专家，大放异彩，实现了个人自身价值。我校旅游学院众多教师在大赛中成长起来。例如，徐孙君为国家级徐孙君技能大师工作室负责人，并被聘为世赛中国技术指导专家，张蕾、熊铭贵、徐孙君受聘为大赛裁判人员，张蕾、熊铭贵为省级名师。2021 年，旅游学院教师立项国家级创新教育教学团队。

（三）促进了学生成长

在竞技育人导向的教学实践中，学生积极参与职业技能竞赛，考取职业资格证书，主动参加校内外实训项目，知识和技能得到进一步提升，增强了专业自信心和认同感，并且学生在职业技能竞赛中取得了不错的成绩，帮助学生实现了个人人生价值。

（四）完善了教学内容和教学模式

职业技能大赛的比赛规则、标准、项目和内容都代表着行业的最新信息，将相关内容融入教材，从而进一步完善了教学内容，有助于推进任务化的项目化教学方法和教学模式。在职业技能大赛的推动下，学校旅游学院进一步完善了教学内容，优化了教学模式，并且取得了不错的成绩。开发以技能大赛项目为主题内容的省级和校级精品课程 10 门、校本教材 30 多本、国家级精品资源库 1 门，推动竞赛内容的普惠性。

（五）推进了校企合作建设

组织开展职业技能大赛，有助于进一步增强校企间的合作和沟通交流。高职院校师生在校企合作中提升了知识和技能，而企业也进一步提升了知名度，校企合作，资源共享，共同进步。我校成为第 46 届世界技能大赛酒店接待项目国家集训基地。

第五章 竞技育人协同模式

坚持产教融合、校企合作、协同育人，是新时代职业教育的主要发展方向，也是职业院校的基本办学模式。党的十九大报告提出，要“完善职业教育和培训体系，深化产教融合、校企合作”。国务院办公厅《关于深化产教融合的若干意见》（国办发〔2017〕95号）明确要求，“构建教育和产业统筹融合发展格局”，“强化企业重要主体作用”，“推进产教融合人才培养改革”。《国家职业教育改革实施方案》（国发〔2019〕4号）明确提出，“深化产教融合、校企合作，育训结合，健全多元化办学格局，推动企业深度参与协同育人”。教育部等九部门发布的《职业教育提质培优行动计划（2020—2023年）》（教职成〔2020〕7号）明确表示要“巩固职业教育产教融合、校企合作的办学模式”，“深化校企合作协同育人模式改革”。习近平总书记就职业教育工作作出重要指示，强调要“深化产教融合、校企合作，深入推进育人方式、办学模式、管理体制、保障机制改革”。

职业技能大赛建立起了技术技能人才与企业顶岗实习、就业的连接桥梁，促进了校企深度合作，建立了产、学、研、用一体化的战略合作关系，初步形成了学校、企业、学生三方共赢的价值链。可以说，职业技能大赛是职业院校培养质量的“试金石”，是职业教育教学改革的“指挥棒”；职业技能大赛赛项设置紧密联系生产实际和产业热点，是产教融合的“连通器”，是产业转型的“风向标”，对推动职业教育教学改革的进程起着不可替代的作用。近年来，在国家和各级政府的高度重视下，我国职业技能大赛体系已基本建立，学校、省市、国家和世界等不同层面的技能大赛有序展开，各行业拔尖技能人才脱颖而出，“普通教育有高考，职业教育有技能大赛”的局面已然形成。

一、“竞技强能”协同育人面临的主要困境

职业教育是产业与教育的联合，职业院校和企业作为培育人才的两个主体，有着共同的责任和目标。与职业教育的本真价值相契合是产教融合的应然之态，也是产教融合模式构建的必然要求。因此，作为职业教育改革重要抓手的职业技能大赛，理应成为“校、企、行、政”协同育人的平台。但是，目前协同育人的机制尚不完善，人才培养协作体系尚未形成，普惠式协同育人效果不佳，反映到教学过程中，就是“教赛两张皮”“课赛不融通”“产赛多疏离”“师生难并进”等问题仍然突出，严重制约着技能人才培养的质量和水平。

（一）技能大赛与日常管理协同不畅

职业技能大赛不仅是检验教育教学质量的重要指标，也是衡量职业院校办学水平的重要舞台。对职业院校而言，首先要树立“大竞赛”理念，做好顶层设计，加强学校各个单位的沟通与协作，形成上下联动、齐抓共管的工作机制。但是，目前机制不完善、沟通不顺畅、步调不一致等问题仍频繁出现。比如，技能大赛没有纳入学校教学的常态性工作，没有融入学校日常教学过程；职能部门、二级学院各自为战、缺乏沟通、协作困难的问题仍时有发生，联动一体的全方位育人机制没有真正发挥作用；制度建设相对滞后，师生积极参与大赛的激励机制不够完善，难以形成上下联动、同向发力的全方位育人叠加效应；等等。

（二）技能竞赛与课程教学衔接不够

技能大赛不仅能彰显企业最新的生产工艺以及相关的岗位需求，也是企业文化、职业道德、安全生产等内容的重要体现。因此，将技能大赛融入日常课程教学，做到“课赛融通”“教需协同”是提高人才培养质量的应有之义。但实际情况却不容乐观。比如，基于竞赛和企业需求的模块化课程教学体系不够完善；课程教学、实训条件、技能考核等标准体系与大赛标准、规范不匹配，赛项资源难以有效转化为课程教学资源；学生备赛训练是一套设备和教学方案，面向多数学生的日常教学则是另一套设备和教学方案；大赛所取得的经验仅仅止步于比赛，未能成为丰富课程内容、完善教学方法、优化考评机制的“发酵剂”；等等。

（三）赛事训练与生产实训联系不紧

技能大赛是推进产教融合、校企合作的重要平台，大赛的组织、设计要对接相关产业规划对技术技能人才的需求变化，赛项设置、竞赛规程、竞技要求等要体现当前产业发展的新技术、新装备、新工艺、新规范、新要求。但实际是，教学和竞赛、教育和生产、学校和企业合而不融，日常教学、赛事训练的内容、标准与企业的实际生产、管理有出入，备赛设备往往并非企业实际使用的设备，造成学生的职业技能和工作要求难以有效对接；企业参与技能大赛的积极性不高，比赛的组织、设计缺乏对口企业的深度参与；校企合作后劲不足，基于比赛成果的后续实训、技能提升、互动交流难以持续。

（四）教师发展与学生成长后劲不足

职业技能大赛对推动教学相长，提升师生职业能力和综合素质产生关键作用。但由于资金短缺、功利意识等因素驱动，“应赛教育”现象仍普遍存在，技能大赛不能融入正常的教学过程，覆盖面过窄，无法惠及全体师生。比如，采取“精英式”选拔，由专业带头人和骨干教师组建竞赛辅导团队，遴选少数优秀学生进行专门辅导，多数师生没有机会参与其中；参赛学生一旦入选，就脱离原有的班级，进行全封闭、全天候集中强化训练，严重影响了正常的教学秩序；竞赛往往只限于获奖，对比赛过程中出现的问题没有系统总结、研究，竞赛成果在现实当中的应用转化率也很低；以竞技强能为导向的竞技课堂、竞技教风、竞技学风等校园文化氛围尚未形成。

二、“竞技强能”协同育人模式的探索与实践

为解决“为获奖比赛”的功利化趋向、人才培养规格不能满足企业需求等问题，江西旅游商贸职业学院以职业技能大赛为抓手，聚焦“三教”改革、“三全育人”，充分发掘大赛选拔培养技能拔尖人才的内在价值，强化部门协作、校内外协同，师生同实践、同竞技、同进步，严把教学标准和学生毕业质量标准两个关口，不断提高技术技能人才培养质量。

（一）部门协同，完善齐抓共管的竞技育人机制

从2011年开始，学校坚持每年举办技能竞赛，由教务处牵头、学院承办、职能部门协办。每年初，教务处在审核并汇总各二级学院年度技能竞赛活动计划的基础上，形成学校技能竞赛实施方案，整个活动的宣传发动、统筹协调、组织实施、后勤保障和表彰奖励等任务均分别由职能部门和相关二级学院承担，着力把举办技能竞赛打造成一个能激发学生“学技术、练本领、比技能”的大平台。

1. 教务处牵头协调，构建竞技育人合力

学校高度重视技能竞赛工作，成立技能竞赛领导小组，由校长担任组长，分管教学的副校长担任副组长，相关职能部门、二级学院主要负责人为成员，负责研究、审定技能竞赛工作实施方案、奖励方案以及大赛的组织、协调和指导工作。领导小组下设办公室，办公室设在教务处，全面负责职业技能竞赛日常工作，形成统一领导、齐抓共管、开放协作、全员参与的“整体育人”工作机制。以“三全育人”理念为指导，修订、出台《江西旅游商贸职业学院“四相四促”工作实施方案》《江西旅游商贸职业学院职业技能竞赛管理暂行办法》等文件，进一步对技能竞赛的竞赛级别、组织管理、表彰奖励等作出具体规定，为技能大赛的规范化、常态化、长效化提供制度依据。

2. 二级学院具体组织，夯实竞技育人基础

各二级学院积极组织技能大赛，每个专业根据职业岗位技能和人才培养目标要求，研究、设计相应的技能大赛及其项目，确保竞赛活动每个年级每年不少于1项，覆盖所有专业、教师和学生，实现竞赛育人不断线。把技能大赛和竞赛成绩与课程考试、实训考核及综合考评等结合起来，每学期期中组织一次单项技能大赛，期末举办一次综合技能大赛，每学年组织一次师生技能比武，构建起“平时有单项，期末有综合，角逐省国赛，人人能参赛”的良性运行机制，真正实现通过竞赛培养学生、锻炼教师、引领教学改革的目的。

3. 专业推动落实，强化竞技育人实效

坚持“以赛促教、以赛促学、以赛促训、以赛促建”“四促一体”，将技能大赛赛项的理念、内容、考核标准融入日常教学，有效促进技能大赛与专业建设紧密结合。构建基于技能大赛要求的学生实验实训平台和常态化机制，以技能大赛为核心进行教学设计，根据技能大赛的任务对教学内容进行重构和融合，以技能大赛的评价标准作为学生课程作业的质量评价标准。同时，实训室的建设也与技能大赛的要求进

行对接，重点解决学生职业能力不足的问题，提高学生的技能水平和创新意识。

【典型案例】

江西旅游商贸职业学院职业技能竞赛管理暂行办法

为支持学校教师、学生积极参加国家、省、市和学院举办的各类职业技能竞赛活动，对竞赛活动进一步规范管理，激励全校师生追求卓越，争创一流，特制定本管理办法。

一、适用范围

本办法适用的职业技能竞赛项目必须是以学校名义参赛且经学校审核批准的竞赛（具体管理职能部门为学校教务处）。

二、职业技能竞赛级别及分类

竞赛实行分级管理，具体分为国际级、国家级、省部级、地市级和院系级五级。

（一）国际级竞赛

由国家政府部门组织，代表国家参加的国际性竞赛。

（二）国家级竞赛

该级竞赛分为国家级一类、二类及三类竞赛。

1. 国家级一类竞赛是指由教育部组织，代表江西省参加的全国职业院校技能大赛；由教育部办公厅组织的全国职业院校教师教学能力大赛；由世界技能大赛中国组委会组织的世界技能大赛全国选拔赛；中国“互联网+”大学生创新创业大赛等代表专业领域最高水平的全国性竞赛。

2. 国家级二类竞赛是指由国家部委、国家行业职业教育教学指导委员会组织（主办）的全国性职业技能竞赛。

3. 国家级三类竞赛是指由国家政府部门直属单位或国家行业职业教育教学指导委员会下设分会（分支机构）或相关国家级学会（协会）或全国性学术团体等组织（主办）的全国性职业技能竞赛。

（三）省部级竞赛

该级竞赛分为省部级一类竞赛和省部级二类竞赛。

1. 省部级一类竞赛是指由省教育厅组织的江西省职业院校技能大赛，国

际级及国家级一类竞赛项目的省区赛。

2. 省部级二类竞赛是指由省教育厅、人社厅、团省委、省级行业主管部门（厅、局）、省级学（协）会、行业组织的全省性或全国区域性或全国职业技能竞赛，国家级二类、三类大赛的省区赛。

（四）地市级竞赛

指由市级政府有关部门或市级团体组织的全市性或跨市区的各类竞赛，或省内各地区举办的区域范围的各类竞赛。

（五）校级竞赛

指由学校组织，并有正式文件公布的全校性竞赛。

三、竞赛组织管理

（一）组织形式

各项竞赛由教务处负责组织协调，由相关二级学院（教学部）承担具体工作，原则上每个竞赛项目参赛队的数量不得超过两个。

1. 教务处职责

（1）做好各类竞赛的协调、指导、管理工作。

（2）进行各类竞赛备案工作，协调组织认定各类竞赛级别。

（3）负责各类竞赛奖励、补助的核定工作。

2. 二级学院（教学部）职责

（1）在每学期末，制订本学院下一学期竞赛项目规划，并依据规划做好竞赛的准备、报名、组织、执行工作。

（2）办理竞赛的审核、备案手续，选定指导教师，选拔参赛选手，审核竞赛组织方案、竞赛集训计划，并对集训过程进行指导、督促与检查。

（3）落实培训场地、培训设备，因竞赛需要购置设备的，提交书面报告报有关部门批复。

（4）负责与竞赛组织单位的联系工作，整理、存档和上报相关竞赛资料。

3. 指导教师职责

（1）认真研究竞赛大纲和细则，指导学生掌握竞赛的技能技巧；做好学生的思想教育工作，确保学生积极认真参加竞赛。

（2）负责办理竞赛立项申请，制订竞赛组织方案和集训计划，做好竞赛选手选拔工作，负责培训辅导和竞赛期间的学生日常管理和安全管理。

（3）负责获奖后指导教师及学生费用报销及奖励分配、竞赛获奖证书领取等相关事宜。

（二）竞赛项目申报程序

1. 竞赛项目申报审核

竞赛审核按照指导教师申报—学院审查—教务处审核—学校批准流程。

（1）根据有关竞赛的通知，由指导教师填写江西旅游商贸职业学院职业技能竞赛审核表，二级学院同意后盖章报教务处审批、备案。

（2）由学校正式发布通知举行的校级竞赛，不需进行竞赛审核、备案。其培训由二级学院自行组织。

2. 竞赛培训计划申报

指导教师应在赛前将竞赛培训计划报二级学院和教务处审核通过、备案。如逾期未报，教务处按竞赛培训计划提交时间的次日作为起始日期计算该项目赛前培训工作量。

（三）竞赛组织要求

培训和竞赛具体工作必须落实到位、分工明确、责任到人、纪律严明、照章行事，禁止无组织、无计划地盲目进行。

1. 所有竞赛项目原则上应在比赛日前一个月以上的时间内完成备案工作，在赛前培训前两周提交竞赛培训计划。

2. 赛前培训原则上利用教师及学生的课余时间进行，确实有必要的，可以在比赛日前四周组织学生进行停课强化训练，停课训练计划须经二级学院及教务处批准。

3. 培训期间应严格按照培训计划进行，因天气、人员等需要调整培训时间及地点的，应按照学院调课的相关规定办理手续；培训时间内必须有教师在场指导，如发现指导教师未在岗且未办理调整手续，按教学事故处理（发现一次扣除项目培训工作量的 10%，发现两次扣除项目培训工作量的 30%，发现三次不计项目培训工作量并按教学事故处理）。

4. 学生因培训或参赛影响正常上课，应办理相关请假手续，无法参加正常考试的，考前报教务处备案，可以另行安排考试。

四、竞赛费用管理

竞赛经费包含竞赛组织费和竞赛培训工作量两部分，竞赛所需的消耗性材料、设备等，不纳入竞赛经费管理，可按照学院相关规定申报购买。

（一）竞赛组织费

竞赛组织费主要指用于竞赛项目组织所需的报名费、差旅费、校外竞赛期间参赛学生的住宿费、伙食补贴和交通费及假期集训期间学生餐费补助等，本部分费用的报销按照学校财务相关管理制度执行。

1. 报名费等参加比赛需缴纳的费用，指导教师须在竞赛备案时列明本项费用的明细，立项批复后，凭相关票据按照学校财务制度报销。

2. 教师、学生赛时的差旅费（赛时包含报名、领奖等与竞赛组织有关的环节）。

（1）教师赛时的差旅费（交通费、住宿费等）按照学校财务制度规定的标准和程序凭票据报销。

（2）学生赛时的差旅费（交通费、住宿费等）按照与教师同吃同住的原则，按照教师的差旅费标准执行。

（3）学生赛时差旅费的报销由指导教师在赛后统一按照学校财务相关规定进行报销；交通费等补助费用，指导教师在核算实际支出后，应将剩余部分返还学生，并将核算的具体明细告知学生。

3. 参加国家二类以上级别竞赛的学生集训期间补助规定。

学生参加国家二类以上级别竞赛集训期间补助按不超过每人每月 1800 元的标准执行（时间不超过 6 个月），由学院统一安排食宿的不进行补助。

（二）教师竞赛培训工作课时补贴

为鼓励指导教师更好地投入国家级竞赛培训工作，学校将对参加国家二类以上级别竞赛的指导教师进行工作课时补贴。竞赛培训工作课时补贴指参加国家二类以上级别竞赛前期指导教师为学生开展的赛前培训所产生的工作量课时补贴（其他类别竞赛项目除外）。

在培训开始前一周，竞赛指导教师需提交指导竞赛培训工作课时补贴申请，经所属二级学院审核通过后，报教务处审批，再报分管领导签字。

项目等级	培训工作课时补贴
国际级	180
国家级一类	150
国家级二类	120

五、奖励办法

（一）学生竞赛获奖奖励

学生奖励分为成绩认定及奖金两种。报销程序按照指导教师（参赛教师）申请，二级学院审核，教务处、人事处、财务处审核后，交由分管院长审批执行。

1. 成绩认定：指参加竞赛项目并获奖的学生可以在与竞赛项目直接相关的课程上享受免考并按照获奖级别直接认定课程总评成绩（以下简称“成绩”），原则上每项竞赛相关课程不得超过 2 门（参加国家级一类及以上级别竞赛，需要停课进行赛项训练的学生，成绩认定将由二级学院和教务处商议单独进行确定）。竞赛项目直接相关课程在项目立项时明确，认定的成绩按照竞赛等级由指导教师申报，二级学院具体执行，报教务处备案。

参加竞赛的学生获得国家级一类及以上级别竞赛奖，其竞赛对应课程按一、二、三等奖分别认定成绩 100 分、95 分、90 分。国家级二类、三类竞赛项目，依获奖等级依次递减 5 分、10 分。

获得省级竞赛奖，其竞赛对应课程按一、二、三等奖分别计成绩 90 分、85 分、80 分。市厅级及院校级按一、二、三等奖分别计 85 分、80 分、75 分。

参加竞赛及集训未获奖的学生，其竞赛对应课程成绩可认定为竞赛级别三等奖认定成绩标准递减 5 分，参加集训但未参赛的学生，其竞赛对应课程成绩可认定为 60 分。

学生若自愿参加考试，以考试成绩为准。

2. 奖金：按照竞赛项目的分级及取得的名次给与学生奖金奖励。如果在同一项目中既获团体奖，又获个人奖，或者同一竞赛项目分多阶段选拔竞赛多次获奖，只取最高级别奖项计算奖励，不累计计算。团体奖的奖励以团体为奖励单位，团体内奖励的分配由团体决定。

单位：元

级别	一等奖	二等奖	三等奖
国际级	团体： 个人：20000	团体：20000 个人：10000	团体：6000 个人：3000
国家级一类	团体： 个人：20000	团体：20000 个人：10000	团体：6000 个人：3000
国家级二类	团体：15000 个人：10000	团体：10000 个人：5000	团体：3000 个人：1000
国家级三类	团体：4000 个人：2000	团体：2000 个人：1000	团体：1000 个人：600
省部级一类	团体：5000 个人：3000	团体：2000 个人：1000	团体：1000 个人：500
省部级二类	团体：2000 个人：1000	团体：1000 个人：600	团体：600 个人：300
市厅级	团体：1000 个人：500	团体：600 个人：300	团体：400 个人：200
校级	团体：800 个人：400	团体：500 个人：200	团体：300 个人：100

（1）对于获得国际级竞赛团体一等奖的参赛学生：

参赛人数 3 人及以下的，每人奖励 20000 元；

参赛人数 4—5 人的，每人奖励 20000×0.8=16000 元；

参赛人数 6 人及以上的，每人奖励 20000×0.6=12000 元。

（2）对于获得国家级一类竞赛团体一等奖的参赛学生：

参赛人数 3 人及以下的，每人奖励 20000 元；

参赛人数 4—5 人的，每人奖励 20000×0.8=16000 元；

参赛人数 6 人及以上的，每人奖励 20000×0.6=12000 元。

（二）教师竞赛获奖奖励

教师竞赛获奖奖励指学院教师参与各级各类教师比赛项目获奖所给予的奖励。如果在同一项目中既获团体奖，又获个人奖，或者同一竞赛项目分多阶段选拔竞赛多次获奖，只取最高级别奖项计算奖励，不累计计算。团体奖的奖励以团体为奖励单位，团体内奖励的分配由团体决定。

单位：元

级别	一等奖	二等奖	三等奖
国际级	60000	30000	15000
国家级一类	60000	30000	15000
国家级二类	10000	5000	3000
国家级三类	3000	1000	600
省部级一类	10000	3000	1000
省部级二类	2000	800	500
市厅级	1000	500	300
校级	800	600	300

（三）竞赛指导团队奖励

学生竞赛项目均需配备一个指导团队。指导团队成员包括指导教师及为竞赛承担辅助工作任务的工作人员。

教师竞赛项目为省级一类及以上的可申请配备竞赛指导团队。申请流程由主要参赛教师申请，二级学院、教务处及分管领导同意。竞赛指导团队指导学生参加竞赛获奖，按下表标准奖励；竞赛指导团队指导教师参加竞赛获奖，按下表标准的 30% 奖励；同一指导教师在同一个竞赛项目中指导多个教师或学生获得多项奖励或者同一竞赛项目分多阶段选拔竞赛多次获奖，不累计计算。竞赛指导团队奖励的分配由团队决定。

单位：元

级别	一等奖	二等奖	三等奖
国际级	60000	30000	15000
国家级一类	60000	30000	15000
国家级二类	10000	5000	3000
国家级三类	3000	1000	600
省部级一类	10000	3000	1000
省部级二类	2000	800	500
市厅级	1000	500	300
校级	800	600	300

六、竞赛成果的归档

竞赛结束后，指导教师应及时将竞赛材料报相关部门归档。

（一）获奖证书电子扫描文件及复印件、团体奖证书、铜牌、奖杯、锦旗等交二级学院存档。学院存档完成后，方可在竞赛项目竞赛培训记录、竞赛奖励申请报告上签署同意意见。

（二）竞赛申请书、竞赛培训计划、竞赛培训记录、获奖证书电子扫描文件及复印件交教务处存档。

（三）竞赛相关文件收集齐全后，方可核算竞赛培训工作量及竞赛奖励。

七、附则

（一）江西旅游商贸职业学院职业技能竞赛审批表。

（二）本办法从颁布之日起实施，同时原《江西旅游商贸职业学院师生参加省级、国家级教学竞赛奖励实施办法》（2017 年 11 月）即日起失效。

（三）本办法由教务处负责解释。

江西旅游商贸职业学院

2019 年 1 月 11 日

（二）校内外协同，打造同向同行的竞技育人平台

职业教育产教融合是一种产业和教育、企业和学校、生产和教学相融合的人才培养模式。学校以技能大赛为依托，密切与行业企业的联系合作，推动专业设置与产业需求对接、课程内容与职业标准对接、教学过程与生产过程对接，积极搭建学生成长成才平台，不断拓宽就业创业渠道，实现人才培养与协同合作共赢。

1. 赛—课—证标准衔接，推动人才培养方案不断优化

一是对接课业与职业，实施“赛课证一体化”教学。借鉴大赛先进理念，把赛项内容、评判标准等融入人才培养方案、课程评价体系、职业鉴定标准，把单独的知识点和技能点设计成课程项目和技能考核项目，构建以工作岗位为基础，以实践为中心，以能力为本位的工学结合教学体系。“双师”团队实现课堂同堂授课、实训同场指导、网络慕课开放授课及线下新形态教材辅助培训“四位一体”立体化教学。2011 年以来，旅游类专业引入技能大赛的标准、课程资源，指导开发酒店管理、旅

游管理、模拟导游等 6 个专业技能人才培养方案，引进 50 余门课程资源，开发 30 多本特色教材。此外，依托技能大赛，与富力、万达嘉华等名企开展“二元制”人才培养模式改革试点，采用师徒结对方式选拔学生组建项目团队，“以赛代课”“以老带新”参与各级技能大赛，积极为本地企业提供技术服务。

二是调整教学主体，改革课程教学方法。改革传统以教师为主的被动式教学方法，通过技能大赛的形式翻转课堂。以竞赛为纽带，结合行业发展前沿技术和最新标准，开展以学生为主体的项目教学，推动线上线下互动、理论与实践交融、教学与工作跨界、竞赛与教学并行的混合式教学模式改革。如参照餐厅服务国赛标准要求，在餐厅服务课程教学中推行基于工作过程的项目化教学改革：教师前期赴企业调研进行岗位工作任务分析，然后根据岗位工作任务整合企业项目，将其转化为若干个教学项目。同时，在教学过程中渗透竞赛内容，将企业项目和技能大赛融合，定期组织模拟竞赛，不仅提升了教学质量和学生技能水平，同时也增强了企业参与职业教育的积极性。

三是引入多元评价，实行技能考核与教学评价结合。将竞赛评价融入课程评价，注重对学生知识、技能、心理素质、团队精神等综合素质的考核。把技能水平、职业道德等作为学生学业评价的重要指标，纳入学业评价标准；采取项目式过程考核、期末考试、毕业技能考核相结合的立体化考核方法，推动学生的职业能力和职业素质循环上升；建立技能大赛与职业资格证书有机衔接制度，校级比赛与技能考核同步进行，矫正大赛与日常教学脱节的偏向；引入“以赛促学，以赛代考”的考核机制，对参加过校级、省级相关专业竞赛的学生，其课程最终成绩根据获奖等级加分，对获得全国技能大赛且名次较好的学生给予免考认定，大大提高了学生参与技能大赛的积极性。

2. 赛—教—学任务相通，推动课程教学改革走深走实

一是共同推进课程改革。依据教育规律和学生认知规律，将技能大赛的赛项资源转化为教学资源。围绕大赛的知识点和技能点，设计面向旅游类专业学生的项目教学模块，将大赛项目的内容、标准和要求融入专业课程教学中，开发以职业能力培养为主线，以技能训练为主体，以工学结合为教学实施主要方式的课程体系。开展“课堂教学 + 技能训练 + 技能大赛”的教学活动，将技能大赛演化为学校教学的常态模式。依托大赛优秀指导教师的“夺冠秘笈”，开发以技能大赛项目为主题内容的精品课程 10 门、校本教材 30 多本，扩大大赛成果的受益面，提升所有学生的

职业能力。

二是共同承建高水准实训室。根据技能大赛的标准筹建或改建现有的实训室，提升学校实训室的建设水平和内涵。同时，通过组织技能大赛推动更多企业参与实训室的建设，提供技能大赛所需的规范、标准和设备，实现学校培养人才与企业需求人才的无缝对接。目前，旅游类专业已建成校企共建校内生产性实训基地——江西洲际国际旅行社驻校营业部，与南昌香格里拉大酒店、格兰云天大酒店共建满足世赛标准的酒店前厅与餐厅服务接待实训基地。

三是共同开设订单班。校企双方依托技能大赛平台共同开设订单班，按照企业需求制定培养目标，完善人才培养方案，把企业的真实岗位需求转化为学校的教学内容，培养企业真正需要的人才。企业定期派项目技术人员参与学校日常教学。旅游类专业先后与恒大集团开展“现代学徒制”项目，与江西众弘导游服务有限公司创办“国际导游英才班”，与南昌新旅程国际旅行社打造“研学旅行试点班”等，真正做到了“双导师”“双教学”。

四是共同培育“双师”教师队伍。通过技能大赛平台搭建校企合作新途径。一方面，落实五年一周期教师企业实践轮训制度，分年度选派专任教师下企业，提高教师实践技能，丰富教师企业工作经验。通过产学结合，使教师有更多的机会参与实践和科研活动。另一方面，聘请综合素质高、业务能力强的各行业企业专业人才和能工巧匠到学校担任兼职教师，与学校的专任教师共同完成教学任务，达到优势互补、互为促进的良好效果。近年来，每年校企师资双向交流超过 100 人次，“双师型”教师比例超过 95%。

3. 赛—训—产无缝对接，推动校、企、生三方共赢

一是整合赛项资源，引导实践教学改革。将赛项训练与实训教学融合，按照大赛技术标准配置实训设备，打造实景操作训练环境，使大赛成为推动专业建设与新技术融合的新引擎。从行业企业聘请能工巧匠到学校任教，传承技能技艺，弘扬工匠精神。项目教学法在旅游类专业的教学中得到普遍使用，如世赛班结合大赛探索小班化项目教学新模式，学生在赛中学，在学中赛，不断练就“硬”技能。

二是优化专业设置，推进专业与产业无缝对接。结合技能大赛标准紧贴产业发展步伐的特点，动态调整专业设置，提高优特专业不断转型升级的精准度；将大赛成绩纳入专业评价标准，建立优特专业激励机制；借鉴技能大赛的竞赛场地建设要求，推动优特专业工学一体化实训基地建设，形成专业紧密对接产业的发展格局，

让人才培养与经济社会发展同频共振。近年来，旅游类专业已优化整合为两大专业群、11 个专业，其中酒店管理与数字化运营等 3 个专业为新增专业，旅游管理、酒店管理为省级优特专业，酒店管理（高级管家）职教本科成为江西省首批应用本科联合培养试点专业。

三是“定制”培养人才，推动校、企、产一体化发展。通过订单培养、定向培养等方式，校企共同制订人才培养方案，共商专业课程设置，共同开展专业建设，将产业、行业、企业的新技术、新工艺、新规范以及技能大赛标准，纳入教学标准和教学内容。积极探索“互联网 +”模式，强化育训结合、德技并修，通过学习—实训—竞技—实践的反复历练，将教学过程、生产过程、竞赛过程融为一体，专业教师、技工技师、带赛导师形成合力，实现专业设置与产业需求对接、课程内容与职业标准对接、教学过程与生产过程对接、毕业证书与职业资格证书对接、职业教育与终身学习对接，促进教育链、人才链与产业链、创新链有机衔接，全面提升人才培养质量。

（三）师生协同，彰显共生共长的竞技育人效应

以大赛项目为主线，融合旅游类专业实践教学，通过以赛促学、以赛促教、赛训融合，促进师生协同创新，做到学生全程参与、教师全程跟踪反馈，以达到指导老师储备与学生能力培养相统一的目标，在潜移默化中实现全方位育人。

1. 师生联动发力，充分发挥“以赛促教”导向作用

通过专业教师联系班级，将竞赛辅导向前延伸，有针对性地对各级各类竞赛进行辅导、培训，使教师能够更好地了解学生，师生双向选拔、强强联手组合参赛。同时，构建从大一到大三学生全员参与、阶梯式的培养模式，发掘有潜力的学生加以培养和训练，形成高年级与低年级学生“传帮带”、各年级混合组队的良性循环：大一新生以体验激发兴趣为主，大二学生深度参与，大三学生结合就业创业需求参与项目。

2. 师生同台竞技，聚力营造“竞技强能”良好氛围

从 2013 年起，学校试点举办师生同台技能竞赛，参赛教师和学生在同一赛场，以同一套试题、同一组评委、同样的评分标准切磋技艺，这既是对师生职业技能的一次大检阅，搭建了一个相互学习、交流经验的舞台，同时也为促进职业教育教学改革，加强产教融合、校企合作提供了有益经验。截至目前，参赛教师已从最初的

10 余人增加到 60 余人，参赛单位在本校基础上增加了 9 家企业。

3. 师生同学共进，全面打造“教学相长”校园生态

通过搭建平台、站稳讲台、培养“双师”等举措，将人才培养和教育教学融为一体，让学生文化素养建设、教师教学质量提升体现在学生的每一个学习成果上，打造“教学相长”的良性生态。通过举办“互联网 +”“挑战杯”“技能竞赛节”等活动，引导学生走下网络，走出宿舍，走进实训室；教师通过指导学生参加技能竞赛，革新教学方法，丰富教学内容，加速科研立项，显著提升课堂教学效果；依托校企合作实训基地、大学生创新创业竞赛项目，加快高层次人才引进力度，促使教师学习行业企业的新技术、新业态，鼓励教师参加企业工作实践、创新创业和科学研究，不断提升“双师双能”的数量和水平。

【典型案例】

江西旅游商贸职业学院与 24 家单位签订政·行·企·校深化产教融合合作协议

江西旅游商贸职业学院深化产教融合，政·行·企·校签约仪式在行政楼一楼举行。党委书记吴小平，党委委员、副院长肖长荣，南昌市劳动就业服务管理处处长刘晓锋，赣江新区创新创业协会副秘书长杨艳丽，深圳湾畔大学董事局主席石教龙以及联想集团等 11 家企业代表受邀参加了签约仪式。

学校坚持以企业满意为人才培养标准的教育理念，积极推进产教融合、校企合作，实施校企“3+3”双元育人，努力构建校企命运共同体；学校将与政府、行业协议和企业加大合作，深入践行“3+3”校企合作模式，按照企业需求量身定制培养企业满意的人才。

学校分别与南昌市劳动就业服务管理处及下辖的 12 个县区、赣江新区创新创业协会、深圳湾畔大学、联想集团等 11 家企业签订了战略合作协议，并与南昌市劳动就业服务管理处及下辖的 12 个县区互相授牌。

学校充分整合政府、行业、企业、学校资源，加强四方之间多层次、宽领域、全方位的交流合作，为我校更多毕业生留赣就业、服务江西经济社会发展奠定了扎实的基础。

【典型案例】

江西旅游商贸职业学院打造校企合作“3+3”模式

产教融合、校企合作是职业教育的基本办学模式，是办好职业教育的关键所在。为党育人、为国育才，江西旅游商贸职业学院坚持立德树人根本任务，把产教融合作为建设高水平高职院校的重点工程，紧紧围绕办学定位，服务地方经济社会发展，从联合培养应用型人才角度出发，以就业为导向，以深化产教融合、校企合作为抓手，努力提高人才培养质量和毕业生就业质量，努力提高服务经济社会发展的贡献度。

人才质量好不好，用人单位说了算。学校提出了以企业满意为人才培养标准的教育理念，要让企业满意，就应按照企业的需求来培养人才。为此，江西旅游商贸职业学院大力推进产教融合、校企合作，创新推出“3+3”人才培养合作模式，走“双元”育人的路子，由学校和企业共同制订人才培养方案、共同编制教材、共同进行课程设置、共同进行课堂教学、共同进行实践教学、共同进行实习实训等。

“双元”育人 “3+3”创新人才培养模式

“产”与“教”如何融合？

需求导向倒逼人才培养供给侧结构性改革，江西旅游商贸职业学院以适应行业发展需求为导向，结合学校特色，完善产教融合校企“双元”育人模式，探索并打造产教融合、校企合作办学“3+3”新模式，提升德技并修“旅商特质”复合型技术技能人才培养水平，实现学校高质量、高速度发展。

学校为企业做3件事：培养符合企业需求的人才；提供技术，推动企业技术升级或帮助研究制订完善产业规划、经营模式等；研发新产品。

企业为学校做3件事：提供新信息，与学校共同制订人才培养方案、共同编写活页教材、共同教学等；提供新设备，共建技术技能创新服务平台；提供新订单，企业技术骨干与学校师生共同完成市场订单。

学校推出“3+3”校企合作模式，通过产教融合发展，推动形成教育链、人才链与科技链、产业链深度跨界融合，积极探索建设特色鲜明的中国现代职业教育新模式。以“人才共育、过程共管、成果共享、责任共担”为合作基础，各自承担一定的责任和义务；以“合作育人、合作办学、合作就业、合作发展”为合作目标，形成校企命运共同体，实现共赢发展。

深化合作　新模式促进高质量发展

“3+3”合作模式，学校具体是如何运作的呢？

精准对接，培养行业企业所需人才。学校主动到属地目标合作企业对接洽谈，了解企业需求，磋商合作内容，签订合作协议，推进产教融合、校企合作。坚持校企“互利共赢”的融合交流，在人才培养、技能培训、文化融合等方面共同筹划、共同参与、共同交流，共同培养合格人才。近年来，学校先后与江西长天集团有限公司、江西省旅游集团、阿里巴巴、华为、资溪县政府部门等200余家单位建立合作，为合作企业培养输送了万余名技术技能型人才。

依托行业，共建校企合作实践平台。依托江西旅游职教集团和江西供销职教集团交流平台，学校与江西旅游、商贸类行业企业深度合作、产教融合，联合优质企业开发充分共享、特色鲜明的优质教学资源，建设多功能高水平生产性实训基地。其中国家级生产性实训基地 1 项、应用技术协同创新中心 1 项，省级虚拟仿真实训中心 1 项，国家级大师工作室 1 项，省级大师工作室 1 项，江西省技能集训基地 3 项；搭建校企师资交流平台，年均安排 170 余名专任教师到合作企业挂职锻炼，与企业技术人员共同完成市场订单。2018 年 6 月，与全国供销合作职业教育教学指导委员会、全国电子商务职业教育教学指导委员会采取联合共建模式，在学校设立“农村电子商务师资培训基地”。通过对接各专业校内外实训基地，学校构筑了多元化创新创业实践平台。

深度合作，共建技术技能创新平台。通过合作，学校与企业共建了智库、技术服务、协同创新、创新创业等 5 类技术技能创新平台，为企业提供智力支持和服务，促进教育教学和大学生实践。江西旅游智库、江西省冷链物流研究院、江西省创新创业示范基地、江西农村电商创业学院、江西农村电商现代流通与商贸服务高端人才研究站等，为学校技术技能创新提供了平台。同时，学校通过与上海博世汽修教育集团、赛时国际货运代理有限公司、江西文博控股集团有限公司等大型企业集团探索推进学校混合所有制二级学院共建，取得了突破性进展。

创新思路　政·金·校集成服务企业，有效解决“校热企冷”问题

当前，校企合作存在“校热企冷”的现象，要让企业愿意、乐意与学校

合作，学校仅仅为企业提供人才和技术还不够，还要提供政策、土地、资金等方面的支持。学校联合地方政府、经开区、高新区、工业园区，联合金融机构，共同为企业服务，探索“政·金·校集成服务企业”模式，打造大校企合作概念。地方政府、经开区、高新区、工业园区为企业提供政策、土地、税收等支持，金融机构为企业提供资金、上市等服务，学校为企业提供人才和技术服务。

学校积极探索“政·金·校集成服务企业”模式，取得了初步成效。一是与地方政府建立了合作，学校目前已与江西资溪县、浙江德清县等签订了战略合作协议。二是与建行等金融服务机构建立了战略合作，共同参与为企业服务。银行提供的金融服务资源，为学校合作企业、校友企业、在校大学生创业项目提供量身定制、便捷优惠和精准的金融服务与支持，满足企业多层次、低成本的资金需求，助力企业高质量发展。

产教融合　助力毕业生更高质量和更充分就业

学校主动服务江西经济高质量发展，在旅游、商贸等领域实施“卓越育人计划”，吸纳各方优质资源，共同搭建人才培养实践平台，推进“旅游服务”“商贸物流”等4大特色专业群建设，在服务地方经济社会发展中提升学生就业创业能力。

政府提供政策和资金支持，与学校共同出资2000多万元建成10005平方米大楼作为创新创业基地；借助职教集团和校企合作企业的优势资源，如企业实践资源、岗位资源和创业资源，为学生提供锻炼机会和实践场所，培养“准员工”和“创业者”。“政·金·企·校”四方形成一盘棋，为学生构建起一个完整的就业创业实践平台。

2020年6月9日，江西赣江新区创新创业协会成立大会暨第一届会员代表大会在江西旅游商贸职业学院举行，赣江新区30多家企事业单位自愿申请加入协会。江西旅游商贸职业学院当选首届轮值理事长单位和秘书长单位，学校与赣江新区企业、省内外知名企业有着密切的联系。

2020年，受新冠肺炎疫情影响，旅游类专业毕业生面临很大的就业挑战。学校通过合作企业助力毕业生就业，得到了合作企业的大力支持。7月5日，学生回校集中拿毕业证，学校组织了51家优质合作企业，为还没有找到工作的毕业生提供了1980个质量较高的就业岗位。8月12日至8月31日期间，学校开展就业服务不断线活动，通过合作企业、校友企业等，为受疫情影响暂未就业的毕业生再次提供精准的高质量就业岗位。

产教融合，赋能职业教育高质量发展。江西旅游商贸职业学院努力夯实“3+3”模式合作基础，探索“政·金·校集成服务企业”新模式，打造大校企合作概念，全面提升人才培养质量，为合作企业多输人才、输好人才。

三、“竞技强能”协同育人模式的实施成效

近年来，江西旅游商贸职业学院紧密围绕“质量立校、特色兴校、技能强校”战略，坚持以赛促教、以赛促学、以赛促训、以赛促建，强化技能竞赛顶层设计，整合校内外优势资源，搭建多层次、多元化的竞赛支撑平台，建立校、行、企、政的多方协同机制，形成了“学生成长、名师培育、专业优势、职教名牌”的竞技强能效应，实现了人才培养质量和教育教学质量的双提升。

（一）四级大赛联动，促进学生成长

坚持问题导向原则和持续改进机制，通过技能大赛将职业能力和综合素质“整合进社会职场、凝聚为人文素养、升华成文化思想”，有效落实课程思政，实现“产、赛、教”深度融合、协同育人，搭建学生成长“立交桥”，赛事质量和育人质量获得双提升。2011年以来，旅游类专业1500余人次获得校级奖项，300余人次获得省级奖项，50余人次获得国家级奖项。国赛获奖选手多元发展，63%被企业高薪录用，24%专业免试对口升入本科院校，3%自主创业，另有1人被特聘为实训指导教师留校任教。

（二）竞技平台筑造，培育职教名师

以职业技能大赛为纽带，以提升教师实践技能和专业化能力为目标，建立校、省、国家三级梯次的教学团队体系，将“双师”素质纳入评选条件，构建大赛促进教师培养与成长激励机制，为教师专业化发展提供保障。目前，旅游类专业与50余家国内大中型企业密切合作，建立产、学、研基地，形成“互培共育”合作机制；设立国家级技能大师工作室，落实青年导师制，促进和提高整体教师队伍专业化发展

水平；2 人获评省级教学名师，2 人获评省级技能大师，3 人获评中青年骨干教师，2 支教学团队获评省级优秀教学团队，6 人次担任全国大赛裁判，15 名专业教师赴德、英、日、澳等国以及我国台湾地区研修。

（三）赛项标准引领，打造优特专业

专业改革在技能大赛的引领下逐步深化，传统专业不仅形成了满足企业生产的培养方案，还引入大赛项目课题，实行导师培训。近年来新增设的特色专业也都是通过赛项设置感知产业需求而设置的，如酒店管理与数字化运营、研学旅行与管理服务、智慧景区开发与管理等。专业建设水平的提升使学生的技能水平大大提高，又反过来促进了技能大赛水平的提高。2011 年以来，旅游类专业投入 8000 多万元，建成 2 个国家级骨干专业、1 个国家级旅游类示范专业、2 个省级优特专业、3 个省级骨干专业，累计惠及学生超过 1 万人。

（四）大赛佳绩频传，成就职教品牌

竞赛协同育人的有效实施，极大促进了师生的发展成长。学生在各级各类专业竞赛中屡创佳绩，彰显了学校的办学实力和水平。2011 年以来，旅游类专业学生连续 8 年代表全省征战国赛，连续 9 年承办全省职业技能大赛旅游类三大赛项，获得省级以上奖项 140 余项，在省级赛事中更是连年包揽所有赛项一、二名；3 名学生在世界技能大赛全国选拔赛中入选国家集训队。承接社会培训、再就业培训等累计 8000 人次，连续 5 年制订江西省中、高职旅游类竞赛方案，一大批教师成长为省级技能竞赛专家评委。组建江西省旅游职教集团，成员单位近 160 家，50% 毕业生在合作企业就业，企业对毕业生的总体满意率超过 97%。

【典型案例】

以赛促学　以赛促教　全力推动职业院校技能型人才培养

——江西旅游商贸职业学院教育教学典型案例分析

党的十九大明确指出：完善职业教育和培训体系，深化产教融合、校企合作。得益于国家政策的大力支持以及社会对于技能型、创新型人才需求的不断增加，职业教育进入黄金发展期，办学规模不断扩大，每年为社会输送

了大批优秀人才，有力地推动了经济社会的发展。为了促进职业教育教学改革和专业建设，学校高度重视技能大赛工作，把技能大赛列入教育教学工作的议程，在课程安排、教学计划制订、课堂教育、实习实训、顶岗实习等方面都贯穿技能大赛的内容。每年学校举办的技能大赛为教师实践教育教学理论，创新教学模式提供了一个良好的平台，也成为学生巩固理论知识、提高实践能力、培养职业素质的重要载体。以赛促学、以赛促教的"职业教育有大赛"的新局面已逐步形成。

一、主要做法

（一）建立和完善技能大赛长效机制

学校技能大赛是推动学校教学改革的主要渠道，也是检验学生学习效果的重要手段，更是一项长期性、连续性的工作。

1. 建立职业技能大赛长效实施方案。各专业根据职业技能大赛项目的要求及市场对人才的实际需求不断完善人才培养方案，将职业技能大赛的内容融入各专业的课堂教学，建立健全常态化、规范化的职业技能竞赛指导教师团队，通过多种渠道提高指导教师的指导水平。

2. 进一步实现教学与技能大赛相融合。把职业技能大赛作为一项常规化的教学工作融入教学工作，是建立长效机制的一个重要途径。学校积极推进教学内容与技能大赛相融合，让师生真切感受到技能大赛其实就是平时教与学的内容。

3. 加强校企合作平台建设。学校通过与省内外企业的合作，建立校外学生实践基地，让企业参与策划旅游技能大赛、会计技能大赛、汽车维修技能大赛等全过程，让学生更好地了解自己将来所要面对的技术岗位需求，通过这个平台，逐渐形成了学校—学生—企业的良性循环，使得学校、教师、学生和企业都在这个过程中获益。

（二）提升教师专业能力和教学水平

职业技能大赛不仅仅是在考学生，更是对教师的考验，教师水平的高低直接影响大赛的成败。教师既要有理论知识，也要有实践能力，甚至要有技能资格。通过技能大赛的强化实践，让理论知识丰富的老师对新技术、新工艺、新方法更加熟悉，操作能力和技能水平不断提高，同时也能更好地让教师在教学过程中发现问题，并更好地解决问题，以此为契机，有利于打造“双师型”教师队伍，有利于促进教师的专业能力和教学水平的提升。

二、特色创新

一是充分发掘学生创新能力，学生技能掌握实现质的提升。通过每年的技能大赛，不仅在各专业学生之中形成了“比学赶帮”的良好学习氛围，更进一步促进了学生掌握技术的主动性和积极性，极大地改善了过去学生被动学习的局面，有效促进了学校教育教学质量的提升。

二是改良了现有专业人才培养模式。积极推行与生产劳动和社会实践相结合，把“工学结合”作为专业人才培养模式改革的重点和切入点，注重学生学习与实际工作的一致性，学习环境与实际工作环境的一致性，探索“理实一体化”人才培养模式。

三是根据企业生产的要求和专业教学的特点，将教学活动与企业的生产过程紧密结合。试行多学期、分段式教学组织形式，以适应企业内部运行和学生能力训练的需要。吸纳行业、企业参与专业人才培养与评价，将毕业生就业率、就业质量、创业成效和企业满意度等作为衡量人才培养质量的重要指标。

三、取得成效

自从 2011 年学校举办技能大赛以来，每年都涌现出一大批优秀的教师和学生，他们不仅专业技能掌握牢固，更是各专业教学与技术的精英，为今后的教学与工作奠定了坚实的理论与操作基础，也为学校今后技能大赛的开展提供了丰富的宝贵经验。

（一）2017 年技能大赛成效

2017 年，学生参加竞赛共获得国家级奖项 7 个、省级奖项 37 个。其中，旅游类专业学生参加 2017 年全国职业院校技能大赛，获中餐主题宴会设计三等奖 1 项（3 人），西餐宴会服务三等奖 2 项（2 人）；参加江西省职业院校技能大赛，获高职组中餐主题宴会设计赛项一等奖、二等奖各 1 项（6 人），西餐宴会服务赛项一等奖、二等奖各 1 项（2 人）。学校连续 8 年举办学生技能大赛，共有 43 个赛项，学生 6000 多人（次）参赛。通过组织和举办大赛促进学生学习，促进教师教学水平的提高。

（二）2018 年技能大赛成效

2018 年，学生参加竞赛共获得国家级奖项 9 个、省级奖项 41 个。其中，旅游类专业学生参加第 45 届世界技能大赛全国选拔赛，获餐厅服务赛项全国第八名的好成绩；参加第 45 届世界技能大赛江西选拔赛，获餐厅服务赛项一、二名；参加江西省职业院校技能大赛，获高职导游服务赛项一等奖 2 项（2 人），西餐宴会服务赛项一等奖、二等奖各 1 项（2 人），中餐主题宴会设计赛项一等奖 1 项（3 人）。

（三）2019 年技能大赛成效

2019 年，学生参加竞赛共获得国家级奖项 11 个、省级奖项 43 个。其中，旅游类专业学生参加第 45 届世界技能大赛全国选拔赛，获酒店接待赛项全国第二名，并入选国家集训队；参加第 46 届世界技能大赛选拔赛，获酒店接待赛项第一名，餐厅服务赛项一、二、三名；参加全国职业院校技能大赛，获高职组导游服务赛项三等奖 2 项；参加江西省职业院校技能大赛，获高职组中餐主题宴会设计、西餐宴会服务等赛项一等奖 5 项（7 人），二等奖 1 项（3 人）。

（四）2020 年技能大赛成效

2020 年，学生参加竞赛共获得国家级奖项 17 个、省级奖项 47 个。其中，旅游类专业学生获全国扶贫职业技能大赛金奖；在 2020 年江西省职业院校技能大赛中，获高职组中餐主题宴会设计赛项一等奖、二等奖各 1 项（6 人），西餐宴会服务赛项一等奖 2 项（2 人），导游服务赛项一等奖 2 项（2 人）。学校先后承办 2020 年江西省职业院校技能大赛西餐宴会服务、中餐主题宴会设计（高职组）技能竞赛，促进师生在职业技能大赛中成长。

四、下一步展望

举办技能大赛是一项长期性、连续性的工作，既能推动学校教育教学创新发展，也能促进学生学有所成。下一步，我校将继续把做好技能大赛工作作为今后学校工作的重点，推进技能大赛向各专业、各学段深入开展。

（一）积极发挥大赛对职业教育教学改革和专业建设的引领作用，更好地促进产教融合、校企合作，提高人才培养质量，增强职业教育的影响力和吸引力，为推动我省现代职业教育健康有序发展贡献力量。

（二）不断完善技能大赛活动各项措施。更新教育理念，进一步丰富和完善技能大赛各项措施，为培养高、精、尖的社会优秀人才提供一个良好的教育平台。

（三）立足江西省特色现代新型服务业体系发展战略，加强学校专业建设，进一步加大实训基地基建项目建设。把握旅游文化养生千亿元产业发展机遇，按照生态、绿色、环保、长寿的标准，依托自身资源优势积极打造江西省职业教育文化品牌。

第六章 竞技育人生态建设

十九大以来，国家提出建立健全绿色低碳循环发展的经济体系，为新时代高质量发展指明了方向。要坚持质量第一、效益优先，切实转变发展方式，推动质量变革、效率变革、动力变革，使发展成果更好惠及全体人民，不断实现人民对美好生活的向往。加强高等职业教育，解决高等职业教育当中存在的育人难题，为社会主义事业培养德才兼备的接班人，是落实高质量发展战略的重要一环。江西旅游商贸职业学院基于“四相四促、竞技强能、匠心筑梦、立德树人”理念，以江西省优势特色专业旅游管理类专业为主要实践基础，探索竞技育人人才培养模式。为使该人才培养模式更好地落地实践，解决一系列教育教学问题，探索普惠式竞技育人生态建设十分迫切。

一、竞技育人面临的问题及解决思路

（一）现状问题

1. 技能实践缺乏普惠性，技能竞赛成为少数学生的舞台

采用传统方式选拔学生参加竞赛，主要是择优挑选少数优秀拔尖的精英学生，以获奖为主要目的参加竞赛，使得精英学生得到成长锻炼，能力提升，而广大更需要强化锻炼的普通学生则缺少竞赛机会，难以体验竞赛气氛和成长提升，也不利于整体学生的能力培养。

2. 教师发展与职业教育育人未完全衔接，存在一定错位

日常的课堂和实训场所的课程学习，由教师组织教学活动，技术技能实践锻炼

的考核评价以课本要求为主，评价标准与竞赛要求存在一定程度脱节；不同教师受主、客观因素影响，对标职业岗位标准和竞赛标准实施教学活动，存在不统一、不规范的情况，导致不同教师成长发展进度不一致。

3. 技能竞赛组织未成体系，各层级比赛的有机联系不强

传统竞赛组织方式，主要由教师根据平时对学生的观察了解，结合学生个体的积极性，挑选优秀学生直接参赛，选拔上存在一定主观性和一定疏漏，难以将全部种子同学都挖掘出来。此外，由于组织方式不系统，没有逐级培育过程，学生在竞争参赛资格时缺少一层层过关斩将式的阶段成就感，一定程度上也会削弱学生的积极性。

4. 产赛疏离，协同不足，各部门协作程度不紧密

学校与企业的合作停留在相对较低的层面，没有及时地将职业技能竞技引入学生技能学习过程，在教学过程、生产过程、竞赛过程融为一体方面还不够深入。

（二）解决思路

围绕竞技育人人才培养模式的“一大理念、两大抓手、三大目标、四相四促”，建设竞技教风、竞技学风、竞技校风、竞技文化的竞技育人生态，从四个不同方向重点发力，解决相关问题，为“四相四促、竞技强能”人才培养体制机制的建设而服务（见图 6–1）。

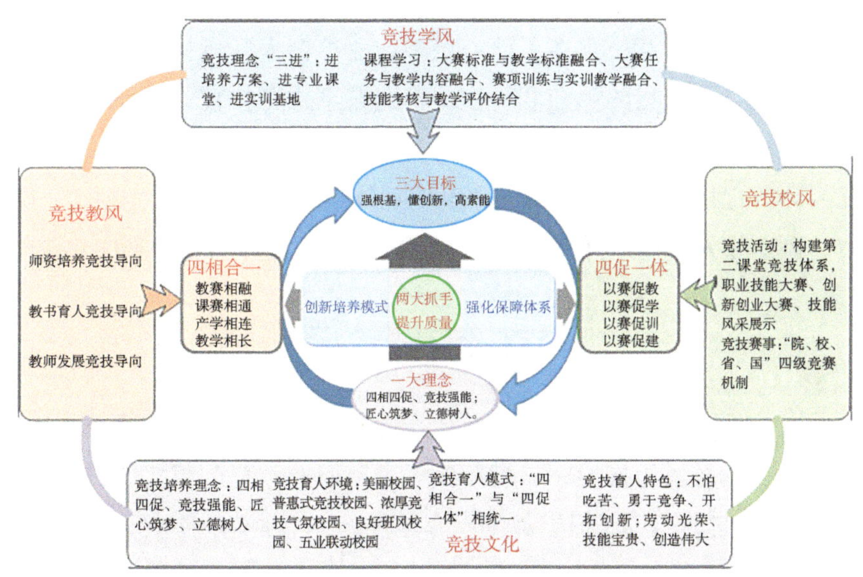

图 6–1 竞技育人生态与竞技育人人才培养模式的关系

1. 建设竞技教风，打造竞技导向的教师端

改革教师工作评价体系,引导竞技型教学工作;以“双师”队伍建设为主要抓手，落实师资培养的竞技导向；注重师德师风建设，培育名师名匠，提升教师综合素质，为“教赛相融、课赛相通、教学相长”夯实教师端基础，形成良好的竞技导向教风。

2. 建设竞技学风，打造竞技导向的教学活动

推动竞技理念“三进”，即进培养方案、进专业课堂、进实训基地，使竞技强能始终贯穿在学习过程之中；在课程学习上，实施竞技教学与考核，让学生明确以技能实践、专业能力为核心的学习目标，养成良好的学习习惯；在专业学习的组织安排上，学年有大赛、学期有小赛、内容全覆盖，引导不同层次、不同学力的学生有序参与阶段性竞赛活动,形成逐级提升综合素质的学习节奏,为“强根基、懂创新、高素能”三大目标夯实教学活动的基础，形成良好的竞技导向学风。

3. 建设竞技校风，打造浓厚竞技气氛的校园

推动第二课堂竞技体系,丰富学生锻炼技能的形式;建立“国赛引领、省赛拉动、校赛规范、院赛普惠”的竞赛机制，让各层级比赛形成有机联系、递进感；做好职业技能大赛、创新创业大赛、技能风采展示等多种形式的竞技示范，强化多部门协同机制，最大限度调动更多资源，为“以赛促教、以赛促学、以赛促训、以赛促建”夯实多方协同的基础，形成良好的竞技导向校风。

4. 建设竞技文化，打造影响师生思想的文化特色

落实“四相四促、竞技强能、匠心筑梦、立德树人”竞技培养理念，深深刻入师生骨髓，形成自然而然的认知和习惯；营造普惠式竞技育人环境，人人都学习技能，具备技能能力，人人都能以技能为基石而成才，报效国家社会；实施“四相合一、四促一体”竞技育人模式；树立“不怕吃苦、勇于竞争、开拓创新、劳动光荣、技能宝贵、创造伟大”的精神文化，融入血脉，形成良好的竞技导向文化特色。

二、竞技教风

培养出一支竞技导向的优秀教师队伍，才能承担竞技育人的重任。以“德技双馨、敬业善导”的教风为指导，贯彻落实《国家职业教育改革实施方案》的根本要求，大力推进“三教”改革，树立教学中心地位，改善办学条件，提升教师教学能力，深化课程建设，创新课堂教学手段。进一步完善并落实教风建设规章制度，加强对

教师教学活动各环节的监督管理，努力构建全校师生奋发向上、严谨求实、勇于创新的优良教风学风新气象。建立明确竞技导向的教书育人评价机制，才能更好地将竞技育人理念落实在整个教学过程中。重构新的教师素能竞技导向评价体系和教学质量竞技导向评价体系，引导教师将自身成长方向与竞技育人相统一，从而有力支撑教赛相融、课赛相通、产赛相连、教学相长“四相合一”。

（一）师资培养竞技导向

学校以旅游管理专业为引领标杆，实践建设了项目形式的“双师型”教师教学创新团队。以竞技强能作为导向，着重从信息化手段融合教学、打磨核心课程、教师参赛、名师名匠等方面开展师资培养工作。

1.信息化手段融合教学，推动教师团队与时俱进

在聚集优质资源的基础上不断探索新教法，通过互联网技术、人工智能、大数据、虚拟仿真技术等信息化手段有效展开与竞技强能教育教学的融合创新，将最新研发成果融入教学，从而推动教师团队与时俱进，不断成长。

2012 年至 2017 年，旅游管理专业教师团队重点研究互联网技术与教学的结合，早期使用了网络云盘配合具体教学，使学生在学习旅游专业知识时不再受限于书本等有限教材，而是拓展到更遥远广泛的区域；中后期，与网络技术公司合作，采用 3D 建模技术建设了旅游文化线上博物馆，学生可以通过 PC 平台在线访问“瓷都景德镇”、“京杭大运河”等文旅主题场景，基于当时技术条件实现了较为基础的人机场景交互，丰富了在线学习资源，拓宽了学生视野，提升了教学效果。

随着新一代信息技术的发展进步，教育部和江西省人民政府在江西省南昌市九龙湖片区合作共建了国家级职业教育虚拟仿真实训基地项目。2021 年 9 月，该基地正式启动，首批开设导游、工业机器人技术、数控技术、城市轨道交通运营管理、中药学、通用航空航务技术、通用航空器维修七个专业实训班。在江西省职业教育创新发展高地、虚拟仿真（VR）高地的背景下，我校于 2020 年组织旅游管理专业教师团队重点研究虚拟仿真技术与教学的结合，负责该基地旅游大类 VR 实训室建设和教学实训方案、VR 课程设计、VR 教学资源开发等工作。

【典型案例】

我校旅游管理专业教师团队参与建设国家级职业教育虚拟仿真实训基地项目

我校旅游管理专业教师团队充分考虑职教改革要求和校企深度产教融合、教学手段的虚实融合、实训技术的先进性与特色、基地实训设备与各院校现有实训设备的差异性，根据学生层次和对应的虚拟仿真实训学习内容，将VR实训时长设为2周至12周不等，每天6学时，每周30学时。其中理论学时（设备简介及操作方法）占10%—20%，虚拟VR实训（虚拟仿真+虚实结合+真实设备操作结合）占30%—50%，其他形式的实践实训占30%—40%。短期实训侧重专业与岗位认知学习，中期实训侧重大三学生顶岗实习。学生通过学习，可获得基地颁发职业技能等级证书和专业培训学时认定，在学校取得相应学分；专业教师通过带班实训，可获得职业技能水平提升与企业实践学时证明。此外，还可满足企业员工职业技能培训及取证需求。该项目加深了旅游大类专业实训学习的体验感和沉浸深度，解决了风险操作难实践、复杂操作难复现、高成本操作难普惠等问题，强有力地促进了教学手段现代化。

通过参与建设国家级职业教育虚拟仿真实训基地，在深入研究信息化手段与教学进行深度融合的实践过程中，有效增强了我校旅游管理专业教师的信息化教学能力，有效促进了团队成长。

2. 以竞技导向打磨课程和专业，促进教师团队专业水平成长

学校加强省级及以上重点（特色）专业的核心课程教学团队建设，通过明确团队成员的分工协作，使教师全面参与从人才培养方案制订到专业建设的全过程，形成有特色、可复制的经验成果，示范引领竞技导向型师资队伍的建设。

以导游专业为例，在人才培养方案上，组织团队成员对江西旅游行业进行调研，了解行业经济社会发展对人才的需求，汇集企业意见，制订出更加符合行业实际需求的人才培养方案——培养适应现代旅游服务需要，达到国家导游员初级水平、计调初级水平、研学指导师初级水平、景区讲解员初级水平，熟悉并掌握导游、计调、研学旅行、景区讲解员工作流程等，能够从事导游服务、计调服务、研学服务、景区讲解员工作的高素质技术技能型人才。

在核心课程设计上，对标全国职业院校导游服务技能大赛赛项标准不断优化导游专业中模拟导游、全国导游基础知识等课程的教学内容和实训环节，参照全国职业院校导游服务技能大赛自选景点赛项和导游词创作及讲解赛项内容及评分细则设计模拟导游、全国导游基础知识课程实训教学。一是在模拟导游课程中设计景点讲解实训项目：讲解国家 5A 级旅游景区或世界遗产地（4 分钟导游词，配合 PPT 创设情景）；二是在全国导游基础知识课程中设计导游词创作及讲解实训项目：围绕中国国情及文化元素等主题创作一篇导游词并进行现场讲解，实训考核从 50 个主题和 5 个团型中抽取一个主题和一个团型，在 3 分钟内用中文进行脱稿讲解。

3. 鼓励教师参加技能比赛，促进教师竞技能力提升

学校出台了《江西旅游商贸职业学院职业技能竞赛管理暂行办法》（赣旅商院发〔2019〕9 号），对竞赛级别及分类、竞赛组织管理、竞赛费用管理、奖励办法、竞赛成果归档等七方面作了规定，鼓励教师参加各级各类技能大赛，一方面锻炼教师自身竞技能力，另一方面促进教师与学生形成共情，共同成长（见图 6-2）。

江西旅游商贸职业学院文件

赣旅商院发〔2019〕9 号

关于印发《江西旅游商贸职业学院职业技能竞赛管理暂行办法》的通知

各二级学院、各部门：

现将《江西旅游商贸职业学院职业技能竞赛管理暂行办法》印发给你们，请结合实际，认真贯彻实施。

2019 年 4 月 28 日

— 1 —

江西旅游商贸职业学院职业技能竞赛管理暂行办法

第一章 总则

第一条 为鼓励师生积极参加国家、省、市和学校举办的各类职业技能竞赛活动，加强对竞赛活动的规范管理，激励全校师生追求卓越，争创一流，特制定本管理办法。

第二条 适用本办法的职业技能竞赛项目仅指经学校审核批准并以学校名义参加的职业技能竞赛。

第二章 职业技能竞赛级别及分类

第三条 职业技能竞赛实行分级管理，共分为国际级、国家级、省部级、地市级和校级五级。具体竞赛项目分类按每年年初教务处发布的《江西旅游商贸职业学院职业技能竞赛分类项目列表》（见附件 3）执行。

第四条 国际级竞赛指由国家政府部门组织，代表国家参加的国际性竞赛。

第五条 国家级竞赛是指由教育部、人社部组织，代表江西省参加的全国职业院校技能大赛、创新创业大赛以及其它专业技能竞赛；教育部办公厅组织的全国职业院校教师教学能力大赛；由世界技能大赛中国组委会组织的世界技能大赛全国选拔赛；中国“互联网+”大学生创新创业大赛等代表专业领域最高水平的全国性竞赛；其他经学校审

— 2 —

图 6-2 《江西旅游商贸职业学院职业技能竞赛管理暂行办法》文件

在学校的积极推动下，我校师生取得众多国家级、省级奖项。以旅游学院为例，2014 年至 2020 年，教师获得国家级奖项 20 个、省级奖项 82 个。其中，2014 年获得国家级奖项 3 个、省级奖项 18 个；2015 年获得国家级奖项 4 个、省级奖项 18 个；2016 年获得国家级奖项 5 个、省级奖项 19 个；2017 年获得国家级奖项 3 个、省级奖项 4 个；2018 年获得国家级奖项 1 个、省级奖项 7 个；2019 年获得国家级奖项 3 个、省级奖项 10 个；2020 年获得国家级奖项 1 个、省级奖项 6 个。教师通过参加竞赛、指导学生竞赛，得到了锻炼提升。

4. 以“名师名匠”培育“校园工匠”，树立教师良好师德师风

学校以师德师风建设为主线，以专业“名师名匠”建设、匠心管理队伍建设为两翼，以“工匠精神”作为高水平师资队伍建设的精神内核。

多年来，学校组织专业教师前往相关行业领域企业参加实践，接受专业实践锻炼和示范能力的训练，与时俱进，切身感受工匠文化、工匠精神，提升综合职业素养。完成实践返回学校的教师在各二级学院以经验交流会、教研室活动等形式，跟更多教师分享亲身体会，促进了学校教师更快更好地向“双师型”教师转变，使竞技导向教学水平得到提升。

学校导游专业聘请江西众弘导游服务有限公司国家金牌导游工作室方徐（国家高级导游）来校任兼职教师，参与完成旅游学院“名师名导进课堂”项目，为 2018 级、2019 级“国际导游英才班”分专题讲授模拟导游课程。校内教师与江西众弘导游服务有限公司的企业工匠进行深入沟通，进一步了解了导游服务工作流程、导游职业规范。教师将学习掌握的内容运用在全国职业院校导游服务技能大赛和江西省职业院校导游服务技能竞赛上，近 3 年指导学生获得国家级二等奖 1 次、三等奖 2 次，省级一等奖 6 次。江西众弘导游服务有限公司的企业工匠发挥了传帮带的作用，带动学校教师养成良好的工匠素养。

此外，还构建大赛促进教师培养与成长激励机制，获奖教师优先获得评优评先和职称晋升资格，优先参加培训和学术交流活动。15 名专业教师赴德、英、日、澳等国和我国台湾地区研修；2 人成为省级教学名师，2 人获评省级技能大师，9 人获评中青年骨干教师，2 支教学团队获评省级优秀教学团队，6 人多次担任全国大赛裁判。学校每年派专业教师下企业进行 3 个月至 1 年的专业技能学习。

【典型案例】

旅游管理专业教师团队入选国家级职业院校教学创新团队

经过多年建设积累，2021年7月，学校旅游管理专业教师团队入选首批国家级职业院校教学创新团队（见图6-3）。为满足产业发展及地方政府发展需求，加强团队教师能力建设，旅游管理创新团队建设的总体目标为：建立团队建设协作共同体，推行“1+X”证书制度试点，提升团队对行业的服务水平，构建对接职业标准的旅游管理专业课程体系，建设一支师德师风高尚、团队专业结构和年龄结构合理、教学水平高、科研能力强、具有国际化视野，拥有高层次领军人才的“双师型”一流教学创新团队。将我校旅游管理专业教师团队打造成为适应职业教育教学和培训实际需要的高水平、结构化的国家级团队，团队教师按照国家职业标准、竞赛竞技标准和教学标准开展教学、竞赛、培训等活动，教师分工协作进行模块化教学的模式全面实施，进一步推动我校高素质“双师型”教师队伍建设，为全面提高复合型技术技能人才培养质量提供强有力的师资支撑。专业拥有一支以专业带头人为主导，骨干教师为主体，专兼结合、结构合理的“双师”结构师资队伍。团队成员共20人，含校内专职教师16名，企业高技人员和能工巧匠兼职教师4名。

专业带头人张蕾教授，高级“双师型”教师、餐厅服务高级技师，负责专业建设重大事项的统筹规划、调度。主讲旅游社交礼仪、餐饮运行与管理、

图6-3　国家级职业院校教学创新团队江西旅游商贸职业学院旅游管理专业教师团队

旅游公共关系等多门专业主干课程。她是国家级示范职教集团江西旅游职教集团秘书长，江西省饭店星级评定员，江西省大学生科技创新与技能竞赛专业委员会（旅游类）副秘书长，江西省高职高专教育教材建设委员会旅游专业委员会主任，第44届世界技能大赛餐厅服务江西省集训基地技术指导专家组组长，全国旅游职业教育教学指导委员会酒店管理专业委员。她带领团队成员积极探索、创新理念，对形成合理教学梯队发挥了巨大作用。在“三教”改革、指导竞赛等方面榜样作用明显，在她的带领下，旅游管理专业荣获全国优秀示范专业，教学团队荣获江西省优秀教学团队荣誉称号。2012年至2017年，她负责组织江西省旅游类中职教师培训工作并亲自授课，培训人员百余人，同时积极承担学院及社会示范课、公开课、观摩课任务，承担培训工作及社会服务工作。

团队成员熊铭贵、徐孙君、李琪等老师负责岗位核心学习领域课程，包括导游业务、前厅客房运作实务、酒店餐饮运作实务、景区服务与管理等。罗晨、左剑、周凯等老师负责岗位基本学习领域课程，包括旅游服务礼仪、旅游经济学等。刘国胜、戴婧等老师负责职业素质课程，包括旅游美学、大学生创新创业指导、旅游心理学等。罗晨、戴婧、涂欣等老师负责校内外实训基地建设，校企合作，实习、毕业就业等工作。蔡海生、夏淑芳等老师负责科研项目申报、研究及研发成果转化。冯静、刘欢、朱廉、徐孙君、郑巍等老师负责指导学生竞赛、社会服务等。校外企业教师高发钱、方徐、曾捡发、刘宇负责校企合作各项事宜，承担景区服务与管理、旅游市场营销、模拟导游、导游业务、全国导游基础知识、旅游电子商务、国际客源市场分析等课程的授课及课程建设。

团队成员理论素养高，专业技能扎实，综合素质过硬，近年来积极参与各类教师教学能力大赛，指导学生参加各级各类技能大赛获得优异成绩，组织参与旅游类教材教辅编写工作。团队成员主持原国家旅游局国家万名旅游英才计划项目36项，出版“十二五”“十三五”规划教材4项。成功获评国家首批示范性职业教育集团（联盟），获评江西省幸福产业产教融合育人基地，获评江西省高水平高职院校优势、特色专业（酒店管理专业、旅游管理专业）建设单位。团队成员积极参与校企合作项目，先后与南昌富力万达嘉华酒店、南昌恒大酒店合作开展现代学徒制试点项目。团队成员参与江西省职业院校技能大赛教学能力比赛获一等奖4次、二等奖5次、三等奖8次，获省级荣誉20余次。

（二）教书育人竞技导向

在师德师风建设、教学团队评价体系、教学质量控制机制、创新教学模式、开发教学资源等方面，融入竞技强能内容，促进竞技导向实践教学，不断深化教书育人。

1. 加强师德师风建设，营造良好教风

学校出台了《江西旅游商贸职业学院教师教学工作综合考评管理办法（修订）》（赣旅商院发〔2018〕58号），加强师德师风建设，营造良好教风（见图6-4）。以师德为先、教学为要、科研为基、发展为本为基本要求，坚持社会主义办学方向与遵循高等职业教育规律相结合，全面贯彻党的教育方针，以立德树人为根本任务；坚持德才兼备，注重凭能力、实绩和贡献评价教师，注重考查教师实际操作技能、教书育人成效，从学校自身发展阶段和办学特色出发，建立科学合理的考核评价体系；切实提高师德水平和业务能力，努力建设有理想信念、有道德情操、有扎实学识、有仁爱之心，让党和人民满意的高素质专业化教师队伍。

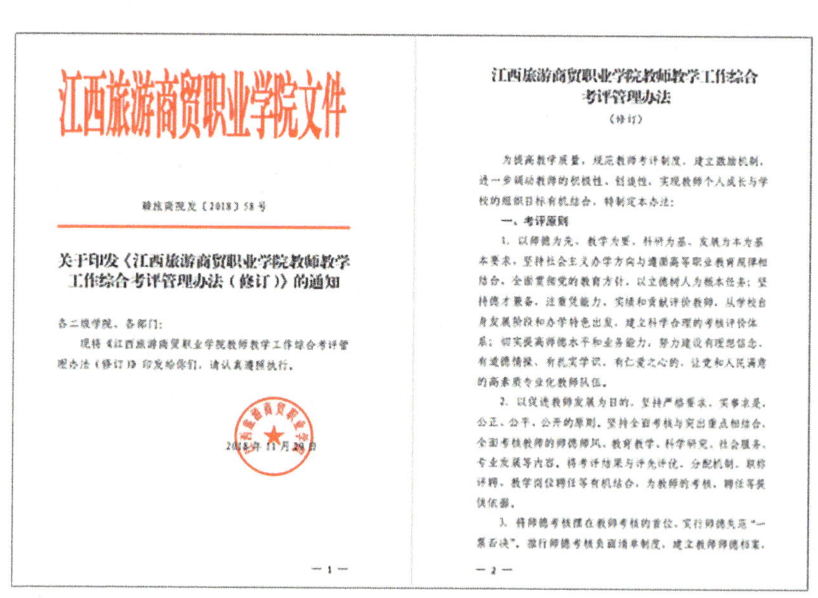

江西旅游商贸职业学院文件

赣旅商院发〔2018〕58号

关于印发《江西旅游商贸职业学院教师教学工作综合考评管理办法（修订）》的通知

各二级学院、各部门：

现将《江西旅游商贸职业学院教师教学工作综合考评管理办法（修订）》印发给你们，请认真遵照执行。

2018年11月[illegible]日

— 1 —

江西旅游商贸职业学院教师教学工作综合考评管理办法

（修订）

为提高教学质量，规范教师考评制度，建立激励机制，进一步调动教师的积极性、创造性，实现教师个人成长与学校的组织目标有机结合，特制定本办法：

一、考评原则

1. 以师德为先、教学为要、科研为基、发展为本为基本要求，坚持社会主义办学方向与遵循高等职业教育规律相结合，全面贯彻党的教育方针，以立德树人为根本任务；坚持德才兼备，注重凭能力、实绩和贡献评价教师，从学校自身发展阶段和办学特色出发，建立科学合理的考核评价体系；切实提高师德水平和业务能力，努力建设有理想信念、有道德情操、有扎实学识、有仁爱之心的，让党和人民满意的高素质专业化教师队伍。

2. 以促进教师发展为目的，坚持严格要求、实事求是、公正、公平、公开的原则，坚持全面考核与突出重点相结合，全面考核教师的师德师风、教育教学、科学研究、社会服务、专业发展等内容，将考评结果与评先评优、分配机制、职称评聘、教学岗位聘任等有机结合，为教师的考核、聘任等提供依据。

3. 将师德考核摆在教师考核的首位，实行师德失范"一票否决"，推行师德考核负面清单制度，建立教师师德档案，

— 2 —

图6-4 《江西旅游商贸职业学院教师教学工作综合考评管理办法（修订）》文件

一是将师德师风考核作为教师考核的第一标准，推行师德考核负面清单制度，建立教师师德档案，将师德考核贯穿于日常教育教学、科学研究和社会服务的全过程。教师有损害国家利益，损害学校和学生合法权益的，在教育教学活动中存在违背党的路线方针政策言行的，在科研工作中弄虚作假的，在教育工作中徇私舞弊的，收受学生及家长财物的，与学生发生不正当关系的，受党政纪律处分的等情况，均实行师德失范“一票否决”。教师考评体系由学生评价、督导组考评、教学单位考评、教务处考评四部分组成，其中前三个部分分别占 50%、20%、30%，第四部分教务处考评根据学校《教学事故认定、处理暂行办法》依规扣分。

二是切实加强师德师风教育培养工作，持续提高教师课程教学设计能力，改进课堂教学方法，提升课堂教学的灵活度，提高课堂教学效果，每学年开展一次优质示范课、微课、精品课评比；创建新的交流互助平台，组织资深教师、企业名师与青年教师一对一结对研究教学，形成教学团队，每学年组织开展一次教师沙龙活动；面对青年骨干教师设立课堂教学研究专项，资助青年教师对授课课程进行设计研究，鼓励积极参与课题研究，着力打造“精品课堂”和“智慧课堂”；将思政、团学、辅导员队伍建设纳入学校师资培养培训计划，加大思想政治工作研究专项支持力度，鼓励成立辅导员工作室、第二课堂工作室，引导开展有针对性的研究。

三是建立健全师德师风建设长效机制，修订《江西旅游商贸职业学院师德师风建设实施方案》，制定《江西旅游商贸职业学院教师职业道德规范》《江西旅游商贸职业学院师德标兵评选及表彰办法》，开展新入职教师师德师风教育专项培训，在教师招聘、考核和晋升方面严把思想政治关，将师德师风作为评价教师素质的第一标准。从制度上引导广大教师增强责任感和使命感，促进教师带头践行社会主义核心价值观，做“四有”好教师，努力培养造就一支师德高尚、业务精湛、结构合理、充满活力的教师队伍。

学校要求全体教师做到认真履行岗位职责，教书育人，为人师表，全面弘扬和践行社会主义核心价值观。邀请知名专家、师德标兵等作报告，引导教师争做“四有”好教师和“四个引路人”，增强全体教职工教书育人的责任感和使命感，积极开展立德树人标兵和优秀教师评选活动，营造良好教风。

2. 建立“引进评价—项目考核评价—退出评价”三位一体评价体系

以教学创新团队建设作为引领标杆，探索实践“引进、项目考核、退出”三位一体评价体系。

一是建立了创新型教师引进评价标准，从思想政治素质、师德师风、业务素质、领导评价、同事评价五个方面设置评价指标。其中，业务素质中的重要组成部分是竞技强能，以教师参赛、指导学生参赛作为业务素质评价的重要评分构成。

二是建立了基于项目考核的评价标准，根据项目的特点、分工制定好评价标准。明确分工，根据团队教师每位成员的分工计算工作量进行考核，多劳多得，少劳少得，公平对待每位成员。竞技相关项目是工作量的主要组成部分。

三是建立了退出机制评价标准，对团队中的教师每年进行一次总结性审核，并分等级。通过审核的教师可以继续留在教师团队，没有通过审核的教师给予整改期，整改后仍未通过，降低考核等级或退出创新型教师团队。

3. 构建目标链自控、三层次质保、两级督导督查和多元评价监控的教学质量控制机制

强化技能导向的教学管理信息化和智能化，严格教师课堂教学纪律，严格执行教师教学行为规范。严格要求教师认真制订和执行教学进度计划，精心备课和科学有效组织以教学做一体化为导向的课堂教学，认真布置和批改作业，加强课后辅导答疑，做好学生考勤、平时竞技表现评价、期末课程考核等各项具体教学环节的工作，召开智能化管理工作推进会，开展常规巡课听课、学期教学检查、教考分离专项检查、青年教师培养工作专项抽查、外聘教师管理工作专项抽查、毕业实习工作专项抽查、学业优胜奖评选、校级优秀课程组或教研室和优秀学风班级评选活动。

一是以服务指导为基础，形成三层次教学质量保障机制。学校出台了《教育教学督导管理办法》等文件，强化教学管理力量，通过分级管理、分工负责、协同监控，形成了学校—学院—教研室三层次教学质量保障机制，有序开展质量监控与评价。

二是以目标管理为手段，有效落实教学质量提升实施方案。构建学校—职能部门—旅游管理专业群年度目标链。以目标管理为手段，制定职能部门、国家级创新教学团队绩效考核实施细则，引入第三方评价，开展部门及团队考核；以岗位工作任务达成度为依据，突出过程性管理，落实教学质量提升方案，实现质量自控。

三是以专项督导为依托，有序促进教学质量规范管理。将教学规范执行、项目推进和教学改革重难点等作为专项调研和督导主要工作，以督促建、以督提质。通过人才培养方案和课程标准执行情况等专项调研，强化教学标准意识；通过信息化资源建设及使用、现代学徒制试点等专项督导，提出质量提升建议；通过学院二级管理督导机制和质量监控情况专项督查，深化二级管理规范运行；通过期中质量专

项调研和数据分析，为创新型教师团队教学质量和教师教学能力提升提供参考建议；通过教研全程监控，规范教研流程，不断推动项目创新和案例创新。

四是以推门听课为抓手，全面培养常规教学质控意识。全面实施推门听课制度，采用具备专业特性的兼职督导、校内专职督导、校领导及校外专职督导互补的方式，开展以导为主、以督促规的常态化听课活动。通过教案和作业等随机检查，强化教学常规；通过教学设计、方法等交流，提升创新型教师团队教学能力；通过学院及师生交谈，规范课程设置，优化课程内容，全员培育质量意识。

五是以多元评价为核心，整体提升教学质量监控效能。以学生成长为中心，通过每月学生信息员会议，确立教学质量提升内容；实施教学质量调研；组织企业、行业、院校等专家开展毕业生质量调研、课程开发鉴定会、随堂听课等活动，实施多元教学评价，提升监控效能。

4. 鼓励教师不断创新教学模式

学校出台了《江西旅游商贸职业学院“三教”改革工作实施方案》，厚植办学内涵，推进学校“三教”改革工作，提升教师职业素养、实践能力、培训能力（见图 6-5）。以课程建设为统领，加快教材改革与创新；实施“三个课堂”教学模式，推进教法改革。

江西旅游商贸职业学院党政办公室

关于印发《江西旅游商贸职业学院“三教”改革工作实施方案》等九个文件的通知

各二级学院、各部门：

为进一步贯彻落实学校五届二次教代会精神，经学校党政班子会研究审议，并征求各相关职能部门意见和建议，现将《江西旅游商贸职业学院“三教”改革工作实施方案》《江西旅游商贸职业学院完善教育教学标准工作实施方案》《江西旅游商贸职业学院国际化办学实施方案》《江西旅游商贸职业学院社会服务品牌创建工作实施方案》《江西旅游商贸职业学院“十四五”规划编制工作方案》《江西旅游商贸职业学院组织体系构建工作实施方案》《江西旅游商贸职业学院制度健全工作实施方案》《江西旅游商贸职业学院校园文化建设实施方案》《江西旅游商贸职业学院安全稳定工作实施方案》等九个文件印发给你们，请结合实际，认真贯彻落实。

2020年5月28日

—1—

江西旅游商贸职业学院“三教”改革工作实施方案

为深入贯彻落实《国家职业教育改革实施方案》（“职教二十条”）和学校五届二次教代会精神，厚植办学内涵，推进学校“三教”改革工作，特制定本方案。

一、指导思想

坚持以习近平新时代中国特色社会主义思想为指导，深入学习贯彻党的十九大和十九届四中全会、省委十四届十次全会、习近平总书记关于职业教育的重要论述和全国、全省教育大会精神，全面落实国家职业教育改革实施方案的部署，助力学校参与江西省高等职业院校 J10 联盟建设，以深化产教融合、校企合作为主线，以实现理实结合，提高教学的针对性、职业性、实用性为目标，落实好立德树人，培养德技并修的高素质技术技能人才，着力提升办学质量和人才培养质量。

二、主要任务和责任分工

学校“三教”改革包括教师改革、教材改革和教法改革三部分，教师是教学改革的主体，是“三教”改革的关键；教材是课程建设与教学内容改革的载体；教法（或教学模式）是改革的路径，教师和教材的改革最终要通过教学模式、教学方法与手段的变革去实现。

（一）教师改革为教师“赋能”，提升教师职业素养、实践能力、培训能力

图 6-5 《江西旅游商贸职业学院“三教”改革工作实施方案》文件

积极鼓励教师全员参与教法改革，紧跟时代步伐、专业变化，不断创新教学模式。

改变传统“满堂灌”的单向输出模式，普及案例教学、情景教学、启发式教学及讨论式教学等教学方式，并与校企合作、育训结合相融合，改革考试方式，以赛促教，深入技能竞赛训练，着重提高学生解决实际问题的能力。

教学方法多采用基于问题驱动的探究式“五步教学法”，以“导（导入）—学（自学）—讲（精讲点拨）—练（竞技训练）—总（思维导图总结）”为主要教学环节，旨在使教师上课思路清晰、教法得当，学生学习指向明确，知识记忆有载体，课下巩固有针对性，竞技比拼有激励感，课后复习有条理，充分体现“以学生为主体”的现代教育思想，从而打造高效学习课堂。

在不断完善改进教学评价方法时，引入同行评价，由相同或相近领域的教师或企业专家遵循一定标准，在日常教学活动中对教师的教学工作做出审慎评判，经过教师或专家的讨论、交流给出相应的反馈或结论。

5. 开发竞技内容的教学资源，助推形成竞技教风

强化学生职业素养养成和专业技术积累，将专业精神、职业精神和工匠精神融入各项教学资源建设内容，将技能考核标准融入课程建设标准。强化行业指导、企业参与，广泛调动社会力量参与教材建设，开发“双元”育人教材。

【典型案例】

旅游管理专业开发多种形式竞技导向教学资源

旅游管理专业现有国家职业教育虚拟仿真示范实训基地专业课程与教学资源建设项目 2 项，国家精品课程 1 门，国家精品资源共享课程 1 门，国家级教学资源库子项目“红色旅游开发与管理”教学资源 1 项，江西省高等职业教育创新发展行动计划职业教育旅游管理专业教学资源库 1 项，江西省精品资源共享课 1 门、在线开放课程 4 门；主编国家“十二五”“十三五”规划教材 4 本（《旅游服务礼仪》《酒店前厅运行与管理》《酒店前厅及客房部服务与管理》《旅游职业礼仪与交往》），校企合作共编项目式教材 4 本。各专业协同相关行业企业，合作开发了《餐饮运作实务》《供应链管理（第 4 版）》等 45 本“双元”教材，针对技能点、工艺点，设计了贴近企业实际的教学任务，明确了考核标准。

（三）教师发展竞技导向

学校建立了新的绩效工资体系、“双师型”评价体系和公共服务工作量体系，发挥价值导向作用，引导和激励教师向竞技强能方向发展成长。

1. 改革绩效工资体系，激励教师积极性

学校出台了《江西旅游商贸职业学院绩效工资实施方案》（赣旅商院发〔2021〕20号），进一步健全学校的绩效分配机制，发挥绩效工资的激励导向作用，激发教职工工作积极性和创造性，全面推进学校办学事业高质量发展（见图6–6）。

江西旅游商贸职业学院文件

赣旅商院发〔2021〕20号

关于印发《江西旅游商贸职业学院绩效工资实施方案》的通知

各二级学院、各部门：

现将《江西旅游商贸职业学院绩效工资实施方案》印发给你们，请结合实际，认真贯彻实施。

2021年7月2[illegible]日

—1—

江西旅游商贸职业学院绩效工资实施方案

为了进一步健全学校的绩效分配机制，发挥绩效工资的激励导向作用，激发教职工工作积极性和创造性，全面推进学校办学事业高质量发展，根据江西省人民政府办公厅转发省人力资源和社会保障厅、省财政厅《关于江西省省直其他事业单位绩效工资实施意见的通知》（赣府厅发〔2010〕51号）等相关文件精神，结合学校实际，特制定本实施方案。

一、指导思想

坚持以习近平新时代中国特色社会主义思想为指导，围绕学校中心工作，以绩效工资为杠杆，按照按劳取酬、薪责一致、强化激励、持续发展的工作原则，构建完善科学的绩效工资分配机制，增强学校整体办学实力和核心竞争力。

二、基本原则

（一）坚持以岗定酬、按劳取酬、优绩优酬原则。做到绩效工资分配与岗位职责、目标任务、工作业绩相匹配，确保公平与效率并重。

（二）坚持强化岗位、突出实绩、薪责一致原则。重点向重要关键岗位、高层次人才、业务骨干和业绩突出的教职工倾斜，适度向教学、科研和管理一线岗位工作人员倾斜，并兼顾各岗位平衡，适当拉开分配档次。

（三）坚持加强考核、强化激励、动态管理原则。加大各部

—2—

图6–6 《江西旅游商贸职业学院绩效工资实施方案》文件

2. 以“双师型”工作为抓手，促进教师专业能力成长

学校成立了江西旅游商贸职业学院“双师型”教师认定工作领导小组，出台了《设立“双师”结构教学团队建设项目》《批准“国际贸易实务”等6个双师结构教学团队项目立项》等多个文件，以“双师型”资质认定为基础，重构教师工作绩效评价方法，引导教师提升自身技术技能水平，成为优良的“双师型”教师，满足竞技导向教学的需求。

教务处据此对教师课时工作量进行计算，以此激励教师积极向“双师型”转型，增强实践实训教学能力，为竞技强能打好基础。学校遵循教师成长发展规律，通过教学培训、深入课堂听课、专家讲座、骨干教师一对一帮扶等途径，着力培养职业化、专业化青年教师，助推教师专业素质和教学能力提升。

修订《江西旅游商贸职业学院教师下企业锻炼管理办法》，全面落实教师每年 1 个月在企业或实训基地实训、5 年一周期的全员轮训制度，将教师的实践经验作为职称评聘的条件之一，促使专业教师主动开展下企业实践活动，更新专业知识，提升专业实践能力。

组织教师参加国培、省培项目，邀请国内外知名专家学者围绕课程思政、信息化教学、师德师风、专业建设等问题开展系列培训与研究。大力支持专业教师参加各类职业技能培训，鼓励教师取得职业资格证书。

完善教师出国（境）研修管理办法，加大优秀青年教师到国际一流大学或科研机构开展科研合作或交流的选派力度，逐步实现教师一专多能，不断提高“双师型”教师比例。

学校拥有江西省中等职业学校“双师”教师培训基地、全国电子商务职业教育教学指导委员会电子商务“双师型”师资培训基地。两年来，培训教师近 700 人次。2020 年 3 月，学校成功申报省级“双师型”教师培养培训基地。

3. 改革公共服务工作量体系，促进教师全面多元发展

学校出台了《江西旅游商贸职业学院公共服务工作量认定指导意见（试行）》，以专任教师工作量绩效改革为突破口，重构了教学、科研、公共服务“三元”结构，量化了各模块数值体系。

明确列出教师参与承办各级各类技能竞赛、教师指导培训学生参加各级各类职业技能大赛、教师本人参加各级各类教学能力竞赛、学校技能活动周等不同形式竞技活动的加分项目，并根据竞赛级别（国际级、国家级、省级、地市级、校级）量化计分指标。

引导教师根据学校办学需求和自身发展方向，合理安排时间精力，在完成教学工作的同时，在专业技术研究、教学能力比赛、指导学生、服务企业等方面选择至少一项内容深度参与。充分调动教师资源，促进教师全面多元发展。

三、竞技学风

以“勤学苦练、知行合一”的学风为指引，引导学生牢记时代赋予青年大学生的使命，潜心学习、乐于探索，做勤学、好学、善学、科学、博学的时代好青年。将大赛标准与教学标准融合，优化人才培养方案；将大赛任务与教学内容融合，推动课程教学改革；将赛项训练与实训教学融合，引导实践教学改革；将技能考核与教学评价结合，引入多元评价方式。

（一）将竞技理念融入课程、学生评价体系、教学模式

1. 以课赛相融为依托，强化竞技理念

2018 年，在原有探索试点的基础上，学校按照课赛相融的原则，组织各教学单位全面修订了 40 多个专业的人才培养方案，明确了课程与岗位、竞赛、职业技能证书的对应关系，在专业课程（含专业基础课）中进一步增加了技能竞赛、技能实践和技能培训等内容，调整了技能学习占整体教学体系的结构比例。以职业技能竞赛激发学生专业技能学习的热情，使多数学生受益。

2. 重构学生成长体系，强化竞技理念

通过课赛相融导向的人才培养方案的修订，倒逼课程体系改造升级，优化课程教学设计，以此规范教师课堂行为和教学内容，让技能竞赛和技能培训在教学中得到充分体现，引导竞技强能的价值导向。

旅游学院改革学生成长体系，优化过程管理，建立四阶段培养体系，明确每个培养阶段的培养任务和竞技方案，实现全过程目标管理，保证人才培养质量。四个培养阶段主要是：

（1）入学之前的早期介入

学校努力提高生源质量，对高考生达到本科以上的基于一定优惠政策，优先满足其专业选择，筛选有发展空间的学生提前加入训练团队；对单招考试进行改革，明确考生总成绩由综合素质考核成绩和技能加分相加所得，具有一定专业技能特别是获得本专业从业资格证书或者在技能竞赛中获奖的考生，经本人申请并通过学校招生领导工作小组审核后，在录取时给予相应的专业技能加分。

（2）第一学年的厚植基础

学生主要在课堂、校内实训基地进行基础理论和基础技能的培养。重点在学院

层面、专业层面、课程层面，有计划安排学生参与竞技训练，使之熟悉竞技课堂和竞技文化，了解一些专业技能赛事和相关比赛的工作流程，帮助学生打下扎实的专业基础，提升专业技能认知，提高专业学习兴趣。帮助学生组织学习兴趣小组和学业学习团队，进行专业学习的交流切磋。

（3）第二学年的综合体验

在校内外专业实训基础上，引进企业介入教学与学生管理，利用其专业人员承担专业实践性强的课程教学，并指导学生相关的实践教学内容，使学生尽早了解企业实际运作和相关课程的应用情况。弘扬劳动精神、工匠精神，让学生参与更多竞技体验，组织相关专业校级竞赛，让学生熟悉最新的技能竞赛标准和企业的生产标准，组织优秀学生参与校外竞赛。

（4）第三学年的创新实践

学生通过顶岗实习、毕业实习等途径进入企业进行实际操作，让学生竞技上岗、接受竞技评价，积极创造条件平台，组成师生专业学习实践团队，让学生有充分的施展空间，将专业所学的知识与企业的实践相结合，锻炼学生的实际动手能力，培养学生的企业职场经验，并且要求师生团队结合企业生产中的实际问题，进行系统分析，提出解决方案，由企业指导老师和学院指导老师共同指导学生完成专业学习考核。

入学之前、第一学年、第二学年和第三学年共四个阶段，结合专业学习安排和各个阶段教育目标和培养任务，突出全程化、跟踪式培养管理和质量管控，完善培养机制、修改教学计划、搭建工作平台、强化保障措施，不断健全培养方案和工作举措，帮助学生实现竞技强能、技能成才。图 6–7 为酒店管理专业学生客房服务技能竞赛现场。

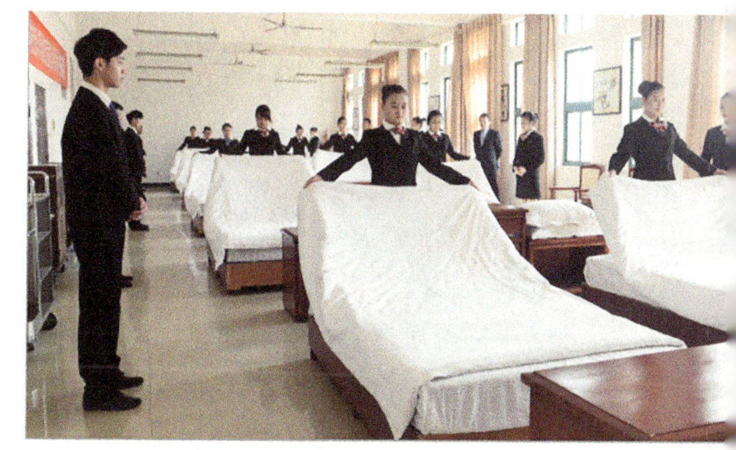

图 6–7　酒店管理专业学生客房服务技能竞赛

3. 运用信息技术，促进竞技理念融入职业教育

以信息技术推动高职教育教学改革创新，推进信息技术与竞技强能职业教育深度融合，促进教育内容、教学手段和方法现代化，创新人才培养模式，提高学校教

师教育技术应用能力和信息化教学水平。自 2017 年起，学校每年新建 40 门左右在线精品课程，开展“创课杯”教学设计大赛和混合式教学评比活动，有力推动了信息技术、现代教育技术与竞技教学的融合。

2018 年 7 月，以首个获批的“互联网 + 教育”示范区为标志，国家开始重点推进“互联网 + 教育”工作。我校 2018 年至 2019 年重点建设线上教学平台，全校教师使用智慧职教、超星学习通等线上平台，逐步实施线上线下混合式教学。同时，将教学行为的数据记录到数据库，进行信息化管理。

2020 年初，突如其来的新冠肺炎疫情对线下教学造成很大冲击。学校按照国家“停课不停学”要求，在 2019 年部分试点的基础上，全面启动线上教学。学校出台《江西旅游商贸职业学院 2019—2020 学年第二学期线上教学考核方案（试运行）》，充分利用网络教育平台的数据统计功能，整合课程完整性、教学运行、教学督导等多元考评，将线上教学各项数据要求、考核制度纳入教学诊改平台，实现过程数据的实时采集，并根据实际情况进一步完善监控手段和质量评价标准，以诊改大数据助力线上教学。先后组织开展 8 场线上教学培训；各教学单位协同推进，制订教学实施方案和预案，落实线上教学要求；教师以课程组形式分工协作、充分准备，反复进行设备调试和授课预演；学生积极响应，加强对在线教育平台的使用练习，配合教师提前进行线上测试。学校要求各教学单位通过“互联网 +”创新课堂教学，实施“3+X”多平台网上教学辅导模式，以超星尔雅、职教云、得实三大在线教育平台为基础，整合 QQ、微信、云班课、腾讯课堂等平台和工具，开展慕课、直播授课、速课录制、互动答疑等多形式的教学，确保线上教学保质保量平稳运行。学校 44 个专业开课 809 门，线上课程占比 89%；教师自建网络课程 721 门，引用省内资源课程 261 门，引用国家资源课程 562 门；参与线上教学教师 734 人，学生 13546 人，学生听课率达到 98.68%。

随着常态化疫情防控，从 2020 年下半年开始，全校转为全面的线上线下混合式教学。根据职教云和超星学习通平台统计数据，有约 4000 个“教师—班级”采用了线上线下混合式教学。学校教务处制订混合式教学评比方案，明确量化指标，就 2020—2021 学年第二学期教学情况评选出前 10% 的“教师—班级”作为混合式教学的优秀代表，给予表扬。

（二）以课程为核心引领，着力打造竞技导向的课堂

强调课程引领，把竞赛标准、任务内容、赛项训练、竞技考核等，融入人才培养方案，并通过新的课程标准，推动日常课程教学在学习内容、教学方法、实训条件、技能考核、学生评价等方面革新进步，从而建设成竞技课堂。

1. 基于大赛标准，改革人才培养方案和课程标准

对人才培养方案、课程标准和评价体系进行改革，结合世赛、国赛、省赛的评判标准和工作岗位的技能素养要求，形成贴近竞赛实战和企业产线需求的人才培养模式和标准。选聘一些企业专家与校内专任教师共组团队，协同开展课程教学设计与实施。校企共同研究制订人才培养方案，按照职业岗位（群）的能力要求，制订、完善课程标准，将职业技能等级标准等有关内容融入专业课程教学，促进职业技能等级证书与学历证书相互融通。

一是按照岗位要求完善课程标准。基于职业工作过程重构课程体系，以培养具有创新精神和实践能力的高素质人才为宗旨，对接“1+X”证书，实现书证融通，构建专业“共平台、分方向、模块化”课程体系。依据校企协同方案，按照企业岗位要求进一步完善现有课程设置和标准。图 6–8 为我校“1+X”职业技能等级证书考试考点。

二是基于职业工作构建课程体系。在专业课程的设置方面，推进专业设置与产业需求对接、课程内容与职业标准对接、教学过程与生产过程对接。开展国家级团队教学改革课题研究，创新模块化教学模式，打破学科教学的传统模式，探索“行为导向”教学、项目式教学、情景式教学、工作过程导向教学等新教法。

三是改革探索加快促进课证融通。对接“X”证书，纳入新技术、新工艺、新规范，依据岗位群任职要求、职业标准、工作过程，开发课程。

图 6–8 “1+X”职业技能等级证书考试江西旅游商贸职业学院考点

将“X”证书的培训内容有机融入我校旅游管理专业人才培养方案，在专业课程进行过程中就涉及、涵盖“X”证书的培训内容，将证书培训活动有机融入学历教育课程体系，同步考试评价，实现“X”证书培训与学历教育专业教学一体化。

四是探索新教法模块化教学方案。研究制订专业能力模块化课程设置方案，积极引入行业企业优质课程，建设智能化教学支持环境下的课程资源，每个专业按照若干核心模块单元开发专业教学资源。整合各专业课程内容，构建基于岗位能力、分层递进、动态更新的“人文素养 + 岗位基础 + 岗位核心 + 岗位拓展”模块化专业群课程体系。

2017 年以来，学校引入技能大赛的标准、课程资源，指导开发酒店管理、旅游管理、模拟导游等 6 个专业技能人才培养方案，引进 50 余门课程资源，开发 30 多本特色教材。

【典型案例】

导游专业人才培养方案

以导游行业企业发展现状与趋势为指引，以导游行业服务升级、规模和数量变化、岗位职责范畴的变动为参考，突出职业教育服务于区域经济发展的重要职能，从专业定位、人才培养目标定位、教学目标定位等方面进一步优化人才培养方案。对标全国导游服务技能大赛标准和全国导游员从业资格证书考核标准，在人才培养方案中科学设计专业课程体系，重点强化对导游专业技能的培养，不断提升导游专业学生导游讲解服务、规范服务、特殊问题处理及应变三大核心能力，坚持“产教融合、校企合作、工学结合、行知合一”的现代职业教育治理理念，深化落实“从优秀到卓越”的导游专业人才培养目标。图 6-9 为导游专业学生参加景点解说技能竞赛。

图 6-9　导游专业学生参加景点解说技能竞赛

2. 基于大赛任务，改革教学内容、方法和手段

在新修订的人才培养方案和课程标准的基础上，将竞赛任务内容作为教学内容中的重要项目模块，要求教师在实施教学活动时必须采用竞赛项目的内容、标准和要求。二级学院注重组织开展常态化的“课堂教学 + 技能训练 + 技能竞赛”的教学活动和校内技能竞赛。请参加竞赛获奖的优秀教师总结大赛经验，凝聚智力结晶，开发以技能大赛项目为主题内容的精品课程 10 门、校本教材 30 多本。此外，还注重基于职业工作过程重构课程体系，及时将新技术、新工艺、新规范纳入课程标准和教学内容。

图 6–10　旅游学院开展导游服务大赛

导游专业以技能大赛项目为主题内容的精品课程有导游业务、全国导游基础知识、红色旅游资源文化、地方导游基础知识、旅游政策法规。其中，导游讲解技能是模拟导游和导游业务的核心内容，重点体现在全国职业院校导游服务技能大赛自选景点讲解环节，以全国职业院校导游服务技能大赛的评分标准作为学习目标，在模拟导游课程中设计景点讲解实训项目：讲解国家 5A 级旅游景区或世界遗产地（4 分钟导游词，配合 PPT 创设情景）；促进学生掌握导游讲解技能。中国传统文化元素讲解是全国导游基础知识的核心内容，在全国导游基础知识课程中设计中国传统文化元素导游词创作及讲解实训项目：围绕中国国情及文化元素等主题创作一篇导游词并进行现场讲解，实训考核从 50 个主题和 5 个团型中抽取一个主题和一个团型，在 3 分钟内用中文进行脱稿讲解，促进学生掌握中国传统文化元素和因人施讲的技能，从而增强学生在导游行业的职业核心能力。图 6–10 为旅游学院开展导游服务大赛。

3. 基于赛项训练，改革实训教学条件推动专业建设

以大赛训练作为专业建设的新推手，建设满足竞赛技术准则要求的实训场所及相关设备，改造场所环境，使之形成具备竞赛气氛的操作环境，使学生沉浸在竞技

环境里，通过深度体验，形成在竞赛中学习、在学习中竞赛的强烈氛围，从而练就“硬”技能。

学校大力推动实践教学，实训基地建设得到快速发展。学校共拥有校内实训基地 41 个、校外实习基地 177 个。其中，被列为国家级实训基地项目 10 个，被列为省级实训基地项目 8 个。建成了 147 个配置较为齐全的校内实训室。其中，江西省高职专业技能实训中心 5 个，江西省人力资源和社会保障厅经费支持的 8 个，江西省职业能力培养虚拟仿真实训中心 1 个，江西省技能大师工作室 2 个，省级骨干职业教育集团 1 个，全国电子商务职业教育教学指导委员会电子商务“双师型”师资培训基地 1 个。在全国总社的支持下，建有全国供销合作职业教育教学指导委员会和全国电子商务职业教育教学指导委员会共建的基地 1 个，中华供销合作总社电子商务职业培训基地 1 个，行指委应用技术协同创新中心 1 个，行指委职业能力培养虚拟仿真实训中心 1 个。

近几年，学校以“双高计划”建设任务为引领，以基地项目建设为载体，以设备和资源开放共享为重点，提升实践教学基地的使用效率、共享程度，提高实践教学质量。建设校内外实训基地、世赛项目培训基地、顶岗实习基地等，加强专业教学标准与行业职业标准的无缝对接，产教融合、校企合作。依托省级骨干专业、优势特色专业，与企业联合打造省级以上虚拟仿真实训基地，高质量建设校内生产性实训基地，全力参与国家职业教育示范性虚拟仿真实训基地建设。2021 年 9 月，学校导游专业学生作为首批学员进入江西部省共建虚拟仿真实训基地学习。

我校机建学院按照与企业共同制订的模块化专业人才培养方案，打破传统理论和实践教学两张皮的课程教学模式，重新优化整合专业课程体系，积极推行“教、学、做”一体化教学模式改革。按照企业技能需求整合课程教学内容，根据行业竞赛标准制定专业课程标准；以企业岗位技能模块为核心，大力推进项目化教学模式改革，提高学生实践技能和竞赛能力。专业核心课程全面推行“教、学、做”一体化教学改革，在 2019 级、2020 级学生中全面实施，其他专业参照推广，提升教学质量。逐步规范一体化教学过程，积极推行实践教学工作手册，对实施“教、学、做”一体化教学的课程要求每周填写工作任务单；我校教师与合作企业技师积极探索活页式教材开发，提升一体化课程教学质量。

4. 基于技能考核，改革对学生的评价方式

把技能水平、职业道德等作为学生学业评价的重要指标，纳入学业评价标准。

将学生技能实践的表现作为综合素质评价的重要组成部分，建立涉及专业技术技能的“思想道德素质、专业文化素质、身体心理素质、社会服务能力”四大模块在内的结构化评价体系，量化计算。其中，思想道德素质模块占20%，考查学生劳动技能知识、法律法规、遵守公德、集体荣誉感等方面；包含专业技能实训在内的专业文化素质模块占48%，考查学生岗位技术技能、职业素养等方面；身体心理素质模块占12%，考查学生身体素质、心理健康、审美观等方面;社会服务能力模块占4%，考查学生在技能实践中服务群众、帮助他人等方面。四大模块共占整个学生评价体系的84%，多角度评价学生的综合情况，促进学生综合素质的提升。以学期为单位，进行连续评价，过程管理。

考核形式上多样化，形成项目式过程考核、期末考试、毕业技能考核相结合的立体化考核方法；注意利用学生参加技能大赛的契机，对学生知识、技能、心理素质、团队精神等综合素质进行考核，并与职业资格证书进行衔接；校内教学考核时，通过合理设置，使校级比赛与技能考核同步进行，矫正大赛与日常教学脱节的偏向，最终多方位共同作用，推动学生的职业能力和职业素养循环上升。在实践中，以学生分组竞技比赛的方式，由企业导师与校内教师共同考核学生掌握技能点的情况。

四、竞技校风

通过学年有大赛、学期有小赛、内容全覆盖，使全体学生按能力层次对接进入竞赛体系。通过建立规范、上下有机联系的多层级竞赛机制，将不同能力层次的学生融入，并形成逐级递进上升的节奏感，让学生始终有阶段性竞技目标。丰富校园竞技形式，让学生沉浸其中。强化学校多部门协同，共同建设竞技校园，从而有力支撑以赛促教、以赛促学、以赛促训、以赛促建“四促一体”，实现人才培养上强根基、懂创新、高素能的三大目标。

（一）竞技活动

加强竞技育人制度建设，鼓励师生围绕竞技项目和培养目标，大胆参与、大胆探索。强化项目搭台，根据不同级别、不同类型的竞赛项目，组织教师、学生积极参与，竞技强能、教学相长。建设竞技文化、竞技校园，完善技能学习第二课堂，促进学

生养成尊重劳动、崇尚技能的意识，培育学生的工匠精神。学校将每年五月第二周设为职业教育活动周，组织全体学生参与竞技。

在2021年职业教育活动周中，全校共有2019级和2020级12600余名学生参与了职业技能活动及技能竞赛初赛。技能竞赛先是以班级为单位组织预赛、复赛，最后选拔出来自全校7个二级学院的800余名优秀选手，参加体育综合技能、导游讲解技能、英语导游职业技能、旅游综合技能、会计综合技能、服装设计技能、学前教育综合职业技能、速写技能、汽车车体美容技能、网店装修技能、跨境电商职业技能、物流专业技能、茶艺技能、营销技能、文秘综合技能等15个类别的技能比拼。各项目比赛紧密结合各自专业的特点，围绕课程建设，突显了各专业的职业岗位技能。比赛形式多种多样，比赛流程设置合理，评分标准精准，通过决赛评选出专业技能能手并颁发荣誉证书，极大地激发了学生学技能的兴趣，调动了学生比技能的积极性，让更多的学生展示技能，学习技能，精通技能。

其中，旅游学院开展了以“技能让生活更美好”为主题的教育活动周系列活动，弘扬劳动光荣、技能宝贵、创造伟大的时代风尚，宣传展示技能创造美好生活。2021年5月26日，旅游学院分别在旅游实训大楼、游客中心开展了“技能让生活更美好”系列活动。本次活动周以“技能让生活更美好”为主题，重点突出“技能成就出彩人生”“技能服务美好生活”“技能支撑强国战略”等内容，向全社会宣传“职业教育前途广阔、大有可为”，有力营造国家尊重技能、社会崇尚技能、人人学习技能、人人享有技能的技能型社会氛围。本次校赛覆盖旅游学院2019级和2020级导游及旅游管理、旅游日语、酒店管理等专业学生，共计2490位学生，学生参与覆盖率为100%。本次活动参与教师61人，除此之外，旅游学院特邀3位企业专家（江西省导游协会副会长方徐、中国东方航空公司客舱乘务员涂芬芳、南昌香格里拉酒店人力资源部副总监杨晶晶）担任本次各项比赛的总裁判。经过激烈角逐，学生们赛出了成绩、赛出了水平。大赛以专业技能竞赛、专业宣传、专业特色亮点展示3种形式开展。本次比赛观摩体验活动有7个项目，分别是导游服务大赛、酒店接待大赛、空中乘务大赛、日语动漫影视剧配音大赛、学生竞赛成果展示、茶艺与插花、寿司制作（见图6–11）。每位选手都充分发挥自己的专业水平，出色的竞技水平赢得了大家的好评。此次技能大赛，给学生一个展现自己和锻炼自己的机会。同时，通过此次比赛，为我校参加2021年江西省职业学院导游服务技能比赛挖掘优质参赛选手。各评委对本次比赛选手给予了高度评价，再一次肯定了我校的办学实力和办学成果，表示今后将进一步与我校深入开展校企合作，为江西省众多专业培养更多更好高质量的优秀人才。

图 6-11 2021 年职业教育活动周空中乘务大赛

国际商务学院共举办了跨境电商职业技能、英语导游职业技能、商务英语职业技能——用英语讲中国故事、商务英语职业技能——图表描述、学前教育职业技能——说课、学前教育职业技能——绘画（油画棒）六项竞赛。参赛者主要是 2019 级和 2020 级商务英语、国际贸易实务、学前教育、商务管理、国际贸易实务（中英合作）、电子商务（中英合作）等专业学生，共 1800 余人，学生参与覆盖率达到 90%，相关专业覆盖率达到 100%。全体专业教师参与辅导、选拔、评委等竞赛各个环节，教师参与率达到 100%。此次技能比赛以班级为单位组织预赛，再进行赛训、练习，最后选拔优秀选手参加决赛。“用英语讲中国故事”赛项选出 23 人，“图表描述”选出 28 人，“跨境电商职业技能”选出 118 人，“英语导游职业技能”选出 30 人，“学前教育说课职业技能”职业选出 23 人，“学前教育绘画职业技能”选出 30 人，共计 252 人，分别参加 6 大赛项的总决赛。参与企业有江西顶易科技发展有限公司、江西华君进出口有限公司、深圳雏鹰教育投资集团、江西广电幼儿园、江西五湖国际旅行社。本次活动周大赛实现了活动形式多样、活动内容丰富、参与率达 90%、宣传报道及时等既定目标。

经济管理学院根据国家关于 2021 年职业教育活动周相关工作的要求，组织了物流设备操作技能竞赛、ITMC 技能竞赛等 6 项职业技能竞赛和茶艺技能展示等系列活动，宣传展示学院职业教育改革发展成果，展现师生“求真笃行、厚德强能”的精神风貌（见图 6-12）。本次活动周技能竞赛促进了学生陈列技能的提升，丰富了教学形式和方式，将课堂教学和书本学习同具体岗位技能实践结合起来，加深了学生对专业知识、技能的认知，激发了学生的学习热情；倡导劳动光荣、创造伟大的时代风尚，弘扬劳模精神、劳动精神、工匠精神，营造国家尊重技能、社会崇尚技能、人人享有技能的良好氛围。总体来说，竞赛组织工作井然有序，基本按照之前计划的方案进行，做到了公开、公平、公正。

图 6-12　2021 年职业教育活动周茶艺技能展示

艺术传媒与计算机学院共举办了五项竞赛。1. 计算机维护与咨询公益活动。这次活动提升了学院计算机专业学生的动手实践能力，增强了学生的"教、学、做"能力，丰富了学生的课余生活，检阅了学生的实践技能，展示了学生的实践演示能力。此次活动以服务在校师生，培养大学生服务意识为出发点，通过公益服务，提升了志愿者们的业务水平和专业能力，增强了他们的动手能力，从而进一步调动了他们参与志愿活动的积极性。此次活动不仅方便了广大师生，而且还使他们对电脑知识有了更多的了解。2. "IPAD、板绘装饰画"项目竞赛。通过这次比赛，我们发现了许多优秀的学生创作的板绘装饰画。他们多数由于兴趣爱好，利用课余时间进行大量的练习。他们将动人的内心世界与充沛的少年情感融于个人创作，创作出了一幅幅让人惊艳的作品。希望他们在今后的学习中，依然保持这样的热情，不断努力加油。3. 服装设计与工艺项目竞赛（见图 6-13）。通过这次大赛的历练，同学们不但开阔了视野，增长了知识和技能，提高了工艺水平，而且学到了许多宝贵的经验。同时，比赛也促使同学们今后能更好地面向社会、面向未来的工作岗位，达到职业教育的目标。4. "红色信仰　百年芳华"海报设计大赛。此次大赛提升了学生们的设计技能，使他们对 CDR 和 PS 等软件进一步熟练，让他们在创作海报的过程中体会到设计的乐趣，提高他们的综合能力与素质，为学院技能培养人才进一步奠定了基础。5. 礼仪技能竞赛。此赛项是礼仪教育成果的一次有效检验，达到了以赛促学、以赛促技、以赛督行的目的。本次比赛进一步强化了学生的礼仪规范，提升了学生的礼仪认识，加深了学生的职业素养。

图 6-13　服装设计作品展示

会计学院开展了点钞技能竞赛。2020 级会计、财务管理和金融管理专业共计 82 名同学参与了此次活动。竞赛的主要内容为四种不同面值点钞券（100 元、50 元、20 元、10 元）的清点，并在答题框准确录入对应张数和金额，限时 10 分钟。竞赛过程中，同学们神情专注、沉着冷静、动作熟练规范，各种点钞方法信手拈来，充分展现了他们吃苦耐劳和拼搏向上的良好精神风貌，更体现了他们良好的专业素质和职业素养。

机电学院举办了汽车车体美容技能竞赛。汽车车体美容技能竞赛分为车辆精洗、车辆防护、漆面划痕处理、漆面养护四个部分。目的是考查学生的细节操作能力。在之前上课的时候学生都是利用台架练习，缺乏实际操作经验，面对真车好车时有不敢操作的心态。通过本次竞赛，学生提升了技能水平，巩固了理论知识，践行了产教结合的意义，为我校汽车专业实施一体化教学打下了坚实的基础。

体育学院于 2021 年 5 月 25—27 日开展了体育技能展示、体育技能竞赛、送课进校园等活动。1. 按照全国体育职业技能大赛的标准举行网球职业技能大赛，拓展学生专业思路，提高学生专业技能，达到“以赛促学、以赛促教”的目的，展示学院的教学水平、办学特色和风采，推动广大教师和学生提高专业核心能力，打造职业教育的坚实基础。2. 开展全覆盖式的体育技能展示活动，搭建了培养和锻炼学生

的平台，展示了学生的专项技能和风采，激发了学生技能训练的热情，促进了教师与教师、学生和学生之间的交流。3. 面向周边中小学、幼儿园开展送课进校园活动。活动以助力中小学、幼儿园兴趣课堂为主，丰富学生和教师的课外生活。通过送课进校园活动检验了体育学院专业技能人才培养的质量，展示了我校学生的综合素养及产教融合精准对接的育人成果，让职业教育活动周成为社会了解、体验、共享职业教育成果的一大窗口，全面提升了职业教育的社会影响力，尽展职教时代新风采。

这些系列活动，有效促进了学生形成尊重劳动、崇尚技能的意识，同时为我校参加 2021 年江西省省级比赛挖掘出了优质参赛选手，并贯彻了国家尊重技能、社会崇尚技能、人人学习技能、人人享有技能的精神，使学生得到了锻炼。

（二）竞技赛事

学校以《江西旅游商贸职业学院职业技能竞赛管理暂行办法》（赣旅商院发〔2019〕9 号）作为制度基础，每年以各类省赛、国赛作为以赛促学的重要抓手，利用竞赛环境的压力，促进学生技能学习，刺激学生技能提升，着力构建了“国赛引领、省赛拉动、校赛规范、院赛普惠”的四级竞赛机制（见图 6–14）。

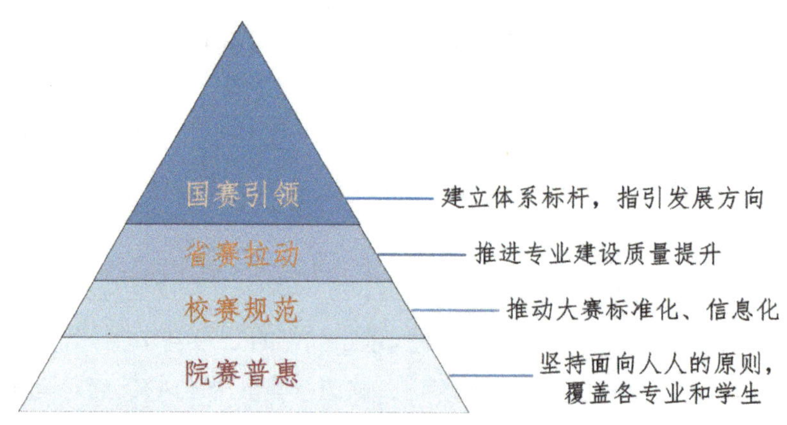

图 6–14 “院、校、省、国”四级竞赛机制

1. 国赛引领，建立体系标杆，指引发展方向

学校定位于服务江西经济社会发展，传承创新赣鄱优秀传统工艺和工匠精神，成为江西省旅游、商贸流通、文化体育、智能制造等行业现代职业教育体系的中心枢纽和中部地区具有较强影响力的技术技能人才培养高地，以及赣鄱优秀传统工艺和非物质文化遗产传承发展基地，学校主要专业群的核心专业在江西省内具有长期

领先优势，在中部地区具有显著优势和特色，在全国位居前列。

2011 年以来，学校连续 6 年代表全省征战国赛，连续 9 年承办全省职业技能大赛旅游类三大赛项，获得省级以上奖项 110 余项，在省级赛事中更是连年包揽所有赛项一、二名；通过技能大赛，徐孙君、熊铭贵、郑巍等一大批教师成长为专业骨干教师。

据统计，2015—2020 年，学校在中国“互联网+”大学生创新创业大赛中获全国铜奖 6 项，省级金奖 4 项、银奖 2 项、铜奖 18 项，在历届中国“互联网+”大学生创新创业大赛中报名参赛项目数均排在全省前列，学生参赛覆盖率近 90%，多次获“先进集体奖”“优秀组织奖”；第四届“青春创客”系列活动全国总决赛获三等奖 1 项；“创客中国”获一等奖 1 项、三等奖 1 项、优胜奖 1 项；“中国创翼”获全国一等奖 1 项、三等奖 1 项，江西省一等奖 1 项、二等奖 1 项、优秀奖 1 项、最具人气奖 1 项；全国高等职业院校“发明杯”大学生创新创业大赛获一等奖 6 项、三等奖 2 项。2017 年以来，旅游类专业学生参加全国技能大赛，获奖牌 30 余枚，其中一等奖 11 枚，彰显了“旅商特色”、竞技强能的职教品牌。图 6-15 为第 45 届世界技能大赛全国选拔赛我校参赛选手风采。

图 6-15　第 45 届世界技能大赛全国选拔赛我校参赛选手风采

2. 省赛拉动，推进专业建设质量提升

以省赛为依托，统筹专业布局与建设，实施优势、特色专业专项支持，重磅打造优势专业和特色团队，大幅提升办学水平。2017 年以来，学校投入 2 亿元，建成 2 个国家级骨干专业、2 个省级优特专业、3 个省级骨干专业，惠及在校 6000 余名学生。近年来，旅游类专业在优特专业、技能大师、骨干教师、精品资源共享课程开发、现代学徒制试点、教学改革研究等全省现代职业教育质量提升项目建设中位居前列，旅游管理、酒店管理等专业成长为江西省优势特色专业。

历年来，学校获“挑战杯——彩虹人生”江西省职业学校创新创效创业大赛三

等奖 4 项，第 16 届“挑战杯”全国大学生课外学术科技作品竞赛江西赛区三等奖 1 项，第 12 届“挑战杯”江西省大学生创业大赛银奖 1 项、铜奖 5 项，“创青春”江西省大学生创新创业大赛银奖 1 项、铜奖 6 项。2017—2020 年，旅游学院参加全省技能大赛的学生达 750 余人次，教师达 110 余人次，获得一等奖 50 余项、二等奖 210 余项，位居全省高职院校前列。图 6–16 为 2019 年江西省职业院校技能大赛我校参赛选手风采。

图 6–16　2019 年江西省职业院校技能大赛我校参赛选手风采

3. 校赛规范，推动大赛标准化、信息化

学校出台《江西旅游商贸职业学院“四相四促”工作实施方案》《江西旅游商贸职业学院职业技能竞赛管理暂行办法》等文件，完善大赛的组织领导、经费投入、表彰奖励等相关制度。教务处负责按照对标大赛规程，优化赛项设置，统筹各赛项的规划设计、组织筹备、承办、集训和技能提升训练等工作；开发竞赛大数据系统，为大赛的各项工作提供信息化服务；建立大赛专家信息资源库，开发 13 个标准化试题库；加强师资队伍建设赛事组织工作，与省级技能大赛、国家技能大赛接轨，保证竞赛执裁和参赛学生训练指导的规范化、标准化。

对标江西省职业院校技能大赛教学能力比赛，我校每年组织“创课杯”教学设计大赛，促进教师适应“互联网 + 职业教育”发展需求，坚持“以赛促教、以赛促学、以赛促训、以赛促建”的氛围，促进教师综合素质、专业化水平和创新能力全面提升，打造高水平、结构化教师教学创新团队。2020 年第三届“创课杯”教学设计大赛，在教育与体育、旅游、财经商贸、土木建筑、新闻传播、公共基础、电子信息、装备制造八个专业大类，决出了 20 支优秀代表队伍及项目，为筛选出参加省级比赛的学校代表队打下了坚实基础。图 6-17 为 2019 年江西省职业院校技能大赛客房服务技能竞赛我校参赛选手风采。

图 6-17　2019 年江西省职业院校技能大赛客房服务技能竞赛我校参赛选手风采

4. 院赛普惠，坚持面向人人的普惠原则

学校要求各二级学院将组织技能大赛纳入常规工作，成立技能大赛领导小组，负责技能大赛的组织、管理、协调等工作。做好每学期竞赛项目规划，以及竞赛准备、报名、组织等工作；审定竞赛组织方案和集训计划，对集训过程进行指导、督促与检查；落实培训场地、培训设备，因竞赛需要购置设备的，提交书面报告报有关部门批复；负责与竞赛主办方的沟通联系，做好竞赛资料的整理、归档。

由二级学院安排指导教师，认真研究竞赛大纲和细则，指导学生掌握竞赛的技能技巧，做好学生的思想教育工作，确保学生积极认真参加竞赛；办理竞赛立项申请及备案手续，制订竞赛组织方案和集训计划，做好竞赛选手选拔工作，负责培训辅导和竞赛期间的学生日常管理和安全管理；负责参赛费用报销、奖励分配及获奖证书领取等相关事宜。

在院赛内容上，坚持普惠原则，覆盖所有专业和学生。结合职业教育活动周的竞赛部分，2021 年，除 2018 级学生在校外实习外，全校共有 2019 级和 2020 级 12600 余名在校学生参与了院级技能竞赛。2021 年，旅游学院与行业企业携手在校内开展课程与竞赛相融的活动，组织旅游学院所有学生参与技能比赛。图 6–18 为旅游学院开展空乘服务技能竞赛。

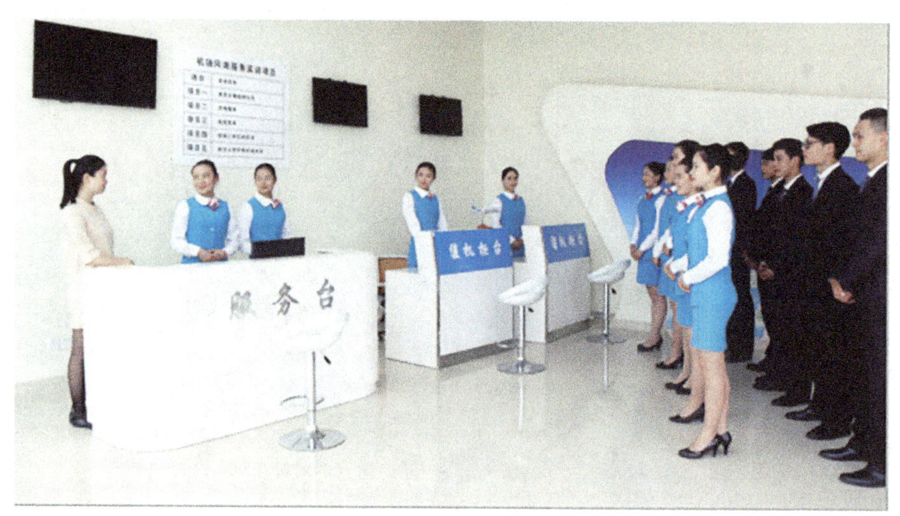

图 6–18　旅游学院开展空乘服务技能竞赛

五、竞技文化

用理念灌注师生思想，用环境影响师生日常工作学习生活，用模式引导师生多方位推进，用文化铸造师生精神气质，从而使“四相四促、竞技强能、匠心筑梦、立德树人”的思想理念深入人心，调动师生主观能动性。

（一）竞技培养理念

学校出台了《江西旅游商贸职业学院“五个一流”校园文化建设工程实施指导意见》（赣旅商院发〔2020〕62 号），通过“五个一流”系统工程，努力促使教师职业素养有提升，科研学术有进步，工作方法有创新，师德师风整体有提高，切实有效推动良好教风、学风、班风、校风、育人新风的形成（见图 6–19）。

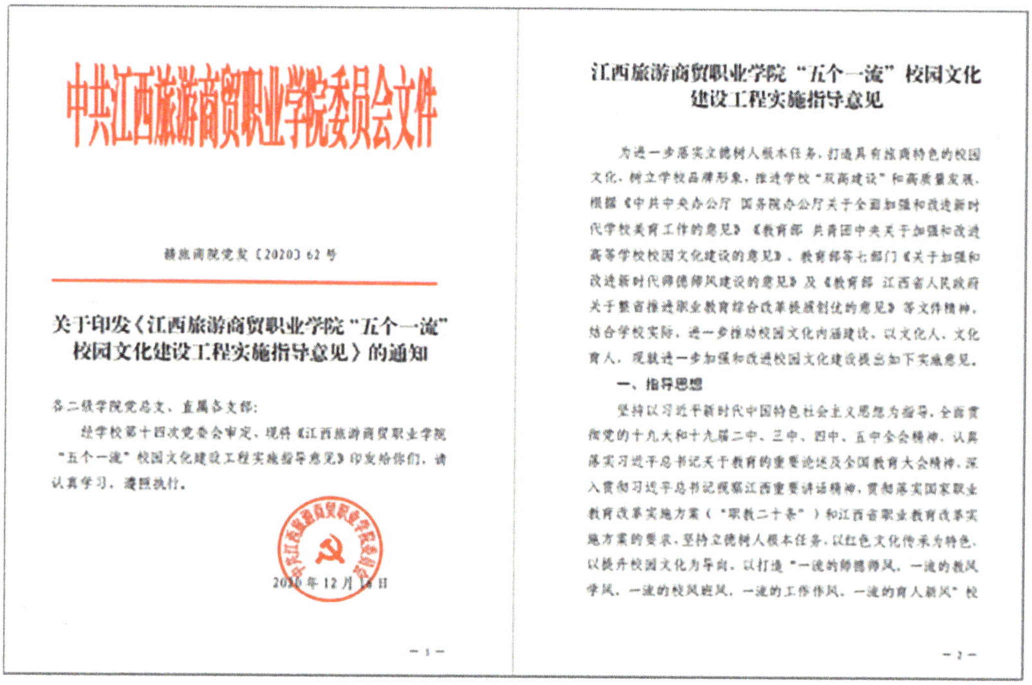

中共江西旅游商贸职业学院委员会文件

赣旅商院党发〔2020〕62号

关于印发《江西旅游商贸职业学院"五个一流"校园文化建设工程实施指导意见》的通知

各二级学院党总支、直属各支部：

经学校第十四次党委会审定，现将《江西旅游商贸职业学院"五个一流"校园文化建设工程实施指导意见》印发给你们，请认真学习，遵照执行。

20[illegible]0年12月[illegible]8日

— 1 —

江西旅游商贸职业学院"五个一流"校园文化建设工程实施指导意见

为进一步落实立德树人根本任务，打造具有旅商特色的校园文化，树立学校品牌形象，推进学校"双高建设"和高质量发展，根据《中共中央办公厅 国务院办公厅关于全面加强和改进新时代学校美育工作的意见》《教育部 共青团中央关于加强和改进高等学校校园文化建设的意见》、教育部等七部门《关于加强和改进新时代师德师风建设的意见》及《教育部 江西省人民政府关于整省推进职业教育综合改革提质创优的意见》等文件精神，结合学校实际，进一步推动校园文化内涵建设，以文化人、文化育人，现就进一步加强和改进校园文化建设提出如下实施意见。

一、指导思想

坚持以习近平新时代中国特色社会主义思想为指导，全面贯彻党的十九大和十九届二中、三中、四中、五中全会精神，认真落实习近平总书记关于教育的重要论述及全国教育大会精神，深入贯彻习近平总书记视察江西重要讲话精神，贯彻落实国家职业教育改革实施方案（"职教二十条"）和江西省职业教育改革实施方案的要求，坚持立德树人根本任务，以红色文化传承为特色，以提升校园文化为导向，以打造"一流的师德师风、一流的教风学风、一流的校风班风、一流的工作作风、一流的育人新风"校

— 2 —

图 6-19 《江西旅游商贸职业学院"五个一流"校园文化建设工程实施指导意见》文件

以"竞技强能、匠心筑梦、立德树人"为指导思想，以竞技为抓手，推动学生职业技术技能的学习和职业综合素质的养成，成就个人成长梦想，助力国家社会发展。坚持教赛相融、课赛相通、产赛相连、教学相长"四相合一"理念，使教学始终围绕着培养符合社会需要的高素质技术技能人才而进行。

学校通过各方面措施将理念导入师生头脑。一方面，利用人才培养方案修订、课堂信息化改造、基地建设等措施，将"四相合一""四促一体"竞技理念落地落实。另一方面，大力弘扬先进典型事迹，把培养良好的师德师风作为校园文化建设的重要内容。大力挖掘校内涌现出来的德艺双馨的师德师风先进典型，弘扬爱岗敬业的奉献精神和甘为人梯的师德风范，每年评选"旅商师德师风标兵""优秀教师""优秀教育工作者""优秀辅导员"等先进典型；通过校报、广播、宣传橱窗、网站、微博、微信等媒体形式，充分利用教师节等重大节庆日、纪念日契机，展现广大教职员工在教书育人、管理育人、服务育人中的典型事迹和精神风貌。

（二）竞技育人环境

构建全方位的竞技育人校园环境，为教师、学生、企业提供助力支持，形成“人在校中、人在竞技中”的浓厚气氛。

1. 建设美丽校园，用优雅自然环境营造和谐舒适的人文环境

江西教育旅游示范区项目以国家 3A 级旅游景区为标准，以教育资源和校园文化为依托、旅游教育为主体，确立“赣鄱剪影，游学胜地”主题形象和“一馆、两区、三点、四基地”空间布局，建设集“游、学、培、研、产”于一体，独具江西特色的宜学、宜研、宜游的“旅游 + 教育”模式的人文景区。图 6-20 为我校校园美景。

图 6-20 江西旅游商贸职业学院校园美景

2. 建设普惠式竞技校园，实现师生全覆盖

依托“院、校、省、国”四级竞赛机制，结合各专业特点开展内容丰富、形式多样的技能活动，形成课课有赛事、班班有赛项、人人能出彩的竞技氛围，凸显技能大赛的普惠性，促使人人学习技能、人人拥有技能，培养更多德技并修、技能精湛的社会主义现代化合格的建设者和接班人。图 6-21 为我校物流管理专业产线实训现场。

图 6-21　我校物流管理专业产线实训

3. 建设浓厚竞技气氛校园，锤炼工匠精神

在组织学生参与“互联网 +”“创客中国”等大赛的过程中，利用紧张有序的竞赛气氛，引导学生进入精神高度集中的状态；借助竞赛标准和目标，引导学生坚定信念，树立技能宝贵、创造伟大的劳动精神；基于赛事在暑期举行的赛程安排，组织参赛学生团队合理调整暑期时间，进行修改计划书、优化参赛 PPT 和强化路演训练等活动，尤其是在亟待突破关键节点时，集中时间赶进度，锻炼了参赛学生不怕吃苦、勇于竞争、开拓创新的工匠精神。2021 年 7 月，学校旅游学院李崇玉、肖琪昳两名同学因大赛成绩优秀，被人力资源和社会保障部授予“全国技术能

图 6-22　我校物流管理专业开展技能比武

手”荣誉称号。图 6–22 为我校物流管理专业技能比武现场。

4. 建设良好班风校园，从生活上促进育人

图 6–23　我校班级教学实景

发挥校园、班级、宿舍等载体的育人作用，以班风促进校风，以校风带动班风。加强优良班风建设，完善班级管理条例，健全班委会工作制度，将班风建设纳入优秀班级测评体系，定期开展优良学风班级评比活动，营造积极向上的班级氛围；加强学生宿舍管理，强化宿舍文化的育人功能，以“宿舍文化节”为依托，打造文化型、学习型寝室，在宿舍形成学生自我管理的风气，使学生宿舍成为校风、学风、班风建设的窗口。图 6–23 为我校班级教学实景。

5. 建设“五业联动”校园，充分融入行业企业

以竞技文化为支撑、竞技强能为导向，推动学业、就业、产业、企业、职业“五业联动”，教、学、训、赛、产无缝对接，在课堂学习、基地实训、生产实践、顶岗实习、就业见习中，弘扬竞技强能，崇尚匠心筑梦。图 6–24 为我校传媒专业与南昌电视台开展合作，共建实习就业基地。

图 6–24　我校传媒专业与南昌电视台合作共建实习就业基地

（三）竞技育人模式

从标准对接、任务驱动、技能导向、多元评价四个方面来搭建。

搭建普惠式竞技育人平台，首先要进行标准对接，将大赛标准、大赛任务、赛项训练与教学标准、教学内容、实训任务相对接，将竞赛过程与教学过程相统一，促进学生在日常学习中加深对竞赛的理解，保证普惠式竞技育人平台的覆盖面与深入度。

任务驱动教学法就是给学生提供体验实践与感悟问题的情境，促使学生围绕任务展开学习，用任务的完成结果来检验学习成果，改变学生的学习状态。这样的教学方式能够让学生主动建构探究、实践、思考、运用、解决问题的学习体系。高职院校搭建普惠式竞技育人平台就是给学生提供这样一个场景，在竞赛之中运用任务驱动教学法，提高教学效果。

高职院校普惠式竞技育人平台构建要以技能培养作为发展方向，健全与职业竞赛相接轨的教学管理机制，对教学方式和教材形式不断进行创新发展，使竞技育人理念深入高职课堂，提升学生的职业技能；利用普惠式竞技育人平台对职业教育进行改革，培养校园内以及社会上尊重技能的氛围，提升高职院校培养职业型人才的质量，提高高职院校的社会地位。

对学生实行多元评价方式，从考查项目、考查方法、考查方向等全方位考查学生的综合学习情况与职业技术能力，增强对学生的激励作用，激发学生参加竞技活动的积极性，提升人才培养的质量。

（四）竞技育人特色

通过各类特色项目，树立“不怕吃苦、勇于竞争、开拓创新、劳动光荣、技能宝贵、创造伟大”的精神文化，使之融入血脉，形成良好的竞技导向文化特色。

1. 充分挖掘非遗传承等项目，弘扬中华优秀传统文化和工匠精神

学校获评江西省非物质文化遗产传播基地，携手国家非物质文化遗产（夏布绣）传承人张小红合作共建“张小红夏布绣”大师工作室。每年邀请张小红来校为服装专业学生讲课和举办讲座，传播和传承国家非物质文化遗产，弘扬中华优秀传统文化。这是全省首个国家级非遗和职业院校的深入性产学研合作。学校还建成了徐孙君国家级大师工作室，徐孙君团队、熊铭贵团队在第 45 届世界技能大赛中表现突出，弘扬了工匠精神。图 6-25 为 2020 年教育部部长陈宝生，江西省人民政府省长易炼

图 6-25　2020 年，教育部部长陈宝生、江西省人民政府省长易炼红视察“夏布绣”非遗传承基地

红视察“夏布绣”非遗传承基地。

2. 结合产业新业态，打造旅游服务业特色项目

学校获评首批江西省中小学研学实践教育基地，结合产业新业态、行业技术技能新形态，组织多次活动。2020 年 10 月，江西师大附属湾里实验小学 615 名学生来校开展秋季研学活动（见图 6-26）。

图 6-26　2020 年 10 月，江西师大附属湾里实验小学来校开展研学活动

茶艺实训室承担了学校 3A 级景区研学旅行任务，为 2000 余名师生进行茶艺职业启蒙教育和技能实践体验服务。

你是我的“宝”——创意美工室是依托于学前教育专业的服务业特色项目。该项目立足于本土实际，借助学校研学旅行的发展力量和学院的综合实践活动课程研究基础，探索创新、实用、节能、环保和传承“五位一体”的美工课程，充分将手工美术主题的旅游研学与学前专业技能结合，多次组织附近中小学和学校师生开展研学美工活动，以学生职业需求为目标，培养专业技能和工匠精神（见图 6-27）。

图 6-27 你是我的“宝”——创意美工室研学美工活动

第七章 竞技育人成绩成效

一、主要成效

（一）“以赛促教、教赛相融、匠心筑梦”实施成效

职业技能大赛作为技能展示、比拼的大舞台，是职业院校培养质量的“试金石”，是职业教育教学改革的“指挥棒”；职业技能大赛赛项设置紧密联系生产实际和产业热点，是产教融合的“连通器”，是产业转型的“风向标”。江西旅游商贸职业学院积极探索“以赛促教、教赛相融”的育人模式，让更多学生在竞技中受益、在竞技中成长，成效显著。

1. 教师素质能力稳步提升

教师团队发挥无私奉献、团结协作的优良传统，更好实现育人目标。教师根据学生多元化特点，大力推进教法改革，项目教学、案例教学、情景教学、工作过程导向教学广泛应用，积极对接学生实践技能的培养，汲取新知识、新工艺提升自身教学技能，促进教师成长。夯实“双师型”教师培养基础，开展传帮带活动，促进教师整体进步。近三年，旅游专业教师获省级教学能力大赛奖项 38 项，建设校内课程 15 门、网上课堂 40 门、企业课堂 18 门、新形态教材 27 部，5 部教材入选“十三五”职业教育国家规划教材。“双师型”教师占比达 90%。2021 年 7 月，旅游管理教学团队成功获评江西省职业教育教师教学创新团队，并成功入选了第二批国家级职业教育教师教学创新团队立项建设单位。这是我校在国家级职业教育教师教学创新团队建设过程中取得的又一重大成果，体现了专业教师扎实的教学、科研水平。

2. 学生技能赛事成绩突出

技能大赛已经成为中国职业教育展现技能强国、技能成才的一项重要标志。技能大赛师资队伍素质能力稳步提升，带动了学生技能赛事成绩突出。江西旅游商贸职业学院旅游类专业群自 2015 年参加世界技能大赛中国选拔赛以来，经过 6 年的努力，已有 5 位选手入围两个项目（餐厅服务、酒店接待）国家集训队。其中，赵越同学以全国第二名的成绩入围第 45 届世界技能大赛酒店接待项目备赛选手。学院连续多年蝉联江西省职业院校技能大赛（旅游类）中餐宴会主题设计、西式宴会服务、导游服务等赛项一等奖。2020 年 8 月，肖美珍同学代表江西省参加首届全国扶贫职业技能大赛餐厅服务项目获金奖；2020 年 9 月，在江西省第二届“振兴杯”赣鄱工匠职业技能大赛餐厅服务项目中包揽一、二、三名；2020 年 12 月，在我国第一届职业技能大赛餐厅服务项目中获铜牌（晋级国家集训队），酒店接待获第五（晋级国家集训队），餐厅服务获优胜奖；2021 年 6 月，彭敏杰同学获全国职业院校导游技能大赛二等奖；2021 年 7 月，戴晴、温静两位同学分获江西省乡村振兴职业技能大赛餐厅服务员项目学生组冠、亚军。除上述具有代表性的获奖成绩以外，旅游类专业群以班级为单位积极参与才艺展示、服务礼仪、旅游商品设计等各类校级比赛，在比赛中绽放异彩。

3. 社会服务能力不断增强

近年来，学院积极承办世界技能大赛江西省选拔赛、江西省职业院校技能大赛（旅游类）、江西省红色故事讲解员大赛等各类省级技能大赛，办赛的同时积极邀请兄弟单位及优秀学生代表现场观摩学习。旅游类专业群参赛人数呈现逐年增长趋势，挖掘出一批综合素质高、专业技能好、核心竞争力强的优质学生。学院先后与资溪县人民政府、江西长天集团、联想集团等开展战略合作，签订合作协议，明确合作事项；派出志愿服务队为世界 VR 产业大会、江西省旅游产业发展大会、江西省导游大赛等大型活动提供志愿服务，圆满完成各类接待任务。开设第二课堂硕果累累，灵活运用学分制促进学生个性发展，大力推广“1+X”技能证书制度培养技术技能人才，为旅游类专业群高质量发展和办学实力的壮大，增添新的动力和增长点。

（二）“以赛促学、课赛相通、竞技强能”实施成效

1. 精准衔接实施了第一课堂“课赛相通”教学改革

一是课程标准与竞赛标准衔接，优化人才培养方案。将竞技元素融入育训结合

的人才培养模式中，实现职业标准、竞赛标准和课程标准"三标准"融合，将生产过程、竞赛过程、学习过程融为一体。2017 年以来，旅游学院在酒店管理、旅游管理等 6 个专业人才培养方案和 84 门专业核心课程中引入了技能竞赛的标准和职业标准。

二是教学内容与竞赛项目衔接，推动课程组织改革。技能竞赛项目成为面向旅游类专业学生的项目教学模块，围绕技能竞赛项目深化"三教"改革，开展"课堂教学 + 技能训练 + 技能竞赛"的教学活动，将技能竞赛演化为学校教学的常态模式；依托技能竞赛优秀教师，开发以技能竞赛项目为主题内容的精品课程 10 门、校本教材 30 多本，推进课堂竞技的普及化。

三是实践实训与赛项训练衔接，引导实践教学改革。按照技能竞赛技术标准配置实训设备，打造实景操作训练环境，技能竞赛成为推动专业建设与新技术融合的新引擎。从行业企业聘请能工巧匠到学校任教，传承技能技艺，弘扬工匠精神。专业教学中普遍采用项目教学法，世赛班结合技能竞赛探索小班化项目教学新模式，学生在赛中学，在学中赛，练就"真"本领。

四是课程考核与技能竞赛衔接，引入多元评价方式。技能竞赛注重对学生知识、技能、心理素质、团队精神等综合素质考核。把技能水平、职业道德等作为学生课程考核的重要指标，纳入学业评价标准；采取项目化过程考核、技能考核、技能竞赛、职业资格证书相结合的立体化考核方法，推动学生的职业能力和职业素质循环上升；建立技能竞赛与职业资格证书有机衔接制度，技能竞赛与课程考核同步进行，矫正技能竞赛与日常教学脱节的偏向。

2. 院系统筹推动了第二课堂"课赛相通"教学改革

一是构建"院、校、省、国"四级竞技竞赛体系。一是国赛引领，建立体系标杆，指引发展方向。2017 年以来，旅游类专业学生参加全国技能大赛，获奖牌 30 余枚，其中一等奖 11 枚，强化了学生的竞技能力。二是省赛拉动，提升专业建设质量。以省赛为依托，统筹专业布局与建设，重磅打造优势专业和特色团队，大幅提升专业建设质量。2017—2020 年，学校参加全省技能大赛的学生达 750 余人次、教师达 110 余人次，获得一等奖 50 余项、二等奖 210 余项，位居全省高职院校前列。省赛带动了专业的发展，促进旅游管理和酒店管理专业成长为江西省优势特色专业。三是校赛规范，推动技能竞赛标准化。为了构建具有特色的竞技教风、竞技学风、竞技校风、竞技文化，学校出台《江西旅游商贸职业学院职业技能竞赛管理暂行办法》等文件，将校级技能竞赛纳入常规工作，主动对标国赛和省赛，优化校赛设置，使赛事组织、竞赛执裁和训练指导更加标准化、规范化。四是院赛普惠，覆盖所有专业和课程。搭建公平、公正、公开展示技能的平台，实现课堂有竞技、内容全覆盖。改变传统考核方式，创新课程设计，实现以赛代考，形成课课有赛项、班班有赛事的竞技氛围。院赛采取团体竞赛和个人竞赛相结合的形式，既考查学生课程掌握程度，又考查学生团队合作意识。

二是构建第二课堂竞技体系。一是搭建竞技育人平台。江西旅游商贸职业学院组织教师和学生积极参与不同级别、不同类型的竞赛项目，通过竞赛提升师生专业能力，提升人才培养质量。从课堂竞技、校内竞赛、校外竞赛、风采展示和实践活动五个方面，完善技能学习第二课堂，构建第二课堂竞技体系，促进学生养成尊重劳动、崇尚技能的意识，培育学生的工匠精神。二是发挥职业教育活动周作用。学校每年五月第二周举办职业教育活动周，师生参与率为 100%。2021 年，旅游学院以“技能让生活更美好”为主题，开展专业技能竞赛、专业宣传、专业特色亮点展示系列活动，还邀请了企业专家担任技能周比赛的总裁判。学生通过竞赛提升了自身的专业能力。三是组建专业导师团。组建包含专业教师、带赛导师、企业技师的专业导师团。专业导师团组织学生利用课余时间进行竞赛技能训练；聘请往届参赛和获奖学生加入导师团，担任导师助理，以老带新，提高技能训练效果。

3. 构建机制促进全员参与“课赛相通”教学改革

一是构建适应“课赛相通”教学改革的绩效奖励机制。江西旅游商贸职业学院以技能竞赛作为促进教学改革、改善师资队伍结构、打造优秀教学团队的重要抓手，构建与“竞技强能、匠心筑梦”相适应的教师激励和管理机制，将“课赛相通”教学改革纳入教育教学成果中的课程类项目，从职称评聘、职务晋升、评优评先、竞赛奖励等方面加大奖励和支持力度，激励广大教师积极参与“课赛相通”教学改革，推动“课赛相通”教学改革的实施。

二是构建适应“课赛相通”的教学评价机制。江西旅游商贸职业学院制定了“以赛代考”的考核评价机制。对学生的考核引入技能竞赛标准，并结合学生在课程教学中参与技能竞赛的表现，实行过程化、立体化、全面化的考核；对获得省级以上职业技能竞赛荣誉的学生给予免考。对教师的评价，除了教学督导评价、院系评价、学生评价等方式，还要综合考查教师对“课赛相通”教学改革、学生技能（素养）提升等方面的贡献度。

4. 校企合作引入行业前沿技术技能

一是竞技活动引入行业和职业的新技术、新标准、新规范。旅游学院结合旅游类专业特点，引入行业前沿技术技能，与企业共同开展“课赛相通”的竞技活动，形成学年有大赛、学期有小赛、课课有赛项、班班有赛事的竞技氛围。同时，校企共同完善技能学习第二课堂，进行教学场域、竞技场域、生产场域“三场域”轮训，促进学生养成尊重劳动、崇尚技能的意识，培育学生实践创新能力和工匠精神。

二是校企共同培养集训队伍。通过课赛和校赛的选拔，成立竞赛集训队。校企共同培养集训队伍，企业提供训练场地，采取“小班教学”的模式，培养一批有较强实战能力的参赛选手参加省级、国家级、世界级技能竞赛，真正构建“院、校、省、国”四级技能竞赛体系。同时，合作企业可以对选拔出的学生进行着重培养，为企业发展储备人才，凸显技能竞赛的互惠性。

5.“课赛相通”教学改革经验启示

江西旅游商贸职业学院旅游类专业在“课赛相通”教学改革中，形成了“强学风、孕人才、育大师”的竞技强能效应，取得了一系列丰硕成果。

（1）“课赛相通”强化了竞技学风

“课赛相通”实现了竞技文化“进教案、进课堂、进基地”，体现了竞赛的普惠性、选拔性与激励性，解决了大赛辐射面窄、受益范围小等问题。通过深化竞技课堂改革，教师主动强化竞技校园文化建设，将各级大赛的功能作用与定位目标落实到课堂教学和第二课堂中，引导广大学生在赛中学，在学中赛，形成良好的竞技学风。

（2）“课赛相通”孕育了高技能人才

“课赛相通”选拔出优秀学生，通过技能竞赛孕育了德技双馨的高技能人才，提升了人才培养质量。2017 年以来，1000 余人次获得校级奖项，200 余人次获得省级奖项，50 余人次获得国家级奖项。学校建立优秀学生档案，跟踪其发展轨迹，并全程指导创业。竞赛获奖选手中 63% 被企业高薪录用，24% 专业免试升入本科院校，3% 自主创业，另有 1 人被特聘为实训指导教师留校任教。

（3）“课赛相通”培育了高水平师资

“课赛相通”培育了高水平师资队伍，为工匠精神传承提供了有力的师资保障。多年来，学校定期安排教师去企业实践，提升技能，切身感受工匠文化、浸润工匠精神，提升教师的综合职业素养。学校现有省级技能大师 2 人、省级教学名师 2 人、中青年骨干教师 9 人，6 名教师多次担任全国技能竞赛裁判。同时，学校聘请行业专家和能工巧匠担任实训教师和技能竞赛教练，参与人才培养方案制订、教学实践、技能竞赛指导。目前，旅游管理教学团队获评国家职业教育教师教学创新团队，酒店管理专业教学团队获评省级优秀教学团队。

（三）“以赛促创、产学相连、知行合一”实施成效

自 2011 年开始，江西旅游商贸职业学院旅游类专业群开展了普惠式竞技育人平台的实践探索，达到了“以赛促创、产学相连、知行合一”，取得了一定的成效。

1. 以赛促训，深化教学改革

学校不断深化“竞技课堂、竞技文化”教学改革，搭建竞技强能平台，将竞技理念和竞赛标准融入日常教学过程，强化“产、赛、教”深度融合。校企共同制订专业人才培养方案，将产业、行业、企业的新技术、新工艺、新规范以及技能大赛标准，纳入教学标准和教学内容，作为人才培养的依据和规范，有效解决了大赛与日常教学、生产实际脱节的问题。

近年来，建立大赛专家信息资源库，开发 13 个标准化试题库；加强师资队伍建设和赛事组织工作，与省级技能大赛、国家技能大赛接轨，保证竞赛执裁和参赛学生训练指导的规范化、标准化。2017 年以来，引入技能大赛的标准、课程资源，指导开发酒店管理、旅游管理、模拟导游等 6 个专业技能人才培养方案，引进 50 余门课程资源，开发 30 多本特色教材。依托大赛优秀教师的“夺冠秘笈”，开发以技能大赛项目为主题内容的精品课程 10 门、校本教材 30 多本，推进竞赛内容普及化。旅游管理、酒店管理等专业成长为江西省优势特色专业。2017 年以来，投入 2 亿元，建成 2 个国家级骨干专业、2 个省级优特专业、3 个省级骨干专业，惠及在校 6000 余名学生。旅游类专业在优特专业、技能大师、骨干教师、精品资源共享课程开发、现代学徒制试点、教学改革研究等全省现代职业教育质量提升项目建设中位居前列（见表 7-1）。

表 7-1　近年来旅游类专业国家级平台与项目建设一览表

序号	项目名称	认定单位	年份	等级
1	江西旅游职业教育集团获评国家示范性职业教育集团（联盟）	教育部	2020	国家级
2	江西教育旅游示范区（AAA 级旅游景区）应用技术协同创新中心入选教育部《高等职业教育创新发展行动计划（2015—2018 年）》应用技术协同创新中心项目认定名单	教育部	2020	国家级
3	旅游职业教育校企合作示范基地全国 50 强	国家旅游局	2017 年	国家级
4	旅游管理和酒店管理等专业入选教育部《高等职业教育创新发展行动计划（2015—2018 年）》骨干项目认定名单	教育部	2019 年	国家级
5	全国职业院校旅游类示范专业点（酒店管理）	国家旅游局	2017 年	国家级
6	徐孙君技能大师工作室	人力资源和社会保障部办公厅、财政部办公厅	2019 年	国家级
7	文化和旅游部"万名英才"项目	文化和旅游部	2017—2020 年	国家级
8	主持国家级教学资源库子项目《红色旅游开发与管理》	教育部	2019 年	国家级
9	全国高职院校创新创业教育工作先进单位	全国高职高专创新创业教育协作会	2018 年	国家级
10	大学生 KAB 创业教育基地	中华全国青年联合会国际劳工组织	2017 年	国家级
11	导游、旅游管理和空中乘务等专业获批教育部"1+X"证书制度试点	教育部	2019—2020 年	国家级
12	汽车旅游服务与维修保养生产性实训基地	教育部	2020 年	国家级

2. 育训结合，提升学生综合素养，达到知行合一

借助普惠式竞技育人平台，强化育训结合、德技并修，将教学过程、生产过程、竞赛过程融为一体，促进学生知行合一，培养学生实践能力、创新能力和团队协作精神，促进教育链、人才链与产业链、创新链有机衔接，全面提升人才培养质量。

通过"训"和"赛"的形式，激发学生学习兴趣，提升学生实践活动的参与率与覆盖面。学校先后建立多个校内外实习实训基地，增强学生实践能力。

按照大赛技术标准配置旅游实训大楼各种竞赛项目的实训设备，打造实景操作训练环境，大赛成为推动专业建设与新技术融合的新引擎。充分利用世赛江西省集训基地对学生进行技能训练和实践教学。从行业企业聘请能工巧匠到学校任教，传承技能技艺，弘扬工匠精神。项目教学法在旅游类专业的教学中普遍使用，如世赛班结合大赛探索小班化项目教学新模式，学生在竞赛中学习、在学习中竞赛，练就"硬"技能，从而提升学生的综合素养。2017—2020 年，参加全省技能大赛的学生达 750 余人次、教师达 110 余人次，获得一等奖 50 余项、二等奖 210 余项，位居全省高职院校前列。2017—2020 年，学校举办旅游类专业院级比赛 85 场，获奖学生 1000 余人。具体情况见图 7-1、图 7-2、图 7-3：

图 7-1　2017—2020 年旅游类专业群院级比赛情况

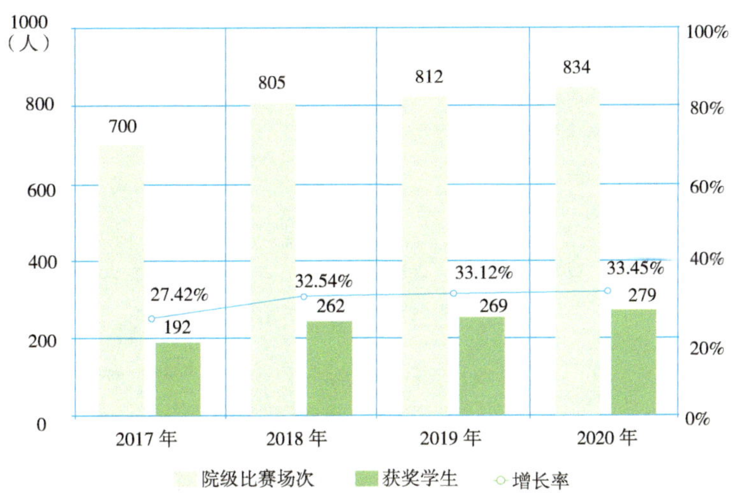

图 7-2　2017—2020 年旅游类专业群院级比赛参加学生与获奖学生情况

图 7-3　2017—2020 年学生获奖和教师获奖情况

2017—2020 年，获得省级及国家级竞赛人数和竞赛奖项稳中有升，如图 7-4 所示：

图 7-4　2017—2020 年国家级和省级奖项获奖情况

截至目前，学校建成了具有真实或仿真企业环境的校内实训创业基地 132 个，每年接纳学生达 1 万余人次；建有 187 个校外实训创业基地，涉及中国国际旅行社、华润万家、上海博世等 220 余家企事业单位，每年接纳超过 5000 名学生。

为了落实“双创”工作，学校建立健全了“双创”工作三维联动制。学校设立创新创业学院和创学联盟社团组织，各二级学院设立“双创”专干和创学联盟分会，班级设立创新创业委员，共同负责“双创”教育，开展创新创业实践，具体指导学生开展“双创”活动。以中国“互联网 +”“中国创翼”“挑战杯”“创客中国”等赛事为抓手，促进创新创业教育与专业教育有机融合。丰富多彩的创新创业大赛载体和全员参与的赛事体系，大大提升了学生的参与率与覆盖面，“双创”大赛也取得了优异的成绩。

第三方调查显示，旅游类专业学生就业竞争力明显提升。2017—2020 年，毕业生就业率为 91%，专业对口率为 80%，企业满意度为 95%。2020 年，在全球旅游业就业受疫情严重影响的情况下，我校的就业、创业工作受省教育厅表彰，省教育厅给予我校 406 万元留赣就业创业专项补助资金。毕业生中涌现了一大批自主创业的学子、企业中高级管理人员和出国留学生。学生获国家级技能竞赛奖励 142 人次，获省级技能竞赛奖励 745 人次（见图 7–5、图 7–6、图 7–7）。竞技强能、立德树人取得了良好成效。

图 7–5　我校获江西省第七届大创课比赛总冠军

图 7–6　我校在第七届江西省“互联网 +”大学生创新创业大赛中取得佳绩

图 7-7 旅游学院在 2021 年全国职业院校技能大赛中荣获 2 个二等奖

3. 深化产教融合、校企合作，达到产学相连

建立学校、教师、学生、企业四方激励机制，构建了“教、学、赛、产”一体化平台，打造了融合型、开放型、共享型的校企协同育人平台，进一步深化产教融合、校企合作，促进产业升级，达到产学相连，弘扬工匠精神，崇尚技术技能，实现可持续发展（见图 7-8）。学生通过顶岗实习、毕业实习等途径进入企业进行实际操作，让学生竞技上岗、接受竞技评价，由企业指导老师和学校指导老师共同指导其完成专业学习考核；积极创造条件平台，组成师生专业学习实践团队，让学生有充分的施展空间，将专业所学的知识与企业的实践相结合，锻炼学生的实际动手能力，培养学生的企业职场经验；要求师生团队结合企业生产中的实际问题，进行系统分析，提出解决方案。同时把技能水平、职业道德等作为学生学业评价的重要指标，纳入学业评价标准；采取项目式过程考核、期末考试、毕业技能考核相结合的立体化考核方法，推动学生的职业能力和职业素质循环上升；建立技能大赛与职业资格证书有机衔接制度，校级比赛与技能考核同步进行，矫正大赛与日常教学脱节的偏向。

2020 年获批国家级示范职教集团；酒店管理专业成为全国职业院校旅游类示范专业点，旅游管理、导游专业入驻教育部虚拟仿真（VR）实训基地；酒店管理、旅游管理专业获批江西省高水平高职院校优特专业；学校成功获批酒店接待省级职业技能竞赛集训基地，入选全国 50 个校企合作示范基地；学校入选省级人才培养模式创新试验区，综合实力进入全省高职院校第一方阵。

图 7-8　2021 年 7 月 13 日，党委副书记、院长蔡海生带领相关同志赴企业考察调研

4. 借助竞技育人普惠式平台，学校办学实力和社会服务能力显著提升

学校搭建竞技强能平台，依托此平台，扩大竞赛的覆盖面，营造竞技文化，促进学生养成尊重劳动、崇尚技能的意识，培育学生的工匠精神，激发学生的竞技意识，提升学生的综合素养和教师的专业能力与技能水平，同时服务社会的能力得到显著提升。

2017—2020 年，举办旅游类专业院级比赛 85 场，获奖学生 1000 余人。2017 年以来，旅游类专业学生参加全国技能大赛，获奖牌 30 余枚，其中一等奖 11 枚。余佳倩、赵越、周盼、李崇玉、肖琪昳等多位同学先后入选世界技能大赛餐厅服务等赛项国家集训队。徐孙君老师入选第 45 届世界技能大赛中国技术指导专家组，参与国赛执裁和参赛学生训练指导工作。学校成为第 46 届世界技能大赛全国选拔赛江西省集训基地（酒店接待、餐厅服务赛项），徐孙君、熊铭贵等 8 位教师担任江西省集训备战技术指导专家（教练），彰显了竞技强能、竞技育人的职教品牌。学校旅游学院承办 2017—2020 年四年江西省职业院校技能大赛（旅游类）；学校组建了江西旅游职教集团；学校成功获批酒店接待和餐厅服务省级职业技能竞赛集训基地、江西省首批中小学生研学实践教育基地、江西省大众创业万众创新示范基地等。同时，学校旅游学院多次参与志愿者服务活动。例如，完成金砖国家领导人会晤接待志愿服务任务，参加江西旅游产业发展大会志愿服务活动，参加全国人道资源动员工作经验交流大会志愿服务，开展“三下乡”志愿活动，等等（见图 7-9、图 7-10、图 7-11）。

图 7-9　2017 年，学校参加全国人道资源动员工作经验交流大会志愿服务

图 7-10　江西教育电视台报道我校旅游学院参加江西旅游产业发展大会志愿服务活动

学校通过“孵”和“服”的形式，提供创业平台和帮扶，推动大学生“双创”项目落地转化。2017 年以来，学校先后加入中国技术创业协会、中国高校创业学院联盟、中国创新创业教育联盟、中国创新创业实践联盟、中国创新创业孵化联盟等组织，并被推选为国家级赣江新区创新创业协会理事长单位。2018 年，学校在江西省发改委的政策和资金支持下，新建了 10005 平方米的创新创业大楼，作为校企合

作的实训基地，配有国赛导师工作站、孵化器功能综合服务平台，为学生提供免费场地、硬件设施等基础条件，以及创业培训、工商办理等，借助行业、企业的优质教学资源和师资力量，有效集成创业服务资源，为学生提供创新创业服务、竞赛指导和项目孵化，打造了旅商“双创”基地的升级版。学校建立较为完善的创新创业指导服务体系，为大学生参加创新创业竞赛和大学生创业就业提供政策咨询、创业培训、创新培训、风险评估、注册登记、融资服务、项目开发等“一条龙”服务，实施“一项目一导师”，有效推进项目落地转化。

中国日报 中文网 7×24小时．中文原创国际资讯

中国日报 中文网 江西 > 本网专稿

江西旅游商贸职业学院旅游学院开展“三下乡”社会实践服务

来源：中国日报网 2019-07-12 21:33

近日，江西旅游商贸职业学院旅游学院“星旅”和“星程”两支社会实践队分别前往旅游景区滕王阁、南昌新四军军部旧址陈列馆和东湖区彭家桥街道光明社区开展暑期“三下乡”社会实践服务。共计53名社会实践志愿者开展红色文化艺术汇演、垃圾分类宣传以及幼儿支教等社会实践服务。

精彩热图

长江干流湖北段水位持续上涨

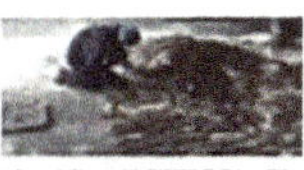

哈尔滨一公园现56枚日伪时期炮弹

最热新闻

坚毅笃行，稳中求进！

少数旅德女议员回应特朗普“滚回去”言论：他在转移注意力 不要上钩

双语新闻：全球人均垃圾产量排行榜出炉 加拿大居首

“良渚与古代中国——玉器显示的五千年文明展”在故宫博物院开幕

“丝路人·丝路情——2019中外学者交流活动”在浙江宁波启动

联合国报告说2018年全球8.2亿人挨饿

稳中有进 坚定前行——透视中国经济“半年考”答卷

《焦点访谈》：协调 合作 稳定是大势

图 7-11　2019 年，我校旅游学院开展“三下乡”志愿活动

（四）“以赛促改、教学相长、‘三教’统筹”实施成效

1. 推动了专业建设，助推高质量高水平发展

江西旅游商贸职业学院旅游学院以技能大赛为契机，搭建校企合作平台。学校旅游学院与江西南昌万达嘉华酒店、广州新长隆酒店等单位进行合作，并以此建设校外生产性实训基地。学校旅游学院长期与江西众弘导游服务有限公司进行合作，

公司选派导师常年来校进行导游类课程授课；长期与江西南昌滕王阁景区、江西亚细亚国际旅行社等单位进行合作，开展毕业实习、实践教学、校外实训、教师下企业锻炼等。邀请技能大赛专家和企业导师共同参与人才培养方案的制订、课程标准的设置、教学计划的安排以及课程建设、课程资源开发等，开发了《旅游职业礼仪与交往》等 4 本规划教材，与企业合作开发了《餐饮运作实务》《供应链管理（第 4 版）》等 45 本“双元”教材。

同时，邀请专家来校讲课讲座，共同成立指导委员会，促使专业向国家“双一流”方向发展，助推高质量高水平发展。这些活动促进了专业建设，也促进了教师的职业素养、实践教学能力、科研能力、社会服务能力的提升，同时也为学生的实践锻炼和专业技能提升提供了机会。2019 年，学校旅游管理和酒店管理等专业入选教育部《高等职业教育创新发展行动计划（2015—2018 年）》骨干项目认定名单。2017 年，酒店管理专业获批全国职业院校旅游类示范专业点。2019—2020 年，导游、旅游管理和空中乘务等专业获批教育部“1+X”证书制度试点。2019 年，学校获评国家 3A 级旅游景区。2018 年，酒店管理和旅游管理等专业获批江西省优势特色专业。2020 年，酒店管理专业获批江西省现代学徒制试点专业。2020 年，旅游服务与管理专业教学资源库获批江西省专业教学资源库建设项目。2018 年，旅游管理专业与美国夏威夷大学卡比奥拉尼学院开展了合作项目。2018 年，江西旅游职教集团获批江西省骨干职业教育集团。

2. 提升了人才培养质量

学校坚持“产、赛、教”融合制度，以竞技强能为核心，将生产过程、竞赛过程、教学过程相融合，将职业标准、竞赛标准、教学标准相融合，将产业链、竞赛链、教育链相融合，将职业道德、工匠精神、劳动精神等融入以上方面，实现竞技育人成效，实现“全员、全过程、全方位”育人，培养德技并修高技能复合型人才。学校充分运用校企合作公司、校内外生产性实训基地，开展省级技能竞赛、旅游类专业职业教育活动周、校级和省级导游解说大赛以及各类专项比赛、技能课堂、旅游类志愿者活动、实习实训等。运用国家级技能大师工作室开展竞赛训练与实践教学，从而为学生提供了大量的实践锻炼机会，促进学生知行合一，大大提升了学生的职业素养、工匠精神以及知识技能水平，同时也提升了教师的专业水平与能力。例如，在学校的大力支持下，旅游学院开展了“薪火相传为‘金砖’添彩、知行合一扬学院”的活动，圆满完成金砖国家领导人会晤接待志愿服务任务（见图 7-12）；学生

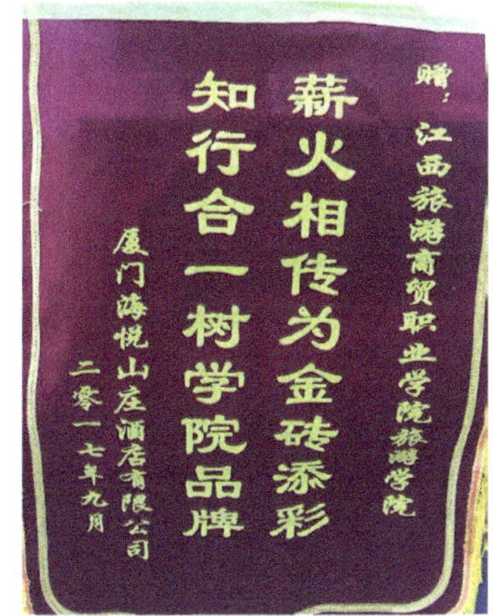

图 7-12　2017 年，我校旅游学院学生圆满完成金砖国家领导人会晤接待志愿服务任务

参加我国第一届职业技能竞赛并获得铜奖；学生参加立项“万名旅游英才计划”项目。

依托技能大赛平台，培养了大批具有工匠精神、德技并修的高素质复合型技能人才，大大提升了人才培养质量（见图 7-13、图 7-14）。2 名学生获得“全国技术能手”称号；1 名学生获得全国扶贫技能大赛金牌（餐厅服务项目）；5 名学生入选第 44 届、45 届、46 届世界技能大赛国家集训营；获得全国大学生西餐宴会服务大赛一等奖、中餐主题宴会设计一等奖；获得我国第一届职业技能大赛铜奖（餐厅服务项目）以及多数江西省各类旅游技能大赛的一等奖；获得“中国创翼”创新创业大赛全国第一名、江西省“互联网 +”大学生创新创业大赛

图 7-13　我校学子李崇玉、肖琪昳荣获“全国技术能手”称号

荣誉证书

赵越同志在2019年中国技能大赛—第45届技能大赛全国选拔赛中，荣获酒店接待项目第二名。

特发此证，以资鼓励。

2019年中国技能大赛
——第45届世界技能大赛全国选拔赛组委会秘书处
（人力资源和社会保障部职业能力建设司代章）
2019年6月

图 7-14　我校学子赵越在中国技能大赛——第 45 届技能大赛全国选拔赛中荣获酒店接待项目第二名

金奖、第七届江西省创业公开课总冠军等各类创新创业大赛荣誉。2017 年以来，1000 余人次获得校级奖项，200 余人次获得省级奖项，50 余人次获得国家级奖项。学生获国家级技能竞赛奖励 142 人次，获省级技能竞赛奖励 745 人次。2017—2020 年，毕业生就业率为 91%，专业对口率为 80%，企业满意度为 95%，用人单位对毕业生评价高。毕业生多元化就业创业，而国赛获奖选手也是多元化发展，63% 被企业高薪录用，24% 专业免试对口升入本科院校，3% 自主创业，另有 1 人被特聘为实训指导教师留校任教。

3. 打造了优秀的教学团队

师资队伍建设是职业教育提升的基础和关键。学校加强教师队伍建设，积极优化师资结构，提升师资力量。学校支持教师指导学生参加职业技能竞赛或者陪同学生前去参赛观赛，依托比赛加强与其他竞赛指导教师的交流，提升赛事指导经验，加强"双师型"教师团队建设；鼓励教师参加职业院校技能大赛教学能力比赛等各类教学竞赛；加强对教师的培养，鼓励支持教师考取导游证、国家职业技能鉴定考评员等各类职业资格证书，选派教师参加省培、国培以及"信息化技术""课程思政"等各级各类培训，更新教学理念，支持教师考博等深造学习；推荐教师到企业进行实际性的参观学习以及培训、实践与顶岗等，例如在假期，旅游学院教师带国内外旅行团进行锻炼，持续性提升教师的职业能力和专业技能；建设集教学、竞赛指导、科研、社会服务等为一体的教学团队，团队教师之间相互交流学习，相互促进，并成功申报省级、国家级创新教学团队。

技能大赛在教师与学生之间搭建了一座技能沟通交流的桥梁。通过技能大赛，教师将教学理念、经验以及对赛项的理解等传递给学生，不仅仅培养了学生精益求精的工匠精神，提升了学生的综合能力，而且培养了教师追求卓越的职业素养，提升了教师的专业能力和技能水平，促进了"双师型"教学团队的建设。通过技能大赛，充分运用校企合作资源和大赛资源，旅游专业建立了一支具有深厚理论功底和强大实践指导能力以及丰富大赛指导经验的优秀教学团队。目前，1 支教学团队获评第二批国家级职业教育教师教学创新团队，2 支教学团队获评省级优秀教学团队，1 支教学团队获评江西省首批职业院校教师教学创新团队，2 人为省级教学名师，2 人获评省级技能大师，9 人获评中青年骨干教师，6 人多次担任全国大赛裁判，3 名师生荣获“江西省能工巧匠”称号，多人获得考评员等各类资格证书。1 名教师担任第 45 届世界技能大赛餐厅服务项目中国技术指导专家，2 名教师担任第 45 届世界技能大赛全国选拔赛酒店接待项目和餐厅服务项目裁判员，4 名教师担任第 44 届世界技能大赛餐厅服务项目江西省教练团成员，3 名教师获得全国信息化教学能力比赛三等奖，多名教师获得江西省职业院校技能大赛教学能力比赛一等奖，9 人获得第四届中国“互联网 +”大学生创新创业大赛优秀创新创业导师，12 人获得第三届江西省“互联网 +”大学生创新创业大赛优秀创新创业导师，等等。获得 1 项国家级技能大师工作室（徐孙君技能大师工作室），获得 2 项省级技能大师工作室。2020 年，我校获批江西省“双师型”教师培训基地。近年来，凭借优秀教学团队，教师之间互相交流学习，师资能力明显得到提升。具体情况见图 7-15、图 7-16、图 7-17、图 7-18、表 7-2、图 7-19：

聘书

张蕾 同志：

在第44届世界技能大赛全国选拔赛中，聘你为餐厅服务项目江西省教练团队成员，特发此证。

江西省人力资源和社会保障厅

二〇一七年四月

聘书

徐孙君 同志：

在第44届世界技能大赛全国选拔赛中，聘你为餐厅服务项目江西省教练团队成员，特发此证。

江西省人力资源和社会保障厅

二〇一七年四月

聘书

郑巍 同志：

在第44届世界技能大赛全国选拔赛中，聘你为餐厅服务项目江西省教练团队成员，特发此证。

江西省人力资源和社会保障厅

二〇一七年四月

聘书

朱晟轩 同志：

在第44届世界技能大赛全国选拔赛中，聘你为餐厅服务项目江西省教练团队成员，特发此证。

江西省人力资源和社会保障厅

二〇一七年四月

图 7-15　我校张蕾、徐孙君、郑巍、朱晟轩获聘餐厅服务项目江西省教练团队成员

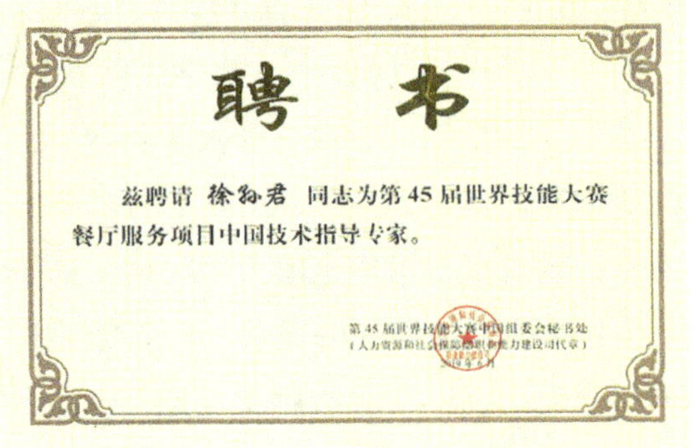

聘 书

兹聘请 徐孙君 同志为第45届世界技能大赛餐厅服务项目中国技术指导专家。

第45届世界技能大赛中国组委会秘书处
（人力资源和社会保障部职业能力建设司代章）

图 7-16　徐孙君同志获聘第 45 届世界技能大赛餐厅服务项目中国技术指导专家

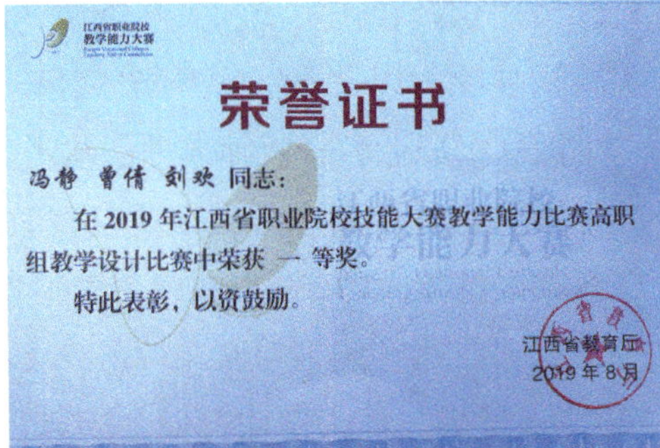

荣誉证书

冯静 曾倩 刘欢 同志：

在2019年江西省职业院校技能大赛教学能力比赛高职组教学设计比赛中荣获 一 等奖。

特此表彰，以资鼓励。

江西省教育厅
2019年8月

图 7-17　冯静教师团队在 2019 年江西省职业院校技能大赛教学能力比赛高职组教学设计比赛中获得一等奖

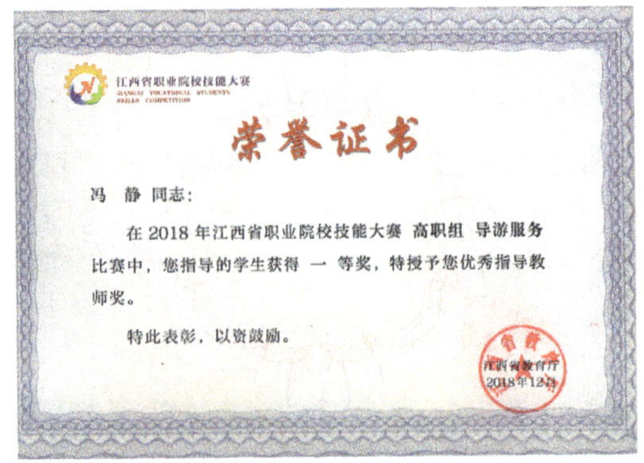

荣誉证书

冯 静 同志：

在2018年江西省职业院校技能大赛 高职组 导游服务比赛中，您指导的学生获得 一 等奖，特授予您优秀指导教师奖。

特此表彰，以资鼓励。

江西省教育厅
2018年12月

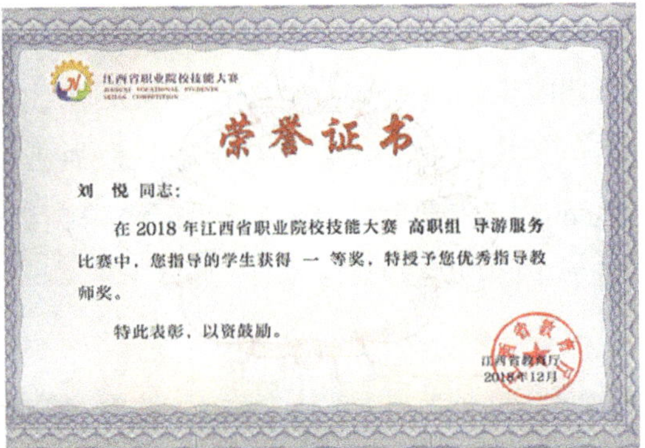

荣誉证书

刘 悦 同志：

在2018年江西省职业院校技能大赛 高职组 导游服务比赛中，您指导的学生获得 一 等奖，特授予您优秀指导教师奖。

特此表彰，以资鼓励。

江西省教育厅
2018年12月

图 7-18　冯静、刘悦同志指导学生获得江西省职业院校技能大赛高职组一等奖

表 7-2　第二批国家级职业教育教师教学创新团队立项建设单位名单（部分）

序号	学校名称	专业领域	专业名称	省份
185	成都职业技术学院	文体旅游	旅游管理	四川
186	浙江旅游职业学院	文体旅游	智慧景区开发与管理	浙江
187	青岛酒店管理职业技术学院	文体旅游	酒店管理与数字化运营	山东
188	江西旅游商贸职业学院	文体旅游	旅游管理	江西
189	山东理工职业学院	文体旅游	研学旅行管理与服务	山东

图 7-19　我校在 2021 年江西省职业院校技能大赛教学能力比赛中荣获佳绩

4. 增强了师生社会服务能力

依托技能大赛的带动力量，加强校企合作、产教融合，学校组建了江西旅游职教集团。学校成为世赛江西省集训基地，为江西省乃至全国职业院校技能大赛贡献

图 7-20　2021 年 9 月 17 日，第 46 届世界技能大赛酒店接待项目国家集训队启动仪式在该赛项国家集训基地江西省电子商务高级技工学校举行

图 7-21　2019 年 3 月 27 日，学校研学实践教育基地迎来首批小游客

了力量。同时，学校还是国家 3A 级旅游景区、江西省首批中小学生研学实践教育基地、江西省大众创业万众创新示范基地等。这些竞技育人平台为江西省内外技能竞赛、旅游服务、研学服务以及大学生创新创业服务贡献了力量。学校的社会服务能力明显增强，同时也提升了师生的社会服务能力、知识技能水平以及综合素养。具体情况见图 7-20、图 7-21。

（五）“以赛促建、求真笃行、三全育人”实施成效

1. 切合技能人才成长规律，提高人才培养质量

学校以技能大赛为抓手，以能力提升为核心，培养了一大批“宽基础、强能力、高素质”的专业技能人才，不仅展示了学生良好的精神风貌和高超的技能水平，而且为学生开辟了优质就业的“直通车”。2017 年以来，师生获得国家级技能竞赛奖励 249 项、省级 855 项，4 名学生入围世赛国家集训队、9 名学生项目入选原国家旅游局“万名旅游英才计划”项目。学生的专业实践能力和创新创业能力得到明显提升，学生学历证书和职业资格证“双证”获得率平均达到 80%。第三方机构调查显示，旅游类专业毕业生初次就业率达到 91%，最终就业率达到 96%，专业对口率为 80%；毕业生能吃苦、团队精神强，参加工作后很快能凸显动手能力强、专业基础扎实、理论与实际结合较快的优势，得到用人单位的高度认可，用人单位对毕业生整体满意度在 95% 以上。学校连续十多年荣获江西省高校毕业生就业工作先进集体称号。

2. 激发教师“三教”改革热情，提升师资素质能力

技能竞赛对教师的“双师”素质提出了更高的要求，同时也为打造一支优秀的“双师型”师资队伍创造了条件。一是促进教师的观念转变和知识更新。学校每年派出

60多位教师率队参加校外技能竞赛活动以及大赛相关学习培训、交流研讨活动，学习和借鉴兄弟院校在技能训练、专业建设、课程改革等方面的有益经验。二是推动教师专业实践能力的提升。学校要求每个专业教学团队每年组队参加一项校外技能竞赛，让青年教师承担指导任务，向学生传授行业新技术、新工艺、新标准。有的教师还参加相关职业技能考核，取得考评员、培训师等各种职业资格证书，专业实践能力和综合素质得到不同程度的提高。三是优化师资队伍“双师”结构。每年举办校内技能竞赛活动都邀请校外专家参加，部分项目竞赛与职业资格鉴定合二为一进行，密切了学校与行业、企业的联系，为优化师资队伍“双师”结构提供了条件。近年来，通过举办技能竞赛等措施，符合“双师”条件的专业教师占比逐年提高，超过85%；越来越多的教师成为能胜任理论教学、能指导实践教学和能参与技术服务、应用开发任务的“三能”教师。

3. 完善学校竞技育人体系，形成立德树人特色

坚持立德树人，以“竞技强能、匠心筑梦、立德树人”理念为引领，大力弘扬劳动光荣、技能宝贵、创造伟大的时代风尚，引导全校师生积极参与技能大赛，以赛促教，以赛促学，不断提高学生思想道德素质和综合素养，促进学生全面发展、健康成长。一是形成了竞技强能培养特色。以学生终身成长为教育目标，坚持综合素质和职业技能并重的教育理念，构建了“国赛引领、省赛拉动、校赛规范、院赛普惠”的竞赛机制和“学年有大赛、学期有小赛、内容全覆盖”的竞赛体系，形成了“不怕吃苦、勇于竞争、开拓创新”的竞技校园文化。二是提升了技能人才综合素养。学生先后获得全国大学生西餐宴会服务大赛、中餐主题宴会设计一等奖、全省大学生旅游商品创意设计大赛金奖、江西省“互联网+”大学生创新创业大赛金奖等多个重大奖项，5名学生入选第44—46届世界技能大赛国家集训营，全省大学生旅游技能大赛更是基本囊括一等奖。毕业生参与意识、执行能力和创新能力较强，深受用人单位青睐，不少毕业生成了高端企业的抢手人才、行业的技术骨干、高层管理人才。三是提高了师资队伍工匠精神。以师德建设为主线，以专业“名师名匠”建设、匠心管理队伍建设为两翼，大力实施高水平师资队伍建设，为工匠精神培育提供有力的师资保障。通过“引进来”“走出去”的方式，浸润校园工匠文化，提升教师工匠素养，以“名师名匠”培育“校园工匠”。

4. 适应行业产业人才需求，增强服务社会功能

紧密切合地方产业发展，依托江西省中小学研学基地、江西教育旅游示范区及

“1+X”研学证书江西培训基地等项目，联合行业企业开展社会服务和职业技能鉴定，打造社会服务品牌。一是连续多年承担政府部门委派的江西省高职导游、酒店服务技能竞赛、红色旅游五好讲解员等大赛的组织工作；承担教育部职业教育与成人教育司开发旅游管理专业国家职业教育虚拟仿真示范实训基地课程与教学资源建设；以3A级景区校园为依托开展旅行研学社会服务，“‘校·景·坊’研学旅行育人模式”典型案例入选教育部2020年全国高职高专校长联席会展示案例。二是发挥省级师资培训基地功能，每年面向江西省内旅游企业开展技术服务培训1000余人次，为旅游类相关职业资格鉴定400余人次；开展江西省中等职业院校旅游专业师资培训累计200余人次。学校旅游类专业学生参加厦门金砖国家领导人会晤接待、江西旅游产业发展大会等重大活动的志愿服务，取得了良好的社会效益。三是作为教育部授予的国家级示范职业教育集团（联盟）培育单位，承担了江西旅游职业教育集团秘书处工作，参与建设江西省旅游协会旅游教育分会、江西省研学旅行研究会等多个行业协会，定期赴抚州大觉山、赣州丫山等景区开展调研走访，年均下企业70余家；承接援疆教师挂职项目，对口帮扶宁都技工学校、广昌职业技术学校，开展江西省职业院校旅游大类专业目录建设情况调研论证，累计实现社会服务到账1002万元，有效提升了职业教育服务经济和社会的能力。

【典型案例】

职业院校“校·景·坊”研学旅行模式的理论构建与实践成果总结

一、成果缘起

职业院校如何利用专业教学资源服务行业、提升社会服务功能，并在此过程中促进专业与行业的融合，这是一个普遍需要解决的难题，相关的理论研究和实践指导十分薄弱，未有相对完整和成体系的研究内容，更缺乏可资借鉴的实践指导。

为破解这一难题，江西旅游商贸职业学院利用旅游专业教育资源，聚焦服务社会研学旅行，针对职业院校服务研学旅行活动严重不足、吸引力不强，学校专业课程服务校园研学旅行过于学科化、急需进行课程改革等问题，进行长期的实践探索，基本完成职业院校“校·景·坊”研学旅行模式的理论构建和实践体系。

二、成果简介

职业院校“校·景·坊”研学旅行模式的理论与实践，以生活教育理论、情景教育理论、景区教育理论和建构主义理论等为基础，涵盖以研学基地标准、研学课程标准、研学导师标准、校园景区运营标准等四个标准为引领的标准体系，以六大研学主题、十大产品和“四新”专业课改相融相促的内容体系，以数字化教学资源库、智慧旅游平台搭建和校园景区开发为主体的技术支撑体系，以学校运作、景区运营、专业运行为机制创新的运营体系，以及“校·景·坊”景区教育创新理论（见图7-22）。

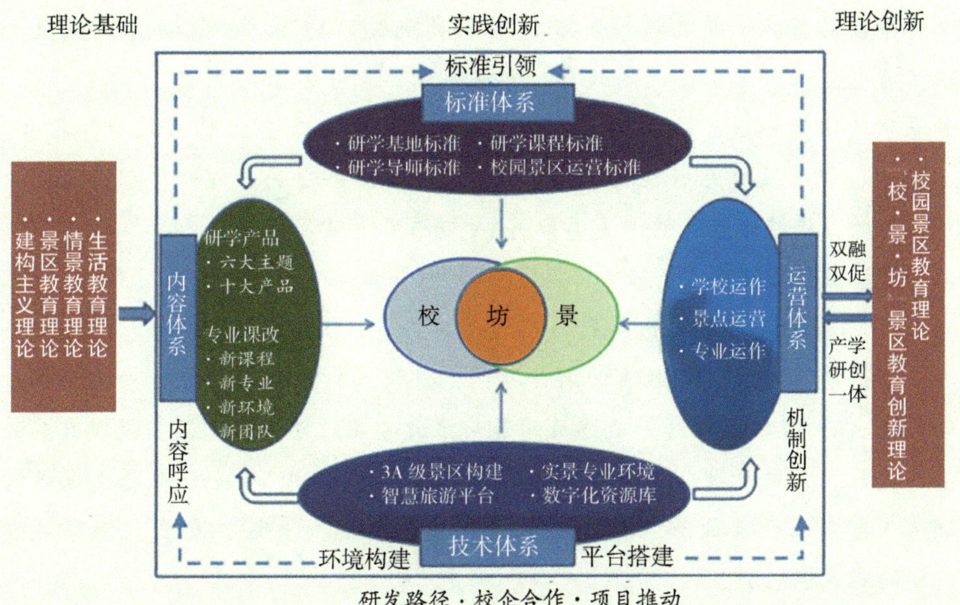

图7-22 “校·景·坊”研学旅行的理论与实践创新图

早在2001年，学校通过与日本酒店协会合作“赴日研修”项目，积极践行“读万卷书、行万里路”的传统游学教育理念，积累校园研学经验。2013年，学校积极响应国务院办公厅《国民旅游休闲纲要（2013—2020年）》“逐步推行中小学生研学旅行”和江西旅游强省战略的要求，开始打造校园景区，试点研学旅行。2015年1月，学校下达建设江西教育旅游示范区、开展校园研学旅行的整体方案。2016年，校园景区及首批6个研学旅行产品建设完成，

当年接待20批800人次来校研学旅行，“校·景·坊”研学旅行模式初步形成。

2016年12月，学校对接教育部等部门《关于推进中小学生研学旅行的意见》要求，深度探索校园研学旅行理论，系统开展研学旅行实践，完善职业院校“校·景·坊”研学旅行模式的系统构建。历经10余年探索实践、4年多检验推广，形成以坊为基点，以四个体系为标志的“校·景·坊”研学旅行育人模式及系列成果。4年来，省内外有10余所学校来校开展研学活动，接待来校研学5000人次以上；2018年10月，学校被江西省教育厅评为江西省首批中小学生研学实践教育基地，成为江西省唯一入选的高职院校。国家非遗“夏布绣”基地落户学校，2019年成为省级非遗传播基地，校企共建8个研学合作基地；成果辐射全国11家同类院校及41家单位。成果得到包括江西省副省长孙菊生在内的政界、学界、业界领导专家的肯定，《江西日报》等多家省级媒体进行相关报道，曾5次在全国和全省会上作成果专题报告。2019年，成果被评为省级教学成果一等奖。2020年2月，以研学旅行为核心产品的教育旅游体验区被评为国家AAA级旅游景区。

三、成果总结

（一）抓准抓手，理念先行

1.抓手：建设江西教育旅游体验区，将校园打造成研学旅行产品为核心的国家AAA级旅游景区。最终目的是为旅游专业的学生在校园内提供真实的景区建设、景区管理、景区服务等实训环境，在省时、安全、聚合、高效的环境中，创设产教融合、校企合作、“双师”培养、学生“双创”、教学做创一体的职教模式。

2.理念：本着“源于课程、源于文化、源于市场”的“三源”理念寻找研学资源；以“课程是产品、基地是展馆、活动是节庆”的理念打造研学课程；以“健康、阳光、低碳、时尚、安全、协同”的理念设计和建设景区环境；以“教育+旅游”理念统领研学项目，以产学研一体构建成果体系。充分体现旅游职业院校的资源特色，师生双主体双身份的育人特性，现场化、情景化、实用性、趣味性的教学特点。

（二）工作落实，步步为营

1.机构设置：景区建设之初，成立了江西教育旅游体验区创建领导小组，由学校党委书记任组长，全体副校级领导任副组长，各机关处室和二级学院党政负责人为成员。景区挂牌后，组建由书记挂帅的江西教育旅游体验区管理工作委员会，由教师、学生、旅游企业专业人员构成，负责景区的日常经营与管理工作，配设营销推广部、经营策划部、接待部、后勤保障部等部门进行市场化运作。

2. 工作推进：从各学院上报的23个课程项目中遴选出6个课程项目作为第一批打造的核心旅游产品。将研学产品的开发过程作为旅游专业特色建设的一次大演练，专业师生的一次大实践，与旅游专业教学紧密结合起来，重在实践，兼顾理论，将每个旅游产品研发与课题研究相结合，理论与实践同步，最终使产品具备了知识性、趣味性、参与性、体验性、实用性，真正做到了从教学中来，到市场中去。研学产品研发让我们努力探索一条教学与实践相结合、专业与企业相互动、研学旅行与校园文化相联动，切实提升校园文化品位和教学质量的新路径。

3. 反馈提升：定期召开体验区工作推进协调会，针对在建项目的进展情况、存在的问题、意见建议及下一步的工作安排等相关问题进行沟通协调。每月定期发布工作简报，各级部门及时通报、传达和督促，使校园、景区是一家，校企合作为一体，进一步推进校内实训基地提质增效，促进旅游类专业教学体系建设，增强旅游类应用型人才的培养力度，有效推动现有部分专业的转型升级。

（三）筑台垒石，校企融合

体验区已实行市场化运作，与校外10余家企业合作，共同建设项目、开发产品、开设课程、管理运营，形成深度融合的校企运作模式。打破地界，以“请进来、走出去”的办法，积极与南昌新旅程国际旅行社沟通合作，寻求合理的市场营销方案，与华南师范大学粤港澳大湾区旅游发展研究中心开展旅游职业教育研究及相关活动，与相关企业合作，深度开发产品，构建产学研协同创新平台与模式，取得了良好的科研价值和社会效益。

（四）师生受益，共创共荣

以研学课程、旅游商品研发为纽带，将创新创业教育与现代学徒制、“双师型”师资建设、校企合作“四合一”，融入创新人才培养全过程。2018年5

月 15 日，国家级非物质文化遗产“夏布绣”进校园暨张小红夏布绣大师工作室揭牌仪式在学校举行。这是我省首个国家级非遗和职业院校产学研深度合作项目。目前已培养传承人 20 余人，研发旅游产品 30 余件，课题申报 20 余项，成为省级非遗传播基地。自主品牌 Workman 烘焙工作室开业至今已开设亲子体验 30 余场，每日接待人数达百余人，烘焙产品受到师生及社会各界一致好评。“救在这里”项目，紧密对接教学内容，已面向旅游学院专科及本科班开设了急救培训课。健康之家项目，以俱乐部模式发展，固定会员 400 余人，每日接待人数达百余人。将课堂上、书本中所学的静态课程转化为动态体验课程，改变了传统的教育方式，师生热情高涨。

四、未来打算

学校从师资建设、专业结构设置、课程建设、实训基地建设、就业和社会服务等方面入手，明确定位、找准优势，凸显旅游职教特色。在目前已取得的成果基础上，我们还将在研学旅行制度建设、研学旅行服务与管理专业建设、校企互通的研学导师一体化课程建设、研学课程深度开发及技术输出等方面进行研究与实践。

二、推广应用

（一）竞技育人经验交流与推介

近年来，学校竞技育人成效明显，尤其是在创新创业教育方面，吸引了众多省内外兄弟院校来校参观与工作交流。2015—2019 年，宜春职业技术学院、江西财经大学团委、江西青年职业学院、江西外语外贸职业学院、上饶职业技术学院分别带队来校交流“双创”工作，浙江义乌工商职业技术学院党委副书记贾少华教授莅临我校进行创业工作交流。2015 年，全省高校毕业生就业创业工作调研座谈会在我校召开，我校进行了“双创”工作经验分享。学校领导赵恒伯、范秀仁、张小斌等同志代表学校在全国高校创业指导工作研讨会、“互联网 +”大赛组织工作会议及江西省创业引领计划等各种创新创业会议上做经验分享。

（二）竞技育人模式推广与应用

江西旅游商贸职业学院结合旅游类专业特色，针对竞技育人开展了多年的实践探索，围绕“产、赛、教”深度融合，构建了“四相四促、竞技强能”人才培养模式。教师团队通过成果公开、教学示范和教学指导等途径，内化于心，外化于行，为推进职业教育高质量发展提供了新思路、新途径。

1.校内应用

（1）专业品牌示范引领

学校以江西省产业结构优化升级为方向，紧密围绕旅游强省、鄱阳湖生态经济区建设、苏区振兴、新旧动能转换、乡村振兴、脱贫攻坚等重大战略，以优势特色对接的行业企业技术更新迭代为指引，以“竞技强能、匠心筑梦、立德树人”为指导思想，坚持教赛相融、课赛相通、产赛相连、教学相长“四相合一”，坚持以赛促教、以赛促学、以赛促训、以赛促建“四促一体”，形成了基于“四相四促、竞技强能”旅游类技能人才培养模式和质量保障体系。在全省职业院校中办学特色独树一帜，发挥了示范引领作用。

2018 年 9 月，省教育厅组织实施了“江西省高水平高等职业院校和优势特色专业建设计划”，学校酒店管理专业和旅游管理专业获评江西省高等职业院校优势特色专业，获得专业建设经费 1400 万元。这是贯彻落实国务院印发的《国家职业教育改革实施方案》通知精神，提升高职教育水平的重要举措；充分体现了学校旅游类专业的办学水平及综合实力，对促进学校竞技育人发展，提升旅游类专业特色水平具有重要意义。

2019 年 6 月 10 日，教育部职业教育与成人教育司公布了《关于〈高等职业教育创新发展行动计划（2015—2018 年）〉项目认定名单的公示》，学校推荐的三个项目成功入选：旅游管理、商务英语、会计、酒店管理、物流管理 5 个专业为国家级骨干专业；汽车旅游服务与维修保养生产性实训基地为国家级生产性实训基地；江西教育旅游示范区（AAA 级旅游景区）应用技术协同创新中心为国家级协同创新中心。

2019 年 10 月，酒店管理专业顺利通过全国旅游职业教育示范专业点及校企示范基地建设验收工作（见图 7-23）。专家组一致认为，学校近年来旅游示范专业点和旅游职业教育校企合作示范基地建设工作已初见成效，形成了“三高一特”即立足高起点、建设高效率、育人高质量、形成新特色的办学模式，旅游职教集团校企合作成果丰硕，酒店管理专业“赛教融合”成效显著。专家组对学校打造“赛教融合”的育

图 7-23　2019 年 10 月，文化和旅游部专家组来校调研旅游示范专业点及校企合作示范基地建设情况

人模式、尝试酒店管理专业英语授课、加强旅游职教集团区域服务能力等方面表示高度肯定，对学校给予旅游类专业建设强有力支持表示高度赞赏，为促进地区乃至全国酒店管理专业教学质量提高起到了示范引领作用，将作为优秀案例上报文化和旅游部。

2020 年 9 月，教育部职业教育与成人教育司公布了第一批入围国家示范性职业教育集团（联盟）培育单位名单，江西旅游职业教育集团通过教育部专家审查评议、综合评审等程序，成功获评国家示范性职业教育集团（联盟）（见表 7-3）。集团成立以来积极策应旅游强省战略，整合共享职教资源，探索职业人才培养模式，提升职业教育服务经济和社会的能力，开展了大量扎实有效的工作，为我省旅游产业发展输送了大批合格的旅游职业人才。获评是对团队一直秉承“赛标引领、竞技联动、专业优势、职教品牌”的一次重要成果体现，有利于集团优化整合各类旅游教育资源，进一步发挥集团在旅游人才培养、体制机制建设、资源互联共享等方面的示范、引领、辐射作用，推动现代职教体系建设，大力服务国家发展战略和区域经济社会发展。

表 7–3　第一批示范性职业教育集团（联盟）培育单位名单（部分）

序号	集团名称	牵头单位
69	福建省电梯职业教育集团	福州职业技术学院
70	泉州市建筑职业教育集团	黎明职业大学
71	江西现代职业教育集团	江西现代职业技术学院
72	江西林业职业教育集团	江西环境工程职业学院
73	江西旅游职业教育集团	江西旅游商贸职业学院、江西省旅游协会
74	江西国防科技工业职业教育集团	九江职业技术学院
75	山东省畜牧职业教育集团	山东畜牧兽医职业学院
76	淄博职业教育集团	淄博职业学院
77	山东省轨道交通职业教育集团	山东职业学院
78	聊城市第一职业教育集团	聊城职业技术学院
79	莱芜市机电一体化（数控）技术职业教育集团	莱芜职业技术学院
80	山东省粮食职业教育集团	山东商务职业学院

2021 年 8 月，教育部发布了《教育部教师工作司关于第二批国家级职业教育教师教学创新团队遴选结果的公示》。经自主申报、省级教育行政部门和全国行业职业教育教学指导委员会审核推荐、项目秘书处形式审查、专家会议评审，学校旅游管理专业教学团队成功入选第二批国家级职业教育教师教学创新团队立项建设单位（见表 7–4）。这是学校在国家级职业教育教师教学创新团队建设过程中取得的又一重大成果，体现了学校教学团队扎实的教学、科研水平和创新能力。

表 7–4　第二批国家级职业教育教师教学创新团队立项建设单位名单（部分）

序号	学校名称	专业领域	专业名称	省份
185	成都职业技术学院	文体旅游	旅游管理	四川
186	浙江旅游职业学院	文体旅游	智慧景区开发与管理	浙江
187	青岛酒店管理职业技术学院	文体旅游	酒店管理与数字化运营	山东
188	江西旅游商贸职业学院	文体旅游	旅游管理	江西
189	山东理工职业学院	文体旅游	研学旅行管理与服务	山东
190	湖南体育职业学院	文体旅游	运动训练	湖南

（2）实践育人成效突出

“四相四促、竞技强能”人才培养模式初步成形。通过教务处的批准，对教学计划和学生人才培养方案进行了逐步修订，把竞赛技术标准转化成课程体系标准，把竞赛集训标准转化成日常教学标准，把竞赛评价标准转化成教学考核标准。围绕“三标准”融合、“三场域”轮训、“三导师”结合的教育教学模式，构建了“教、学、赛、产”一体化平台，打造了融合、开放、共享型的校企协同育人大平台，真正实现了专业教学与技能竞赛、企业生产的深度融合。团队成员通过成果汇报、教育沙龙、学术研讨、课例展示等形式在校内积极宣传教学成果，让优质成果及时得到较大范围的推广展示，提高了教育教学成果的辐射力、影响力，激活了多方参与、整合发展的内在机制。团队发挥专业优势，积极参与学校育人项目建设，以优质实训基地为依托，申报各类科研及社会服务项目，为促进学校人才培养模式更好地落地实践，提升学校育人成效发挥了重要作用。

2017 年 9 月，学校和张小红技能大师工作室签约开展夏布绣产学研合作。技能大师工作室以现代学徒制教学模式，建立和完善高技能人才绝技绝活代际传承和推广机制，共同建设一体化人才培养工作室制教学课程体系，研究、运用和开发利用

图 7-24　2018 年 5 月 15 日，国家级非物质文化遗产“夏布绣”工作室落户学校

古老的夏布绣技艺，展示、传承、创新夏布绣技艺和产品，增强新一代青年学子对非物质文化遗产的了解，提升他们的保护、传承和发扬意识，进一步推广夏布绣艺术，培养夏布绣技艺传人。图 7-24 为张小红夏布绣大师工作室揭牌仪式。

2019 年 2 月，江西省人民政府办公厅印发《深化产教融合实施方案》，江西旅游商贸职业学院（江西省电子商务高级技工学校）获批江西省幸福产业产教融合育人基地（见表 7-5）。学校与南昌万达嘉华酒店、江西文博控股有限公司、中国百胜餐饮集团管理有限公司深度融合，健全需求导向的人才培养结构调整机制，促进人才培养供给侧和产业需求侧结构要素全方位融合，为加快构建现代化经济体系，培养大批高素质酒店管理、旅游管理及导游等技术技能型人才。

表 7-5　产教融合育人基地（部分）

服务产业及项目名称	融合单位及育人方向
幸福产业产教融合育人基地	江西旅游商贸职业学院（江西省电子商务高级技工学校）与南昌万达嘉华酒店、江西文博控股有限公司、中国百胜餐饮集团管理有限公司深度融合，培育酒店管理、旅游管理及导游等技术技能应用型人才
	南昌师范学院与江西广育投资咨询有限责任公司深度融合，培育幼儿园教师岗位应用型人才
	宜春职业技术学院与江西省伟涵养老集团、宜春市百乐休闲福利服务中心深度融合，培育康养护理类技术技能应用型人才
绿色食品产业产教融合育人基地	江西工业贸易职业技术学院（江西省工贸高级技工学校）与正邦集团有限公司、煌上煌集团有限公司、南昌好利来食品有限公司深度融合，培育食品加工、营销类技术技能应用型人才
生态环保产业产教融合育人基地	江西环境工程职业学院与江西金达莱股份有限公司深度融合，培育环境监测、固废处理、污水处理、设备运修技术技能应用型人才

2019 年 12 月 10 日，学校与江西洲际国际旅行社有限公司校企合作共建教学实训基地揭牌仪式在游客中心举行（见图 7-25）。此次与江西洲际国际旅行社有限公司签约，是学校打造一批高水平实训基地、培养优质旅游类人才的一次有力尝试，是学校贯彻落实《国家职业教育改革实施方案》，推动职业教育校企合作的一个重要举措，是学校增强办学活力，建设全国校企合作示范基地的一个成果。通过校企合作共建教学实训基地，共同培养一批符合学校标准、企业满意、市场需求的旅游类技能人才。

图 7-25　2019 年 12 月 10 日，学校与江西洲际国际旅行社有限公司校企合作共建教学实训基地揭牌仪式在游客中心举行

2019 年 12 月，徐孙君餐厅服务技能大师工作室获批国家级技能大师工作室。近年来，学校技能大师工作室所涉及的相关专业在办学规模、师资力量、技能竞赛、校企合作等方面均取得了良好成绩。学校技能大师工作室的成立进一步带动相关专业师生钻研技能，营造创新氛围。学校技能大师工作室的建设将更好地服务于江西在中部地区崛起、满足江西旅游发展以及适应江西旅游人才强省战略的需要，有利于做好专业建设工作，提升高技能人才培养能力和专业化办学水平，为第 46 届世界技能大赛中国队培养优秀的参赛选手。

2020 年 5 月，学校申报的餐厅服务、酒店接待、货运代理等 3 个赛事获批为江西省技能集训基地。学校在酒店接待竞赛项目领域有专业、课程、师资、实训场地、选手综合素质及校企合作共同育人 6 个方面的优势，竞赛项目现有场地、设备已能满足世赛酒店接待全国选拔赛的要求，师资力量雄厚且竞赛经验丰富。集训基地的成功获评将进一步提高学校技能实训质量，着力培养出更多的技术技能型高素质人才。

2021 年 9 月 17 日，第 46 届世界技能大赛酒店接待项目国家集训队启动仪式在我校学术报告厅举行（见图 7-26）。学校承接了选手的技能集训工作。在 15 天的集

图 7-26 2021 年 9 月 17 日，第 46 届世界技能大赛酒店接待项目国家集训队启动仪式在我校举行

中培训中，学校教师在英语综合素质提升培训、急救业务培训、景区导游词创作、景区模拟讲解、英文听力、口语训练、心理减压及测试、体能训练、爱国主义教育活动、红色文化体验和酒店顶岗学习等方面对选手进行了系统培训。

图 7-27 学校教师荣获 2019 年江西省信息化大赛一等奖

近 5 年，学校教师获各类教学竞赛奖项 200 余人次，其中获省级教学成果一等奖 4 项、二等奖 2 项，省级教学能力大赛奖项 38 项。学校有 7 名教师在全国职业技能大赛中被评为全国优秀指导教师，有 43 人次在江西省大学生科技创新与职业技能竞赛中被评为优秀指导教师。学校成为江西省旅游行业、中职院校师资培训基地，多年来为国家经

济建设和社会发展培养高端技能型旅游类专门人才发挥了不可替代的作用，在省内外享有较高声誉和影响。图 7–27 为学校教师荣获 2019 年江西省信息化大赛一等奖合影。

（3）学生素质显著提升

成果实施以来，学生综合素质得到了稳步提升，各项赛事成果丰硕。2015—2020 年，学校在国家级创新创业大赛中获全国金奖 3 项，省级金奖 7 项、银奖 2 项、铜奖 18 项，并多次荣获“先进集体奖”“优秀组织奖”。学生连续 3 届入围世界技能大赛国家集训队。赵越同学在第 45 届世界技能大赛全国选拔赛酒店接待项目上夺得第二名，成为世赛备选选手；李崇玉同学在我国第一届职业技能大赛上荣获世赛选拔赛餐厅服务项目第三名（铜奖）；肖美珍同学在全国扶贫职业技能大赛上一举夺得酒店接待项目的金牌，成为首届扶贫技能大赛 8 位全国冠军之一，为我省争得了荣誉。2017—2020 年，毕业生就业率为 91%，专业对口率为 80%，企业满意度为 95%。毕业生中涌现了一大批自主创业的学子、企业中高级管理人员和出国留学生。

2018 年 5 月，学校 2018 年度“自强之星”颁奖典礼暨事迹分享大会在文体中心举行(见图 7–28)。分享现场用视频短片的形式展示了旅商十佳大学生“自强之星”的风采。十佳“自强之星”依次上台发言，用朴实的语言还原了他们感人至深的自强故事,以及故事背后催人奋进的精神力量。“自强之星”身上所展现出的“立志成才、报效祖国”的远大志向,“竞技强能、勇攀高峰”的专业技能,“迎难而上、勇往直前”

图 7–28　2018 年 5 月，学校 2018 年度“自强之星”颁奖典礼暨事迹分享大会在文体中心举行

的奋斗精神，值得每一位同学学习。

2019 年 5 月 8 日，学校 2019 年职业教育活动周暨第七届职业技能能手大赛决赛在各二级学院同步开展。本次大赛各二级学院结合专业特色，共设了 31 个技能竞赛项目，采用理论考试和技能考核相结合的形式，通过"人人赛""班班赛""决赛"的形式，吸引了 2017 级、2018 级的 10000 多名学生参与，营造了浓厚的竞技氛围。活动周还开展了研学体验和技能服务社区活动。通过"请进来"的方式邀请了校企合作单位专家来校担任技能大赛评委，邀请了中小学生来校开展研学体验，等等；"走出去"到新余社区开展电脑义务维修，到新余学校开办跆拳道兴趣班等志愿活动。向社会宣传职业教育办学成果，得到企业、社区、居民的一致好评。

近年来，学校大力弘扬工匠精神，坚持"以赛促教、以赛促学、以赛促训、以赛促建"的教育教学理念，引导广大师生不断学习新知识、掌握新技能、创造新业绩，着力提高技能水平，努力培养更多出色的高技能应用型人才。人力资源和社会保障部发布《人力资源和社会保障部关于授予 2019—2020 年度职业技能竞赛优秀选手全国技术能手称号的决定》（人社部函〔2021〕99 号），我校旅游学院李崇玉、肖琪昳两名同学被授予"全国技术能手"荣誉称号。

学校一直以来高度重视"双创"工作，将创新创业教育作为教学改革的突破口，以大赛为契机，初步形成"'双创'教育、'双创'大赛、项目孵化"三位一体的创新创业体系，搭建了师生创新创业展示平台，激发了广大师生的创新创业热情，切

图 7-29　江西广播电视台总编辑马玉玲、江西省工信委副主任钱昀、江西省非公办专职副主任朱琤为我校获得 2018 年"创客中国"江西省创新创业大赛一等奖的选手颁奖

实增强了创新创业实践能力。2015 年以来，学校获全国创业大赛铜奖 3 项，全省金奖 3 项、银奖 3 项、铜奖 12 项，并获“优秀组织奖”“先进集体奖”等好成绩。经过省教育厅组织“双创”教育评审专家进行综合评审，学校被推荐代表我省参加2018年度全国高校“‘双创’50强”评选，成为历年来全省唯一入围的高职院校。图7-29为相关领导为我校在 2018 年“创客中国”江西省创新创业大赛决赛中获得一等奖的选手颁奖。

（4）制度保障持续有力

学校下发的政策和文件对成果在校内的推广应用形成了有力的制度保障。学校出台了《江西旅游商贸职业学院职业技能竞赛管理暂行办法》《江西旅游商贸职业学院专业（群）建设管理办法》《江西旅游商贸职业学院创新创业竞赛管理办法》等10 多项配套制度，与行业领军合作企业共建资源共享，集实践教学、社会培训、企业生产、技能竞赛和创新创业“五位一体”的高水平生产性实训基地，为其他院校开展技能竞赛提供了借鉴（见表 7-6）。学校重视各级各类技能赛事，通过承担竞赛集训工作和比赛组织实施，积累办赛经验，提升专业品牌效益。省级以上赛事学校均会成立以校党委书记为组长的赛事工作领导小组，定期召开协调会对集训工作和比赛的相关事宜进行统筹安排，为办赛提供强有力的组织保障。

表 7-6　江西旅游商贸职业学院技能培训竞赛文件（部分）

序号	制度名称	年份
1	“竞技强能”工作实施方案	2016
2	旅游管理专业人才培养方案和毕业生技能考核方案	2017
3	酒店管理专业人才培养方案和毕业生综合技能考核方案	2017
4	旅游管理专业顶岗实习标准	2017
5	旅游管理专业实训教学条件建设标准	2017
6	酒店管理专业顶岗实习标准	2017
7	酒店管理专业实训教学条件建设标准	2017
8	教师评价制度	2017
9	学生评价制度	2017
10	教学质量监控和诊改制度	2017
11	技能竞赛管理暂行办法	2019
12	专业课教师招聘与管理办法	2019

续表

序号	制度名称	年份
13	兼职教师聘任与管理办法	2019
14	“双元”导师培养与管理办法	2019
15	“五个一流工程”工作实施方案	2020
16	教师下企业锻炼管理办法	2020

2. 校外推广

（1）介绍交流

团队通过成果汇报、学术研讨、专业培训等形式发布成果，主动邀请同一专业领域研究专家给予指导，并及时向周边地区及全国各地同行推广。号召职业院校重视技能教育，共同营造普惠式竞技育人环境，人人都学习技能，人人都能以技能为基石而成才。

2018 年江西省职业教育活动周在学校启动，省人民政府副省长孙菊生，省教育厅厅长叶仁荪等领导出席（见图 7-30）。学校全力做好开放校园、职业教育宣传、办学成果展示等各项丰富多彩的职业教育展活动，集中宣传展示职业教育的发展成绩和突出贡献。技在当下，瞄准未来，学校更加重视职业素养和工匠精神的培育，不断提升职业教育的办学质量和水平，进一步提高职业教育的服务能力和贡献率。学校以活动周为契机，聚力实施“优品牌、强特色、提质量”发展战略，奋力谱写

图 7-30　2018 年江西省职业教育活动周在学校启动

学校办学发展新篇章。

2020 年 1 月 10 日至 12 日，由江西旅游职业教育集团和江西省旅游协会旅游教育分会共同主办，江西财经大学旅游与城市管理学院、江西旅游商贸职业学院、南昌师范学院旅游与经济管理学院共同承办的江西旅游职业教育集团、江西省旅游协会旅游教育分会、江西省幸福产业产教融合战略联盟及江西省旅游社会学研究会系列年会在庐山市顺利召开。来自全省高校、企业和行业协会的 100 余人参加了本次年会。年会上，团队成员张蕾教授基于全国职业教育旅游类示范专业点江西旅游商贸职业学院酒店管理专业特色建设案例，提出了“世赛引领、赛教融合、创新育人、专业提升”的育人模式，引起与会专家强烈反响（见图 7–31）。

图 7–31　张蕾教授做“世赛引领、赛教融合、创新育人、专业提升”育人模式经验分享

2020 年 8 月，在教育部和江西省联合举行部省共同推进江西职业教育综合改革试点启动大会前夕，教育部党组书记、部长陈宝生在江西省人民政府省长易炼红的陪同下来校调研（见图 7–32）。项目负责人蔡海生教授向陈宝生部长重点介绍了学校围绕旅游特色、强化技能训练、提升人才培养质量，为江西旅游强省战略培养输送大批高素质技术技能人才的情况，以及引入国家级非物质文化遗产进校园，让非

图 7–32　2020 年 8 月，教育部党组书记、部长陈宝生在江西省人民政府省长易炼红的陪同下来校调研

遗有了新活力的情况，陈宝生部长给予了充分肯定和高度赞扬。

2020 年 9 月 9 日，在第 36 个教师节即将来临之际，省委书记刘奇、省长易炼红在南昌会见了全省优秀教师代表，向全省广大教师和教育工作者致以节日问候和衷心感谢。江西旅游商贸职业学院旅游学院院长、旅游职教集团秘书长张蕾作为全省优秀教师代表参加了座谈会，受到省委书记刘奇、省长易炼红等领导的亲切接见，并作为代表发言。张蕾向省领导汇报了学校的办学理念、办学成果、学生获奖及就业情况，详细汇报了学院基于“四相四促、竞技强能、匠心筑梦、立德树人”理念，以江西省优势特色专业旅游管理类专业为主要实践基础，探索竞技育人人才培养模式（见图 7–33）。

图 7–33　张蕾向省领导汇报我校办学成绩

2020 年 9 月 16 日，第 46 届世界技能大赛新增项目江西省选拔赛暨江西省第二届“振兴杯”赣鄱工匠职业技能大赛启动仪式在学校文体中心隆重举行（见图 7–34）。近年来，学校积极承办各类技能大赛。大赛已经成为一个窗口，即展示我省职业院校师生风采的窗口，展示我省职业教育改革发展成果的窗口；大赛已经成为一个抓手，即成为推动校企合作的抓手，成为推动职业教育人才培养模式改革的抓手；大赛已经成为一个平台，即扩大职业教育社会影响力的平台。学校秉承“开放办赛、以赛促教”的原则，共有 9 所兄弟院校单位的 35 位同志来校现场观摩此次赛事。江西卫视、中国江西网、凤凰网等 14 家媒体对大赛进行了报道，其中凤凰网的同步直播参与人次达到 50.1 万，营造了尊重劳动、崇尚技能，弘扬工匠精神的良好社会氛围。

图 7-34　第 46 届世界技能大赛新增项目江西省选拔赛暨江西省第二届“振兴杯”赣鄱工匠职业技能大赛在我校举行

2020 年 12 月 11 日至 12 日，由教育部科技发展中心、省教育厅、省发改委等 12 家单位联合举办的第三届江西高校科技成果对接会在绿地国际博览中心举办。对接会期间，省人大常委会党组副书记、副主任朱虹，省委教育工委书记叶仁荪，省委教育工委副书记、教育厅厅长郭杰忠，省科学技术协会党组成员、副主席孙卫民等领导莅临学校展厅参观指导，对学校以竞技强能的育人理念，培养高素质的技术技能人才，服务地方经济高质量发展的做法表示高度赞赏。图 7-35 为学校办学成

图 7-35　学校办学成果亮相第三届江西高校科技成果对接会

果亮相第三届江西高校科技成果对接会。

2021 年 7 月，在江西省职教国培项目高职院校旅游管理专业带头人领军能力研修班上，团队成员罗晨教授为全省旅游管理专业教师做《"四相四促、竞技强能"人才培养模式的探索与实践——以江西旅游商贸职业学院旅游类专业群为例》主题报告，推广学校竞技育人办学特色，介绍旅游专业办学成效。

（2）宣传报道

学校对"四相四促、竞技强能"教学成果进行了宣传推广，团队通过建立网站、发表论文、推送微信等途径及时发布教学改革最新进展，展示教学研究成果，推广优秀成功案例。近 5 年，团队成员围绕"四相四促、竞技强能"育人模式发表论文 20 余篇（见表 7–7），申报省级以上科研项目成功立项 7 项。

表 7–7 团队成员近年来发表的论文（部分）

题目	作者	发表刊物
"四相四促、竞技强能"人才培养模式的探索与实践——以江西旅游商贸职业学院旅游类专业群为例	蔡海生、刘国胜、夏淑芳、张小斌、严霞	职教论坛
普惠式竞技育人生态建设实践与探索——以江西旅游商贸职业学院旅游管理类专业群为例	刘国胜、蔡海生、邱晨涵	职教论坛
竞技强能导向的"产赛相连"改革实践探索——以江西旅游商贸职业学院旅游类专业群为例	刘国胜、邱晨涵、蔡海生	江西教育
高职院校竞技育人平台的探索与实践——以江西旅游商贸职业学院旅游类专业群为例	张小斌、蔡海生、孟雅雯、刘国胜、夏淑芳	旅游与摄影
竞技强能导向的"课赛相通"教学改革实践探索——以江西旅游商贸职业学院旅游类专业为例	罗晨、蔡海生、张蕾	科教导刊
"以赛促教、教赛相融"的专业教学改革探索与实践——以江西旅游商贸职业学院旅游类专业群为例	张蕾、涂欣、冯静	大众文艺
高职院校"竞技育人"机制构建的实践与探索——以江西旅游商贸职业学院旅游类专业为例	夏淑芳、蔡海生、刘国胜	职业与教育
基于竞技强能导向的"教学相长"实践探索——以江西旅游商贸职业学院旅游类专业群为例	孟雅雯、蔡海生、张小斌、刘国胜、夏淑芳	百科知识

2018江西教育关键词

图 7-36 《江西日报》刊发《2018 江西教育关键词》报道我校办学成果

信息日报

专题

构建“三相四促双五”体系
提升复合型人才培养质量

“三相合一”
着力提升竞技育人能力

“四促一体”
着力提升实践创新能力

“双五工程”
着力提升质量保障能力

图 7-37 《信息日报》刊发《构建“三相四促双五”体系 提升复合型人才培养质量》报道我校办学成果

“四相四促、竞技强能、匠心筑梦、立德树人”竞技培养理念帮助学院获得了多项国家级、省级重大荣誉，中国网、腾讯网、搜狐网、《江西日报》、《江南都市报》、《信息日报》等多家媒体机构对我校教学成果、技能竞赛、办学质量进行了宣传报道，进一步提升和扩大了我校的知名度和品牌影响力（见图 7-36、图 7-37）。

（3）院校推广

学校拥有旅游类专业先进的实训设备、优质的保障服务和专业的技能选手，已经连续多年承办江西省职业院校技能大赛（旅游类）赛事。比赛共设高职中餐主题宴会设计、西餐宴会服务、导游服务赛项和中职酒店服务赛项。作为全省唯一一所旅游商贸类高职院校，江西旅游商贸职业学院连续四届获高职组中餐主题宴会设计团体一等奖、二等奖，西餐宴会服务两个一等奖，连续两届获导游服务赛项两个一等奖，获奖率 100%，实力艳压群芳，旅游特色日益凸显。

成果以江西旅游商贸职业学院为依托，借助学校旅游类专业群优势特色，以“世赛引领”为理念，以“赛教融合”为手段，以“特色育人”为目标，开展了大量的校外推广应用工作。浙江旅游职业学院、烟台文化旅游职业学院、江西工业贸易职业技术学院、江西外语外贸职业学院、抚州职业技术学院、江西农业工程职业学院、江西省商务学校、德兴市职业中专、彭泽工业旅游中等专业学校等全国各地旅游类职业院校纷纷来校学习交流，教学成果被上述院校采纳和应用，得到了普遍赞誉（见图 7–38、图 7–39、图 7–40）。

图 7–38　抚州职业技术学院专家一行来访交流

图 7–39　江西农业工程职业学院党委书记张新春一行来校考察交流

图 7–40　烟台文化旅游职业学院院长徐建敏一行来校考察交流

2019 年 5 月 20 日至 21 日，江西旅游商贸职业学院党委委员、副院长方卫武一行赴新疆克州职业技术学院开展对口帮扶调研并召开教育座谈会（见图 7–41）。会上，举行了“江西克州旅游商贸共建教学基地”揭牌仪式，方卫武代表学校现场签订了《江西旅游商贸职业学院对口支援克孜勒苏职业技术学院“院包系”协议书》。协议书明确了学校在实训基地建设、师资队伍建设、教师挂职支教、旅游职业教育研究、

图 7-41　赴新疆克州职业技术学院开展对口帮扶调研

资源信息共享等方面的帮扶内容。新疆克州职业技术学院陈彩娟、何鹏两位教师先后赴学校开展挂职锻炼，提升旅游专业技能，宣传学校竞技育人先进理念。

团队成员牵头建设的旅游服务与管理专业教学资源库获批省级高等职业教育专业教学资源库，共计运行 2500 条优质教学资源，课程用户已达 7724 人，应用兄弟院校数量达到 306 家。同时，设计完成南昌八一起义纪念馆红色旅游资源教学平台，更新丰富了模拟导游课程教学资源。众多的优质教学资源为旅游专业推广营造了坚实基础，形成良好的竞技导向文化特色。

（4）行业评价

学校是江西旅游职教集团牵头建设院校，为发挥集团化办学“政、校、行、企”资源优势，探索集团化办学育人模式，集团秘书处邀请相关企业、行业、院校共同参与“四相四促、竞技强能”人才培养模式方案的制订。其间邀请集团单位来校研究专业课程改革，交流“双师型”团队建设，开展技能人才竞赛，实现了“赛教相融、以赛促训”的目的。学校承办相关赛事均组织师生现场观摩，增进了学校与行业企业之间的沟通与交流，行业评价高，社会影响力大，对学校技能型人才的培养起到了积极的促进作用。

学生连续多年作为赛项志愿者，参与世界 VR 产业大会、江西省“两会”、南昌国际马拉松赛等。学生凭借专业的技能服务、良好的素质风貌，向贵宾们展示着中国现代服务业水平和国际接待能力，竞技强能、立德树人取得了良好成效（见图 7-42、

图 7–43）。成果解决专业创新人才培养过程中“普惠性不强、企业参与动力不足、专业认可度不高”等问题，对学生综合素质和专业技能的提升起到了显著的促进作用。

感谢信

江西旅游商贸职业学院：

在贵院旅游分院的教师及同学们的大力协作下，我馆圆满地完成了“2018 世界 VR 产业大会”的接待任务。在此我代表江西前湖迎宾馆对参加此次大会接待任务的教师与同学们表示衷心的感谢！

此次会议规格高、任务重，旅游分院派出的同学们全力支援我们，使我们得以顺利地完成接待任务，并得到各级领导及参会代表的高度赞誉。同学们在接待过程中的优异表现给大家留下了深刻的印象，也给旅游分院争得了光彩。

此次的合作是我们校企合作的又一成功的典范，希望在未来贵我双方能有更多的合作机会，取得更大的成果！

此致

敬礼

江西前湖迎宾馆酒店经营管理有限公司

总经理：

2018 年 10 月 21 日

地址：中国江西省南昌市红谷滩新区红角洲学府大道888号 电话:0791-86758888 传真:0791-86758899 邮编:330031
Add: No.888,Xuefu Avenue,Hongjiaozhou,Honggutan District,Nanchang City,JiangxiProvince,P.R. China Tel:0791-86758888 Fax:0791-86758899 Post code:330031

图 7–42 江西旅游商贸职业学院服务 2018 世界 VR 产业大会收到感谢信

图 7-43　学校助力 2019 年全省导游大赛

近年来，团队教师走出校门，为省内行政、事业单位和旅游企业的中高层管理人员及业务骨干进行了系统的技能培训。培训内容涵盖导游讲解人员的综合实践操作能力、政务接待规范与流程、酒店宴会服务技能、研学旅行指导师能力提升、乡村旅游与乡村振兴等特色专业课程（见图 7-44、图 7-45、图 7-46）。

图 7-44　团队为宜黄县旅游从业人员开展讲解员培训

图 7-45　团队为崇仁县旅游从业人员开展讲解员培训

图 7-46　团队教师参与江西省文化旅游扶贫就业酒店服务技能培训班授课

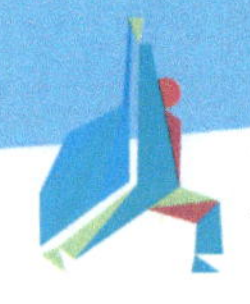

三、反响评价

（一）成果评价

1. 指导教师评价

作为第45届世界技能大赛餐厅服务项目中国技术指导专家、国家级徐孙君技能大师工作室负责人，徐孙君常年指导学生参赛，所指导学生获得多项省级和国家级奖项。

徐孙君认为，江西旅游商贸职业学院构建了基于“竞技强能”导向的旅游类技能人才“四相四促”培养模式和质量保障体系。该模式鼓励学生积极参赛，在技能大赛的选拔、训练、参赛等过程中，既可以培养学生扎实的理论知识和操作技能，又可以培养学生良好的心理素质、职业素质和实践创新能力、就业创业能力。技能大赛过程可以充分体现责任心、组织纪律性、沟通能力、团队合作能力、终身学习能力、创新意识等职业素质，好的比赛成绩是靠扎实的训练和职业素质来保证的，通过比赛，可以增强学生的创新意识，为他们终身学习、继续深造和就业创业奠定良好的基础。

2. 参与学生评价

通过竞技育人人才培养模式的应用，学生的知识和技能得到提升，综合素养得以提高，学生得到了成长。

我校毕业生毛冬军（上海亮朵家饰用品有限公司创始人）在接受江西教育电视台记者采访时说：“母校一直重视‘双创’人才的培养，我是受益者。现在我创业了，也已受聘为学校创业导师，对有创业想法和创业意愿的学弟学妹进行指导，带动更多学弟学妹创业。学校原来孵化我，我现在孵化学弟学妹。”学生朱绍卫在接受江西教育电视台记者采访时说：“学校为我们创业提供很多优惠政策，比如水电费、网络费、场地费全免，在装修上给我们一定的支持，我们可以边创业边赚学费，还可以用创业抵学分，学校的创业氛围很好，政策很支持我们创业。”

3. 合作单位评价

江西旅游商贸职业学院竞技育人人才培养模式是十分有效的。

厦门海悦山庄酒店认为该成果具有非常重大的意义。“该人才培养模式秉承‘劳动光荣、技能宝贵、创造伟大’的培养理念，坚持教赛相融、课赛相通、产赛相连、教学相长‘四相合一’，建设竞技教风、竞技学风、竞技校风、竞技文化，构建了以赛促教、以赛促学、以赛促训、以赛促建‘四促一体’的技术技能人才培养体制机制，形成了基于‘四相四促、竞技强能’的技能人才培养模式和质量保障机制。”

在这样的技能人才培养模式和质量保障机制下，学校培养出具有工匠精神、知识和技能扎实的学生。“近年来，该校学生在我单位实习，学生综合素质很高，顺利完成了金砖国家领导人会晤接待志愿服务任务，得到了酒店及客户的一致好评。”图 7-47 为厦门海悦山庄酒店的表扬信。

感谢信

江西旅游商贸职业学院旅游学院：

衷心感谢贵院校在厦门会晤接待期间给予支持，确保接待工作顺利进行。

接待过程中，贵院校以刘思彤同学为队长带领的 104 名学生，传承该校良好的校风，工作敬业，热情待客，提供良好服务，协助顺利保障此次接待任务圆满完成。

再次对贵校表示最衷心的感谢！

厦门海悦山庄酒店有限公司

2017 年 9 月 12 日

图 7-47　厦门海悦山庄酒店表扬信

4. 用人单位评价

众多用人单位认为我校竞技育人人才培养模式是十分有效的。

其中，大觉山景区集团有限公司认为，该成果构建了一个体系完整、运转高效的实践育人体系，对高职生实践能力的培养发挥了重要的作用，具有很好的推广应用价值。“近年来，江西旅游商贸职业学院许多旅游类毕业生在该模式培养后进入我单位实习和工作，在实习和工作期间，表现出专业知识丰富、综合能力高、动手能力强等特点，同时具备一定的创新能力，很好地完成单位布置的各项工作，达到较好的效果，在我单位产生了良好的社会影响和经济效益。”

5. 兄弟院校评价

江西外语外贸职业学院、江西卫生职业学院、江西工业贸易职业技术学院等兄弟院校认为我校竞技育人人才培养模式具有非常大的理论意义和实践意义，解决了各地方高职院校均面临的职业教育教学改革、提高人才培养质量的问题，为高职院校提升技能人才培养质量提供了重要抓手，为技能社会、技能中国建设提供了重要支撑，值得其他高职院校借鉴学习。

众兄弟院校认为，该育人模式构建以赛促教、以赛促学、以赛促训、以赛促建“四促一体”的技能人才培养体系，落实“三教”改革、“三全育人”，创造更好的基础条件、支撑平台和保障机制，不断推进竞技教风、竞技学风、竞技校风、竞技文化建设，构建竞技育人的大环境，扬工匠精神、育技能精英，竞技强能、立德树人，以培养高素质技能人才、能工巧匠、大国工匠为导向，形成了基于“竞技强能”导向的旅游类技能人才“四相四促”培养模式和质量保障体系。

6. 行业专家评价

行业专家认为，我校竞技育人人才培养模式具有非常重大的理论意义和实践意义。专家认为，针对旅游类高职生的专业特征和学习特点，江西旅游商贸职业学院以“竞技强能、匠心筑梦、立德树人”为指导思想，不断完善人才培养理念，寻找有效方法，积极创新实践，坚持教赛相融、课赛相通、产赛相连、教学相长“四相合一”，构建以赛促教、以赛促学、以赛促训、以赛促建“四促一体”的技能人才培养体系。

专家认为，“四相四促”人才培养模式帮助学生全面学习、锻炼和提升专业知识和职业素养，使学生成为“强根基、懂创新、高素能”的高层次复合型技术技能人才，形成了“旅商特质”的人才培养特色和优势，成为技能大赛促进区域职业教育创新发展的典型案例和有效范式。该成果构建了一个体系完整、运转高效的实践育人体系，对旅游类高职生专业知识和职业素养的培养发挥了非常积极的作用，具有很好的推广和应用价值。

7. 第三方评价

第三方调查显示，旅游类专业学生就业竞争力明显提高。

2017—2020 年，毕业生就业率为 91%，专业对口率为 80%，企业满意度为 95%。尤其是 2020 年全球旅游业就业受疫情严重影响的情况下，我校的就业、创业工作受省教育厅表彰，并给予我校 406 万元留赣就业创业专项补助资金。毕业生中涌现了一大批自主创业的学子、企业中高级管理人员和出国留学生，学生获国家级技能竞赛奖励 142 人次，获省级技能竞赛奖励 745 人次。竞技强能、立德树人取得了良好成效。

学生的专业实践能力和创新创业能力得到明显提升，学生学历证书和职业资格证书“双证”获得率平均达到 80%，毕业生初次就业率达到 91%，最终就业率达到 96%。第三方调查显示，毕业生能吃苦、团队精神强，参加工作后很快能凸显动手能力强、专业基础扎实、理论与实际结合较快的优势，得到用人单位的高度认可。

（二）宣传报道

我校竞技强能人才培养模式可行有效，得到各大媒体广泛关注、争相报道。

1. 人民网、凤凰网江西等多家媒体报道第 46 届世界技能大赛酒店接待项目国家集训队启动仪式在江西基地举行

2021 年 9 月 17 日上午，第 46 届世界技能大赛酒店接待项目国家集训队启动仪式在该赛项国家集训基地江西电子商务高级技工学校（简称“江西基地”）举行。江西旅游商贸职业学院和江西电子商务高级技工学校系“两块牌子、一套人马”资源共享的办学模式。一直以来，学校坚持以“竞技强能、匠心筑梦、立德树人”为指导思想，坚持教赛相融、课赛相通、产赛相连、教学相长“四相合一”，坚持以赛促教、以赛促学、以赛促训、以赛促建“四促一体”，形成了基于“四相四促、竞技强能”的旅游类技能人才培养模式和质量保障体系。

人民网新闻链接：http：//jx.people.com.cn/n2/2021/0918/c186330-34920932.html

凤凰网江西新闻链接：https：//i.ifeng.com/c/89bYYUJ3qPF

2.《江南都市报》刊发《构建“三相四促双五”育人体系　提升复合型人才培养质量》一文报道我校育人成效

江西旅游商贸职业学院围绕“竞技强能、匠心筑梦、立德树人”的育人目标，针对高职院校人才培养中存在的“教赛两张皮”“课赛少贯通”“师生难并进”等突出问题，不断完善人才培养理念，寻找有效方法，积极创新实践，坚持教赛相融、课赛相通、教学相长“三相合一”，坚持以赛促教、以赛促学、以赛促训、以赛促建“四促一体”，以“五项质量工作工程”为抓手，以“五个一流校园文化工程”为导向，建设竞技教风、竞技学风、竞技校风、竞技文化，通过多年的创新实践和应用，构建了“三相四促双五”的人才培养体制机制，形成了“旅商特质”的人才培养特色和优势。

3. 学习强国、《江西日报》、腾讯新闻网、大江网等多家媒体争相报道我校创新教育教学模式，全面提升人才培养质量（见图 7-48、图 7-49）

2020 年，江西旅游商贸职业学院在全省推进提质培优建设职业教育创新发展高地之际，以“双高”建设为抓手，积极推进“三教”改革，创新教育教学模式，全面提升人才培养质量。

腾讯新闻网链接：https：//new.qq.com/omn/20210203/20210203A0FDXP00.html

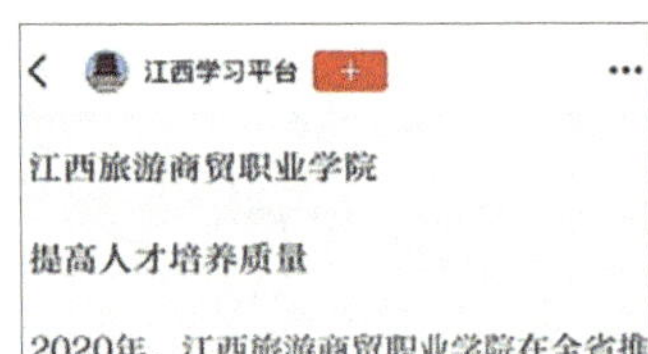

江西学习平台

江西旅游商贸职业学院

提高人才培养质量

2020年，江西旅游商贸职业学院在全省推进提质培优建设职业教育创新发展高地之际，以“双高”建设为抓手，积极推进“三教”改革，创新教育教学模式，全面提升人才培养质量。

以“智”提质，完成“双高”建设中期验收和现代学徒制项目验收。学校作为江西省高水平高等职业院校建设单位，教育部第三批现代学徒制试点学校，凝聚办学合力，持续推进管理体制机制创新、优势特色专业建设、高水平“双师”队伍建设等十大任务的建设。

以“技”增值，学校十分重视工匠精神和职业技能的培养，坚持“赛教结合、以赛促教，以赛促学，以赛促改”的教育教学理念，大力弘扬“技能成才，技能报国”

图 7-48 学习强国平台报道我校创新教育教学模式，全面提升人才培养质量

读报 11版 目录 往期 江西日报

教育 JIANGXI DAILY 江西日报 11

致敬2020

江西高校改革发展这一年（下）

九江职业技术学院 打造高水平专业群

江西旅游商贸职业学院 提高人才培养质量

江西交通职业技术学院 开启“双高”建设新征程

江西应用技术职业学院 党建品牌建设年

江西工业贸易职业技术学院 “五育”文化育新人

江西制造职业技术学院 聚焦内涵建设 加快改革发展

图 7-49 《江西日报》报道我校创新教育教学模式，全面提升人才培养质量

4. 我校在首届江西省技工院校学生创业创新大赛中喜获佳绩

2021 年 9 月 15 日，首届江西省技工院校学生创业创新大赛决赛在江西省医药技师学院举行。经过校赛选拔、省赛网评以及省赛决赛现场项目展示、路演答辩等多个环节的激烈角逐，我校推选的项目《宣风驿站——电商助力乡村振兴先行者》获得二等奖并晋级国赛，《新农创》项目获得三等奖，学校获得先进集体奖，充分展示了我校创新创业教育的丰硕成果（见图 7-50）。

图 7-50 我校在首届江西省技工院校学生创业创新大赛中喜获佳绩

新闻链接：https：//www.jxlsxy.com/xwtz/lsyw/39053.htm

5. 我校在第七届江西省“互联网 +”大学生创新创业大赛中取得“1 金 2 银 6 铜”的好成绩

2021 年 8 月 1 日—4 日，第七届江西省“互联网 +”大学生创新创业大赛总决赛在南昌大学举行。经过与来自全省 100 多所高校 215 个项目同台竞技，我校最终获得金奖 1 项、银奖 2 项、铜奖 6 项，为该项比赛省赛中取得的最好成绩，充分展示了我校创新创业教育的丰硕成果。

新闻链接：https：//www.jxlsxy.com/xwtz/lsyw/38706.htm

6. 中国网、江西新闻网、《江西日报》等多家媒体报道我校获全国职业院校技能大赛一等奖

2019 年全国职业院校技能大赛英语口语赛项暨第 15 届全国高职高专实用英语口语大赛于 5 月 28 日至 31 日在山东外贸职业学院举行。江西旅游商贸职业学院 2016 级国际贸易专业郑御霖同学（指导老师：余芳芳、陈磊磊、杨羚、尹晓霞）最终获得非英语专业组全国总分第一，斩获本次全国总决赛一等奖，为江西省和学校赢得了荣誉。

新闻链接：https：//www.jxlsxy.com/xwtz/lsyw/27863.htm

7.《江西日报》、江西法制网、大江网报道我校获评国家 AAA 级旅游景区

作为全省唯一一所以旅游商贸类为主的高职院校，江西旅游商贸职业学院坚持“质量立校、人才兴校、特色强校、依法治校、文化铸校”的创新发展之路。2015 年，江西旅游商贸职业学院以我省“旅游强省”以及南昌市“旅游大市”建设为契机，依托区位优势和资源优势，将旅游与教育融合发展，推进旅游类职教创新改革，在全省高校中首创提出以校园为载体建设国家 AAA 级旅游景区。

江西法制网新闻链接：http：//www.jxlaw.com.cn/system/2020/02/25/030072869.shtml

大江网新闻链接：https：//edu.jxnews.com.cn/system/2020/02/20/018770981.shtml

8. 人民网、新华网、央广网等多家媒体报道我校承办的第二届"振兴杯"赣鄱工匠职业技能大赛

2020 年 9 月 16 日，第 46 届世界技能大赛新增项目江西省选拔赛暨江西省第二届"振兴杯"赣鄱工匠职业技能大赛启动仪式在我校文体中心隆重举行。学校以本次竞赛活动为契机，进一步增强以赛促学、以学促赛的氛围，进一步激发为党育人、为国育才的活力，加快建设知识型、技能型、创新型人才培养体系，促进就业、创业和职业教育高质量发展。

新闻链接：https：//www.jxlsxy.com/tpxw/33503.htm

9. 人民网报道我校学生获得人民优选（江西赛区）"金牌带货官"称号

"江中利活杯"2020 人民优选直播大赛江西赛区决赛成绩出炉，江西旅游商贸职业学院姚文丽、邱玉梅摘得一等奖，荣获人民优选（江西赛区）"金牌带货官"称号。

人民网新闻链接：http：//jx.people.com.cn/n2/2020/1124/c190260-34433447.html#weixin.qq.com

10. 人民网报道我校旅游学院学生积极开展社会实践活动

社会实践是青年大学生全面发展的重要环节，是高校"三全育人"工作体系的重要内容。我校大学生积极参与丰富多样的暑期社会实践，在社会课堂中受教育、长才干、做贡献。

11. 中国网、江西新闻客户端等多家媒体报道我校获全国大学生电子设计竞赛一等奖

2019 年 8 月 31 日，由教育部和工信部共同举办的第 14 届全国大学生电子设计竞赛全国总决赛在上海同济大学举行。江西旅游商贸职业学院何立华、周英、晏恩和涂建聪、黄军鹏、张一浪同学组成的 2 支代表队分别荣获全国一等奖、二等奖的喜人成绩，为江西省和学校赢得了荣誉。

新闻链接：https：//www.jxlsxy.com/xwtz/lsyw/29059.htm

12. 中国江西网、江西省高等院校毕业生就业工作办公室报道我校大学生创业项目获省长鹿心社点赞

2016 年 5 月 3 日，江西省大学生创新创业成果巡回展首站在南昌大学前湖校区举行。省长鹿心社在省教育厅厅长叶仁荪等的陪同下参观了此次巡展。鹿心社来到我校展台前，认真听取了我校毕业生创新创业成果的介绍，并亲自体验了“空小白”4D 立体绘本的神奇互动效果和掌上旅 VR 技术带来的虚拟旅游视界，高度肯定了我校的创新创业工作。

中国江西网新闻链接：https：//edu.jxnews.com.cn/system/2016/05/06/014865324.shtml

江西省高等院校毕业生就业工作办公室新闻链接：http：//www.jxjob.net/tpxw/20160510/17836.html?tickid=null&phone=null

13. 环球网、中国网报道我校积极探索创学融合，催生“双创”新生态

江西旅游商贸职业学院着重培养创新型、复合型、应用型人才，积极推进“大众创业、万众创新”工作，快速融入江西经济转型升级和高质量跨越式发展，立足“旅游”和“商贸”专业特色，将创新创业与教育教学有机结合，积极探索从“学”阶段迈向“创”阶段，从“学是学、创是创”变成“创中学、学后创、创学融合”，旨在培养高素质复合型的旅商创业人才，在创新创业教育和培养技术技能型人才方面进行了深入探索和大胆创新，效果显著。

环球网链接：https：//baijiahao.baidu.com/s?id=1626512886463576018&wfr=spider&for=pc

中国网链接：http：//business.china.com.cn/2019-02/26/content_40672960.html

《江西旅游商贸职业学院积极探索创学融合　催生“双创”新生态》现已被多家媒体转发，相关转发链接如下：

今视网链接：http：//news.jxntv.cn/2019/0226/9110810.shtml

北国网链接：http：//economy.lnd.com.cn/news/show/14/36942.html

江西时政链接：https：//www.52hrtt.com/webservicepage_getInformationPage.do?areaId=41&flag=1&id=G1549021770364&languageId=1

大江网链接：http：//jxgz.jxnews.com.cn/system/2019/02/26/017389941.shtml

中国青年网链接：http：//finance.youth.cn/finance_cyxfgsxw/201902/t20190226_

11880070.htm

中国日报网链接：http：//caijing.chinadaily.com.cn/chanye/2019-02/26/content_37441354.htm

中华网链接：https：//tech.china.com/article/20190226/kejiyuan0129245053.html

14. 中国教育网络电视台报道我校实施创学全息，孵化“双创”人才

江西旅游商贸职业学院主动对接国家创新创业战略，将专业、企业、创业融合互通，实施创学全息人才培养模式，将创新创业教育贯穿人才培养全过程，培养孵化创新创业人才，形成了多元协同、三级进阶、三维联动育人格局。

中国教育网络电视台视频链接：http：//www.centv.cn/p/333566.html

腾讯视频链接：https：//v.qq.com/x/page/v0844ywdtts.html

搜狐视频链接：https：//tv.sohu.com/v/dXMvMzM4NDUwNzM5LzEyMzIwNzQ5NC5zaHRtbA==.html

15.《江西日报》刊发《职业教育绽放的“亮朵”人生》一文报道我校毕业生毛冬军的创业故事（见图 7-51）

江西旅游商贸职业学院 2008 届计算机专业毕业生毛冬军，毕业后自主创办上海亮朵家饰用品有限公司。目前公司年销售额达 4000 多万元，60 多名员工中，80% 为江西旅游商贸职业学院的毕业生。

A4 江西日报 JIANGXI DAILY 要闻 News

有着“全国义务兵征集第一县”之称的余江，1958年以来连续56年无责任退兵，先后4次受到国防部表彰——

严格把关输送“精兵”

职业教育绽放的“亮朵”人生

——记江西旅游商贸职业学院毕业生毛冬军的创业路

我省将为退休公安民警颁发从警纪念章

图 7-51 《江西日报》报道我校毕业生毛冬军的创业故事

16.《江西日报》、中国江西网刊发《江西“双创”活动周精彩纷呈 创业创新者激情澎湃》一文报道江西省第三届大学生创业公开课在我校开讲

中国江西网新闻链接：https：//jiangxi.jxnews.com.cn/system/2016/10/18/015290333. shtml

17. 凤凰网江西报道我校全面推进创新创业工作

2016 年 5 月 25 日，第二届中国“互联网 +”大学生创新创业大赛全省选拔赛暨江西旅游商贸职业学院校赛在校图书馆学术报告厅举行。评委组仲裁、江西省首批高校大学生创业指导专家库专家熊辉在比赛结束后对参赛队伍进行了全面点评。他充分肯定了此次大赛参赛项目的整体水平，认为创新性较往年有较大程度提升，同时也指出了参赛项目存在的问题，希望参赛团队能够在赛后及时修改，寻求新的突破。

新闻链接：http：//jx.ifeng.com/a/20160526/4589875_0.shtml

18. 江西教育网发布《2017 年度高等学校创新创业教育专项督导简报》(含江西旅游商贸职业学院创业教育介绍)

2017 年 11 月 27 日至 12 月 1 日，省政府教育督导办组织 9 个督导组对 32 所高校（14 所本科院校、18 所高职院校）开展了创新创业教育专项督导，并形成了《2017 年度高等学校创新创业教育专项督导简报》，其中有部分篇幅对我校的“双创”做法进行提炼、宣传。

网址链接：http：//jyt.jiangxi.gov.cn/art/2018/11/22/art_25668_1717588.html

19. 中国江西网报道第三届江西省大学生创业公开课在我校启动

2016 年 10 月 17 日上午，第三届江西省大学生创业公开课暨江西省“双创”周“‘双创’进校园”的首场活动在我校文体中心大礼堂举行，来自深圳、北京、上海、江西本地的 112 位创业企业家导师和我校近 1000 名师生一起观摩了此次创业公开课。现场激情四射，创意无限。

新闻链接：http：//edu.jxnews.com.cn/system/2016/10/19/015298276.shtml

20. 搜狐新闻报道我校在江西省职业院校技能大赛中斩获 2 个一等奖

2020 年 11 月 21 日至 23 日，由江西省教育厅主办的 2020 年江西省职业院校技能大赛会计技能赛项和沙盘模拟经营赛项在江西财经职业学院举行。江西旅游商贸职业学院由潘细香、杨巧、刘嘉悦、沈雨迪老师指导的刘小晓、钟莉萍、朱恩磊、黄倩团队荣获会计技能赛项一等奖，万丽娜、徐龙、万歆、余丹团队荣获会计技能赛项二等奖；由刘常芬、黄慧雯老师指导的黄帅东、蔡佳佳、罗欣、程宇菲团队以第一名的优异成绩斩获沙盘模拟经营赛项一等奖（见图 7-52）。这也是江西旅游商贸职业学院连续第十年荣获省赛会计赛项一等奖，第五年荣获省赛沙盘赛项一等奖。

图 7-52 我校在 2020 年江西省职业院校技能大赛中获得佳绩

新闻链接：https：//www.sohu.com/picture/438592909

学校官网链接：https：//www.jxlsxy.com/xwtz/lsyw/35187.htm

21. 中国日报网、江西网络广播电视台报道我校学子获全国扶贫职业技能大赛金牌

2020 年 8 月，在由人力资源和社会保障部、国务院扶贫开发领导小组办公室联合主办的全国扶贫职业技能大赛上，经过四天的激烈角逐，江西旅游商贸职业学院 2018 级酒店管理专业学生肖美珍凭借稳定的心理素质和出色的技艺发挥，荣获餐厅服务项目金牌，为江西省和学校争得了荣誉（见图

图 7-53 我校学子获全国扶贫职业技能大赛金牌

7-53）。

中国日报网新闻链接：https：//baijiahao.baidu.com/s?id=1675627055040314774&wfr=spider&for=pc

江西网络广播电视台新闻链接：http：//pc.yun.jxntv.cn/p/333911.html

22.《江西日报》、中国网文明中华频道等报道我校获全国职业院校技能大赛教学能力比赛二等奖

2018 年 11 月 26 日，全国职业院校技能大赛教学能力比赛（原全国信息化教学大赛）在山东济南落下帷幕。江西旅游商贸职业学院教师胡玫、熊威、罗军华的参赛作品《一丝不苟，“筋”打细算——独立基础的钢筋计量》获得全国二等奖。

新闻链接：https：//www.jxlsxy.com/xwtz/lsyw/24559.htm

23. 中国江西网、《江西手机报》、凤凰网江西频道等报道我校获“创客中国”江西省创新创业大赛一等奖

2018 年 7 月 27 日，由江西省工信委、教育厅等部门主办的“创客中国”江西省创新创业大赛决赛在江西电视台现场直播大厅圆满落幕。江西旅游商贸职业学院《奇技—Triz 大咖共享服务平台》作为全省唯一入围决赛的高职院校参赛项目在大赛中一路过关斩将，夺得大赛创客组唯一一个一等奖，创造了高职院校在该项赛事的历史最好成绩。

新闻链接：https：//www.jxlsxy.com/xwtz/lsyw/22089.htm

24. 中国教育电视台、《中国教育报》报道我校创新创业教育工作（见图 7-54、图 7-55）

学校面向全体学生、覆盖全部专业、贯穿人才培养全过程的创学全息人才培养模式，按照大一培养创业意识、大二参与创业体验、大三进行创业实战的“三级进阶”教育步骤，将专业、企业、创业进行互通，推进校企合作、学创融合，通过“课内教学、课外体验、项目运营”三维联动的方式开展创新创业教育。

新闻链接：https：//www.jxlsxy.com/xwtz/lsyw/25807.htm

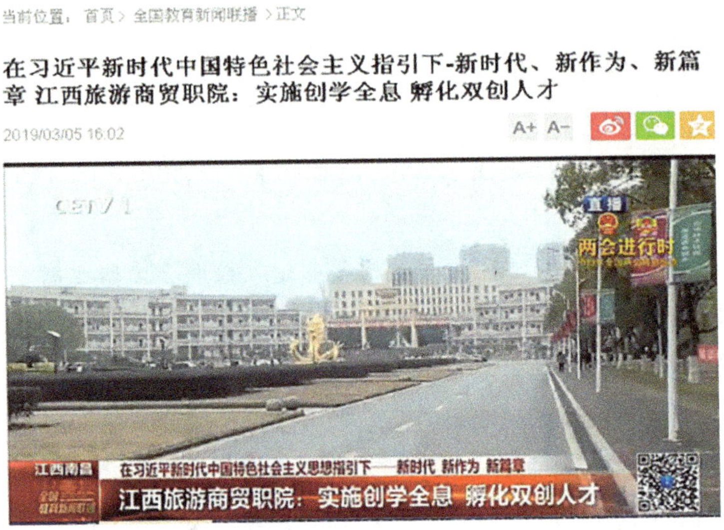

当前位置：首页 > 全国教育新闻联播 > 正文

在习近平新时代中国特色社会主义指引下-新时代、新作为、新篇章 江西旅游商贸职院：实施创学全息 孵化双创人才

2019/03/05 16:02

江西南昌 在习近平新时代中国特色社会主义思想指引下——新时代 新作为 新篇章

江西旅游商贸职院：实施创学全息 孵化双创人才

图 7-54 中国教育电视台报道我校创新创业教育工作

中国教育报

CHINA EDUCATION DAILY

"创学六环"铺新路 "创学全息"展新篇

图 7-55 《中国教育报》报道我校创新创业教育工作

（三）领导关怀

1. 江西省供销合作社党组成员、副主任欧阳太来、杨晓琴来校调研指导，并考察实习实训创业基地、大学生创业基地（见图 7-56）

2015 年 5 月 20 日，江西省供销合作社党组成员、副主任欧阳太来、杨晓琴一行来校调研指导。欧阳太来、杨晓琴一行参观考察了学校空乘服务实训基地、"江西

风景独好”旅游文化展厅、旅游实训基地、物流实训基地、旅游技能实训中心、大学生创新创业园等实习实训场所。欧阳太来、杨晓琴对学校积极策应旅游强省、突出旅游专业办学特色，积极引入合作企业提升办学条件，重视学生的就业创业教育等做法表示赞赏。

新闻链接：https：//www.jxlsxy.com/xwtz/lsyw/1292.htm

图 7–56　2015 年 5 月 20 日，江西省供销合作社党组成员、副主任欧阳太来、杨晓琴来校调研指导

2. 我校大学生创业项目获省长鹿心社点赞

2016 年 5 月 3 日，江西省大学生创新创业成果巡回展首站在南昌大学前湖校区举行。省长鹿心社在省教育厅厅长叶仁荪等的陪同下参观了此次巡展。鹿心社来到我校展台前，认真听取了我校毕业生的创新创业成果“空小白”产品的介绍和商业规划等，并亲自体验了“空小白”4D 立体绘本的神奇互动效果和掌上旅 VR 技术带来的虚拟旅游视界，高度肯定了我校的创新创业工作（见图 7–57）。

新闻链接：https：//www.jxlsxy.com/xwtz/lsyw/1146.htm

图 7-57　2016 年 5 月 3 日，省长鹿心社参观我校展台并亲自体验我校毕业生的创新产品

3. 江西省委教育工作委员会委员、省教育厅巡视员郭奕珊，省委教育工作委员会委员、省教育厅总督学汤赛南率参加江西省教育厅全省高等学校创新创业教育专项督导评估工作座谈会的同志来校考察创新创业教育工作

2017 年 5 月 16 日，参加江西省教育厅全省高等学校创新创业教育专项督导评估工作座谈会的同志在江西省委教育工作委员会委员、省教育厅巡视员郭奕珊，省委教育工作委员会委员、省教育厅总督学汤赛南的带领下，来到学校考察创新创业教育工作。考察组一行参观考察了我校旅游实训大楼、旅游汽车与会展服务中心、大学生创业基地、物流实训基地、技校综合实训大楼、旅游技能实训中心等学生实习实训和创业孵化基地（见图 7-58）。参观考察期间，校领导方卫武、杨福盛、范秀仁向考察组介绍了学校开展创新创业教育的主

图 7-58　2017 年 5 月 16 日，省教育厅巡视员郭奕珊饶有兴致地体验我校维保汽修创业项目

要做法及成效。

新闻链接：https：//www.jxlsxy.com/xwtz/lsyw/841.htm

4. 省长刘奇到校看望慰问教师，考察学校“互联网 +”大学生创新创业大赛国赛团队备赛情况

2017 年 9 月 6 日，在第 33 个教师节到来之际，省长刘奇来到我校看望慰问教师，为他们送去书籍和鲜花，并代表省委、省政府向全省广大教育工作者致以节日的问候和崇高的敬意（见图 7-59）。走进校园，刘奇看望慰问了教学团队，考察了学校“互联网 +”大学生创新创业大赛国赛团队备赛情况，参观了旅游实训基地“江西风景独好”展厅。他指出，江西正加快推进旅游强省建设，希望学校立足职业教育，突出专业特色优势，围绕“旅游 +”创品牌、强质量，为经济社会发展培养高素质的“抢手人才”。

图 7-59　2017 年 9 月 6 日，省长刘奇到校看望慰问教师

新闻链接：https：//www.jxlsxy.com/xwtz/lsyw/681.htm

新闻链接：https：//www.sohu.com/a/190647202_465692

5. 江西省人民政府教育督导专家组来校评估“双创”工作

2017 年 12 月 1 日，由省督学、江西师范大学原副校长赵明任组长，江西卫生职业学院副院长程瑞峰、萍乡市教育局副局长李敏、吉安市教育局基教科干部刘烈虎为成员的江西省人民政府教育督导专家组一行四人来到我校，就我校创新创业教育工作开展专项督导评估，实地考察我校协同创新中心、“双创”教育成果展、技能大师工作室、旅游实训大楼、物流创业基地、旅游汽车与会展实训中心、大学生创业孵化基地等校内创新创业场所（见图 7-60）。赵明代表专家组肯定了近年来我校创新创业教育取得的优异成绩，以及探索出的彰显学校特色的“三级进阶”教育改革模式和良好的经验做法。

新闻链接：https：//www.jxlsxy.com/xwtz/lsyw/763.htm

图 7-60　2017 年 12 月 1 日，江西省人民政府教育督导专家组来校评估"双创"工作

6. 江西省人民政府副省长孙菊生点赞我校职业技能展示和实训基地建设

2018 年 5 月 6 日上午，江西省人民政府副省长孙菊生、省教育厅厅长叶仁荪、省委宣传部副部长黎隆武、省委统战部副部长高鹰群、省人力资源和社会保障厅副巡视员刘克平、省工业和信息化委员会副主任刘煜、省农业厅副厅长唐安来、省总工会副主席揭安全、团省委副书记伍复康、省教育厅副厅长杨慧文、省供销合作社副主任欧阳太来等领导和与会代表在学院党委书记赵恒伯的陪同下参观了我校职业技能展示和实训基地（见图 7-61）。孙菊生副省长观看了我校西餐摆台、智能水情检测系统、物联网技术设计台、夏布绣、西点制作等职业技能项目展示，参观了我

图 7-61　2018 年 5 月 6 日，孙菊生副省长一行参观我校职业技能展示和实训基地

校汽车实训中心、“江西风景独好”旅游文化展厅、游客服务中心、物流实训基地等教学实训场所。每经过一处展台，孙菊生副省长都驻足认真观看，仔细询问，详细了解，鼓励大家要学好各项职业技能，毕业后为江西经济社会发展贡献力量。

新闻链接：https：//www.jxlsxy.com/tpxw/8175.htm

新闻链接：https：//www.sohu.com/a/230873528_465692

7. 赣江新区发展局专家团来校考察众创空间项目建设

2018 年 10 月 11 日中午，赣江新区发展局专家团一行四人来到我校，就学校的众创空间项目建设进行现场考评（见图 7-62）。经过实地考察、听取汇报、相关证明资料的审核和现场质询答疑等环节，专家团对我校创新创业教育工作给予了高度肯定，对众创空间的建设也提出了宝贵的意见建议。

新闻链接：https：//www.jxlsxy.com/xwtz/lsyw/22766.htm

图 7-62　2018 年 10 月 11 日，赣江新区发展局专家团来校考察众创空间项目建设

8. 江西省委教育工作委员会书记、省教育厅厅长叶仁荪，省教育厅副厅长杨慧文等莅临我校展位参观指导我校在第二届江西省高校科技成果交流会上的创新创业成果

2018 年 12 月 7 日至 8 日，第二届江西省高校科技成果交流会在绿地博览中心举办。我校获江西省“互联网 +”大学生创新创业大赛金奖项目的产品“空小白”和“洁立安”参展，向来自全国的专家和同行展示我校创新创业教育成果。

其间，江西省委教育工作委员会书记、省教育厅厅长叶仁荪，省教育厅副厅长

图 7-63　2018 年 12 月 7 日至 8 日第二届江西省高校科技成果交流会期间，江西省委教育工作委员会书记、省教育厅厅长叶仁荪一行莅临我校展位参观指导

杨慧文等莅临我校展位参观指导，对我校创新创业教育所取得的成绩给予了充分肯定，称赞我校“双创”教育工作富有特色，成果丰富，并饶有兴致地了解和体验了“空小白”和“洁立安”（见图 7-63）。

新闻链接：https：//www.jxlsxy.com/xwtz/lsyw/24540.htm

9. 南昌经济技术开发区经济贸易发展局来校检查指导众创空间项目建设

2019 年 9 月 29 日，南昌经济技术开发区经济贸易发展局专家组一行来校检查指导众创空间项目建设进展情况。

专家组一行实地察看了学校创新创业众创空间、会计金融众创空间、物流众创空间等基地，随后在行政楼三楼会议室召开了座谈会，就学校众创空间项目建设情况进行了深入交流，对学校众创空间项目的推进表示了充分的肯定。

新闻链接：https：//www.jxlsxy.com/xwtz/lsyw/29425.htm

10. 教育部党组书记、部长陈宝生来校调研，陈宝生、易炼红先后视察了学校旅游实训基地和“夏布绣”非遗传承基地

2020 年 8 月 23 日，教育部党组书记、部长陈宝生在江西省人民政府省长易炼红的陪同下来校调研（见图 7-64）。陈宝生、易炼红先后视察了学校旅游实训基地和“夏布绣”非遗传承基地，对学校围绕旅游特色、强化技能训练，提升人才培养质量，为江西旅游强省战略培养输送了大批高素质技术技能型人才和引入国家级非

图 7-64　2020 年 8 月 23 日，教育部党组书记、部长陈宝生在江西省人民政府省长易炼红的陪同下来校调研

物质文化遗产进校园，让非遗有了新的活力给予充分肯定和高度赞赏。

新闻链接：https：//www.jxlsxy.com/xwtz/lsyw/33249.htm

新闻链接：http：//www.chinazy.org/info/1006/4780.htm

11. 中华全国供销合作总社党组书记韩立平来校调研

2020 年 9 月 13 日，中华全国供销合作总社党组书记韩立平在江西省人民政府副省长胡强的陪同下来校调研（见图 7-65）。韩立平、胡强先后参观了学校旅游实训基地、产教融合大楼以及江西省冷链物流研究院，对学校围绕江西旅游强省战略打造红色旅游文化，通过产教融合、校企合作助力全省冷链物流产业发展，服务供

图 7-65　2020 年 9 月 13 日，中华全国供销合作总社党组书记韩立平在江西省人民政府副省长胡强的陪同下来校调研

销系统所开展的系列工作等给予了充分肯定。韩立平、胡强对学校结合专业优势和旅游特色积极开展“红色走读”活动，通过引导学生线上云游江西 24 个爱国主义教育基地，制作形式丰富多样的作品，不断激发当代青年大学生爱国热情等表示高度赞赏。

新闻链接：https：//www.jxlsxy.com/xwtz/lsyw/33474.htm

新闻链接：http：//w.m.sohu.com/a/418234853_470441

12. 中华全国供销合作总社理事会主任、党组副书记梁惠玲来校调研并视察了学校旅游实训基地、“夏布绣”非遗传承基地

2021 年 10 月 18 日下午，中华全国供销合作总社理事会主任、党组副书记梁惠玲在江西省人民政府副省长胡强的陪同下来校调研（见图 7–66）。梁惠玲、胡强先后视察了学校旅游实训基地、“夏布绣”非遗传承基地，对学校积极创新人才培养模式，着力构建现代职教体系，主动服务江西经济建设，助力江西冷链物流产业发展，深化非遗产学研合作，服务供销系统所开展的系列工作等给予了充分肯定。

新闻链接：https：//www.jxlsxy.com/xwtz/lsyw/39316.htm

图 7–66　2021 年 10 月 18 日，中华全国供销合作总社理事会主任、党组副书记梁惠玲在江西省人民政府副省长胡强的陪同下来校调研

第八章
竞技育人发展愿景

一、初心回首

（一）项目理念与目标

习近平总书记强调："各级党委和政府要高度重视技能人才工作，大力弘扬劳模精神、劳动精神、工匠精神，激励更多劳动者特别是青年一代走技能成才、技能报国之路，培养更多高技能人才和大国工匠，为全面建设社会主义现代化国家提供有力人才保障。"职业教育的目标是培养德智体美劳全面发展的建设者和接班人，并把立德树人作为教育的根本任务。2019 年 1 月，国务院印发《国家职业教育改革实施方案》，提出职业教育的目标是着力培养高素质劳动者和技术技能人才。2020 年，"高职扩招" 再次被提出，高职院校肩负服务国家战略需求、服务竞技社会发展、促进社会就业创业、提高劳动力素质的重任。2020 年 10 月，中共中央、国务院印发的《深化新时代教育评价改革总体方案》提出："坚持立德树人，牢记为党育人、为国育才使命，充分发挥教育评价的指挥棒作用，引导确立科学的育人目标，确保教育正确发展方向。"

竞技育人人才培养模式的项目理念：坚持以"竞技强能、匠心筑梦、立德树人"为指导思想，继承发扬"质量立校、特色兴校、技能强校"的办学理念和宝贵经验，以国赛、世赛为引领，构建校内竞技体系，促进"产、赛、教"深度融合，坚持教赛相融、课赛相通、产赛相连、教学相长"四相合一"，构建以赛促教、以赛促学、以赛促训、以赛促建"四促一体"的技能人才培养体系。认真实施竞技育人、技能成才的人才培养模式创新实践和应用推广，不断推进竞技教风、竞技学风、竞技校

风、竞技文化建设，形成了富有江西旅游商贸职业学院特色的“四相四促、竞技强能”人才培养模式和质量保障体系。

竞技育人人才培养模式的目标：完善技能竞赛体系和人才培养模式，提高学生参与度、专业覆盖面和人才培养质量，破解职业教育竞技育人中存在的“教赛两张皮”“课赛少贯通”“产赛多疏离”“师生难并进”等问题，为党和国家培育德才兼备的高素质应用型人才，培养一支规模宏大、结构合理、素质优良、技艺精湛的高技能人才大军，推进“中国制造”向“中国智造”转变。

（二）探索实践与体会

优化了机制体制。在教育培养模式上，坚持教赛相融、课赛相通、产学相连、教学相长“四相合一”，坚持以赛促教、以赛促学、以赛促训、以赛促建“四促一体”；在制度平台建设中，不断加强与竞技相关的制度、平台、项目等建设，不断深化“竞技课堂、竞技文化”教学改革，搭建“标准对接、任务驱动、技能导向、多元评价”的竞技强能平台；在质量保障体系中，以教学诊改为抓手，聚焦“三教”改革，“教学相长、‘三教’统筹”质量保障体系，强化部门协作、校内外协同，加强教师团队、师生团队建设，师生同实践、同竞技、同进步，严把教学标准和学生毕业质量标准两个关口，强化“六大保障”，提高技术技能人才培养质量。

优化了竞技育人的制度建设。在机构建设和实施方面，形成了校党委领导、党委宣传统战部牵头、各部门合力、全校齐抓共管的工作机制，健全和规范了高效的竞技育人机制体制，落实和强化了竞技育人校园文化建设工作管理职责，加强了管理保障；在资金保障上，通过学校投入、校企合作、社会捐助、校友支持等多渠道筹措资金，确保竞技育人校园文化建设纳入校级经费预算，在人、财、物等方面加大了投入，确保各项工作顺利开展。

通过创新实践与质量评价，按照竞技育人的导向，创新和优化了人才培养质量体系，将学生在多种技能实践形式中的表现作为综合素质评价的重要组成部分，量化计算，通过举办班级、校级、校外技能比赛，推动教学诊断，根据实际竞技情况改进教学工作。

制定了校级竞赛标准，将大赛标准与教学标准相融合、大赛任务与教学内容相融合、大赛训练与实训教学相融合，实现了竞技育人平台标准的有效融合与对接。通过技能岗位、职业资格证书考核、职业技能竞赛等工作任务，技能培养模块、教学活页教材和技能竞赛项目等技能导向和多元评价搭建了竞技育人平台。

在协同模式上，实现了部门协同、校内外协同、专业师生协同，构建了竞技育人协同模式，通过竞技教风、竞技学风、竞技校风和竞技文化建设构建了竞技育人生态建设。

（三）经验总结与启示

江西旅游商贸职业学院竞技育人人才培养模式的探索和实践主要经验有：完善了学校竞技育人体系，切合了技能人才成长规律，提高了人才培养质量；激发了教师“三教”改革的热情，提升了师资素质能力；形成了立德树人特色，适应了行业产业人才需求，增强了服务社会的功能。

二、未来使命

当前，我国正处于新发展阶段，正全面实施“制造强国”“人才强国”战略，人才竞争，特别是技能人才竞争已经成为发展的重要因素，稳步推进高技能人才队伍建设已经成为人才发展的重要工作。展望未来，我们将继续紧跟国家部署，紧贴时代脉搏，守初心担使命，继续加强竞技育人人才培养力度，完善培养政策，坚定培养模式，借力国家政策，整合竞技育人人才培养各方面资源，发挥其主导作用，使学校、企业、社会和行业形成合力，形成资源共享、优势互补的协同培养模式，不断为国家经济发展和产业结构优化调整提供源源不断的动力。

在机制体制上，对已构建的教育培养模式、制度平台和质量保障体系等要不断加强和优化调整；在制度建设上，强化前期探索的成功制度，结合国家发展和时代特征不断与时俱进；在实践运行过程中，一切以培养高素质应用型人才作为质量把关和考核的根本要求，强化创新实践和质量考核，把握教学和培养质量；在育人协同模式上，要坚持多部门齐抓共管，上下联动，校内外协同，师生共进，多元评价，把竞技育人的理念、教风、学风和文化融入职业教育方方面面，融入学生成长的全过程。

要探索总结江西旅游商贸职业学院竞技育人人才培养模式，对育人模式从机制体制、标准建设、评价指标、部门协同、校内外协同、师生协同等方面进行标准化和模块化建设。对内，在不同院系、不同专业之间进行推广实验，对外，在兄弟院校、行业产业之间进行推广，为技能强国贡献更大力量。

参考文献

[1]程宇."国赛”十年:将职业教育改革进行到底[J].职业技术教育,2017(18):21-27.

[2]朱德全,杨易昆.职业教育“产赛教”融合:机理、问题与治理[J].职教论坛,2020(11):31-38.

[3]郝天晓.全国职业院校技能大赛提升人才培养质量的现状及对策[J].职业技术教育,2019(14):11-14.

[4]付云.我国职业院校技能竞赛金字塔式三级体系研究[J].职教论坛,2019(01):6-7.

[5]杨鉴,沈军.以赛促教的高职院校“三教”改革:理念、问题与路径[J].职教论坛,2020(11):45-51.

[6]尹莹.以赛促教目标导向下高职师资能力提升研究[J].教育与职业,2020(19):84-88.

[7]何淼,史律,孙仁鹏,苗春玲.面向高技能竞赛的“赛教习”协同培养模式研究[J].职业技术教育,2020(11):50-53.

[8]陈章,幸荔芸,杨鸿.高职院校技能大赛体系建构:“3+N+4”模式与实践[J].职教论坛,2020(11):39-44.

[9]张恩广,张智,施丽红.“产赛教”融合促进高职教师专业能力发展:机理与路径[J].职教论坛,2020(11):52-56.

[10]丁水平.本科职业教育技能竞赛与实践教学融通对接研究[J].教育与职业,2020(24):99-103.

[11]祝维亮,严从.以课赛融通为抓手探索电商人才培养新路[J].职教论坛,

2017（09）：75–79.

［12］陈章，姜运隆，杨鸿．精神与文化：职业教育“产赛教”融合模式的价值逻辑与文化向度［J］．中国职业技术教育，2021（13）：56–60.

［13］陈友力，郭天平．职业院校技能大赛创新机制及其实现路径——基于“三螺旋”理论的视角［J］．职业技术教育，2018，39（28）：17–21.

［14］叶羽．论“竞技育人”［J］．体育与科学，2012，33（01）：107–111.

［15］田延，王幼军．运动竞技育人理念下普通高校运动竞技课程成绩评定方法的改革研究［J］．青少年体育，2020（04）：93–94+57.

［16］张宏亮．百万扩招背景下高职生源结构变动与职业教育调适策略［J］．中国职业技术教育，2020（07）：54–60.

［17］潘懋元，朱乐平．高等职业教育政策变迁逻辑：历史制度主义视角［J］．教育研究，2019，40（03）：117–125.

［18］梁卿．高职院校创新创业教育与专业教育融合的有效途径［J］．中国职业技术教育，2019（06）：19–24.

［19］顾志祥．产教融合背景下高职院校“双师型”教师队伍建设路径研究［J］．职教论坛，2019（02）：99–102.

［20］李小伟．从“竞技思维”走向立德树人全面育人——改革开放 40 年学校体育历程［J］．体育教学，2019，39（01）：10–12.

［21］张继明，王洪才．由过度竞争到协同发展：高等教育发展的范式转换［J］．国家教育行政学院学报，2018（08）：26–32.

［22］刘海明，谢志远，刘燕楠．高职教育人才转型的战略思考：推进产教融合，服务产业发展——兼谈高职院校“新技术应用”人才培养方略［J］．高等工程教育研究，2018（02）：182–188.

［23］周志刚，宗晓华．重点建设政策下的高等教育竞争机制与效率分析——兼论对“双一流”建设的启示［J］．高教探索，2018（01）：21–27.

［24］陈春晓．高校大学生创业孵化平台建设的现状、困境和对策研究［J］．高等工程教育研究，2017（06）：183–186.

［25］景有荣．依托科技竞赛培养大学生创新实践能力的方法研究［J］．科技经济导刊，2021，29（22）：112–114.

［26］金璐，任占营．依托职业技能大赛培育“工匠精神”的实践与探索［J］．

中国职业技术教育，2017（10）：59–62.

［27］孙婷婷．新时代职业教育校企“双元”协同育人模式论析［J］．教育教学论坛，2020（12）：391–392.

［28］彭莉洁．职业教育产教融合的历史演进、逻辑起点与战略要点［J］．教育与职业，2019（06）：19–25.

［29］陈志杰．职业教育产教融合的内涵、本质与实践路径［J］．教育与职业，2018（05）：35–41.

［30］徐春红．“产教融合协同育人多方向培养”旅游专业人才——现代学徒制模式探索与实践［J］．广东职业技术教育与研究，2019（03）：22–26.

［31］李薪茹，王松岩．大赛资源转化的现状、问题与趋势［J］．中国职业技术教育，2018（16）：73–79.

［32］熊冉．职业技能大赛引领下菜单式教学模式的构建与实践——以芜湖职业技术学院生物工程学院实践为例［J］．芜湖职业技术学院学报，2019，21（04）：29–32.

［33］冉莉敏，赵正祥，陈群．高校景观设计学科竞赛的参赛方法研究——以华北科技学院为例［J］．美术教育研究，2021（14）：152–153.

［34］常雪梅，吕腾龙．弘扬精益求精的工匠精神　激励广大青年走技能成才技能报国之路［N］．人民日报，2019–09–24（01）.

［35］王丽媛．高职教育中培养学生工匠精神的必要性与可行性研究［J］．职教论坛，2014（22）.

［36］刘萍，曹银玲．“以赛促教”高职导游专业人才培养模式研究［J］．科学大众（科学教育），2017（10）：123–124.

［37］冯宝晶．高职院校加强工匠精神培育的必要性与主要路径［J］．教育与职业，2021（01）：44–49.

［38］陶楠，张东祥．高职院校国际化旅游人才培养模式的探索与实践［J］．商展经济，2020，18（10）：92–94.

［39］基于职业技能大赛视角的高职旅游管理专业教学改革研究［J］．中国管理信息化，2019，22（02）：222–223.

［40］张兴会，戴裕崴，张维津，等．“职教改革试验区与全国职业院校技能大赛”互动协同机制的研究与实践［J］．中国职业技术教育，2014（30）：10–14.

［41］林长远．职教改革背景下高职院校“课赛融合”教学模式改革探索［J］．包头职业技术学院学报，2021-03-16.

［42］张蕾．高职院校涉外导游人才培养的创新与实践［J］．齐齐哈尔师范高等专科学校学报，2020-11-25.

［43］欧阳晓露，刘香菊．赛教融合，以赛促教［J］．求知导刊，2019-10-25.

［44］蒋余静．“下企业”提升教师教学能力——基于湖南交通职业技术学院［J］．现代职业教育，2019-10-27.

［45］张艳英，曾扬，罗薇薇．构建高职“课赛融通”人才培养模式的可行性分析——以基层复合型金融人才培养为例［J］．厦门城市职业学院学报，2018-04-22.

［46］李晓，王斯敏，蒋新军，等．今天，我们怎样培养高技能人才［N］．光明日报，2020-07-09.

［47］张娴．“赛教融合”助力高职拔尖创新人才培养［N］．中国教育报，2020-12-22.

［48］吴交树．技能竞赛引领高职院校教学改革问题探新［J］．教育与职业，2016（14）110-112.

［49］白丽红，刘萍．基于世界技能大赛培养职业院校学生的工匠精神［J］．职教论坛，2017（29）93-96.

［50］吕景泉，吴淑媛，汤晓华．技能大赛：引领职业教育教学改革发展走向新高度［J］．中国职业技术教育，2017，（16）：99-105.

［51］张爱东．以赛促教，以赛促学，课赛融合的研究探索［J］．知识经济，2018（02）：166-167.

［52］李薪茹，王松岩．大赛资源转化的现状、问题与趋势［J］．中国职业技术教育，2018（16）：73-79.

［53］施玉梅．职业教育中工匠精神的内涵及培养路径研究［J］．高等职业教育探索，2018（01）：10-15.

［54］李瑜芳．基于能值理论的高职技能大赛资源转化率研究［J］．宁波大学学报（教育科学），2019，41（02）：81-85.

［55］赵恒伯，林贤东．“校景坊一体化”职业院校校园景区教育理论的构建［J］．职教论坛，2019（02）：133-137.

［56］壮国桢．我国高等职业教育类型的历史演进与基本特征［J］．职业技术教育，

2021，42（08）：6-10.

［57］王永莲，周璇，王朔．基于共生理论的职业教育精准扶贫人才培养模式研究——以四川交通职业技术学院的实践探索为例［J］．职教论坛，2021，37（07）：141-145+151.

［58］李国成,徐国庆．高职院校高水平结构化教师教学创新团队建设研究［J］．职教论坛，2021，37（03）：86-89+94.

［59］曾照香，李良明．“双高计划”背景下职业教育教师教学创新团队建设研究［J］．职业技术教育，2021，42（02）：53-56.

［60］盛强．基于“岗证课训赛”五位一体的高职会计人才培养模式改革与实践［J］．职业技术教育，2018，39（11）：32-35.

［61］高艳英，吴洁．以职业技能竞赛引领高职金融专业建设的实践［J］．教育与职业，2020（05）：95-99.

［62］张洪潭．体育概念研究进展［J］．体育与科学，2011，32（03）：11-19.

［63］叶羽．论“竞技育人”［J］．体育与科学，2012，33（01）：107-111.

［64］叶羽．竞技育人价值层次分析［J］．江苏第二师范学院学报，2019，35（02）：121-124.

［65］孙培青．中国教育史（第三版）［M］．上海：华东师范大学出版社，2009.

［66］孙杰．论教学相长范畴的变迁及其当代价值［J］．河北师范大学学报（教育科学版），2021，23（02）：54-63.

［67］陈元晖．中国教育学史遗稿［M］．北京：北京师范大学出版社，2001.

致谢

习近平总书记指出，在全面建设社会主义现代化国家新征程中，职业教育前途广阔、大有可为。习近平总书记的重要指示精神，为加快构建现代化职业教育体系，培养更多高素质技术技能人才指明了前进方向。

江西旅游商贸职业学院紧跟中央部署，紧贴时代脉搏，率先于2011年开展了“竞技育人”人才培养模式的改革与探索，启动了与“竞技育人”相配套的机制体制建设，构建了“竞技育人”平台，形成了“竞技育人”系统模式，并取得显著成效。但受能力不足等因素影响，本书部分内容可能不够完善。编者仍希望本书的相关研究成果可以帮助同仁开拓研究视野，激发研究思路，改进研究方法，起到抛砖引玉之效，对后续职业教育改革起到一定的借鉴作用，共同推进我国职教改革，为全面建成社会主义现代化国家共同发力。

本书是江西旅游商贸职业学院10余年的工作总结和凝练，参阅并借鉴了历任校领导及相关部门的工作总结和报告，并得到了学校各部门领导和同仁的大力支持和热心帮助。在编写过程中参阅并借鉴了大量校内外相关领域专家的研究成果和学术思想，在此对他们的工作与贡献表示诚挚的谢意！